Nação, Câmbio e Desenvolvimento

Nação, Câmbio e Desenvolvimento

Luiz Carlos Bresser-Pereira | Org.

ISBN — 978-85-225-0662-0
Copyright© Luiz Carlos Bresser-Pereira

Direitos desta edição reservados à
EDITORA FGV
Rua Jornalista Orlando Dantas, 37
22231-010 — Rio de Janeiro, RJ — Brasil
Tels.: 0800-21-7777 — 21-2559-4427
Fax: 21-2559-4430
e-mail: editora@fgv.br — pedidoseditora@fgv.br
web site: www.fgv.br/editora

Impresso no Brasil / *Printed in Brazil*

Todos os direitos reservados. A reprodução não autorizada desta publicação, no todo ou em parte, constitui violação do copyright (Lei nº 9.610/98).

Os conceitos emitidos neste livro são de inteira responsabilidade dos autores.

1ª edição — 2008

PREPARAÇÃO DE ORIGINAIS: Maria Lucia Leão Velloso de Magalhães

EDITORAÇÃO ELETRÔNICA: FA Editoração Eletrônica

REVISÃO: Aleidis de Beltran e Sandra Frank

CAPA: Aspecto Design

Ficha catalográfica elaborada pela
Biblioteca Mario Henrique Simonsen / FGV

Nação, câmbio e desenvolvimento / Luiz Carlos Bresser-Pereira,
organizador. — Rio de Janeiro : Editora FGV, 2008.
312 p.

1. Desenvolvimento econômico. 2. Brasil — Política econômica. 3. Nacionalismo — Brasil. 4. Política cambial. 5. Reforma previdenciária. I. Pereira, Luiz C. Bresser (Luiz Carlos Bresser), 1934 - . II. Fundação Getulio Vargas.

CDD – 338.9

Sumário

Prefácio 7
Luiz Carlos Bresser-Pereira

1. Nação como condição do desenvolvimento 13
Rubens Ricupero

2. Nacionalismo e desenvolvimento 25
Paulo Nogueira Batista Jr.

3. A idéia de nação no Brasil 35
Luiz Alberto Moniz Bandeira

4. Novo-desenvolvimentismo e ortodoxia convencional 55
Luiz Carlos Bresser-Pereira

5. Uma nova política macroeconômica: algumas proposições a partir de uma visão novo-desenvolvimentista 95
Luiz Fernando de Paula

6. Câmbio e crescimento na América Latina   135
   Mauricio Mesquita Moreira

7. Política cambial: América Latina e Ásia   159
   Paulo Gala

8. Ajuste fiscal que se desajusta   191
   José Roberto R. Afonso

9. Novos paradigmas de gestão   235
   Claudia Costin

10. Reforma da gestão na previdência social   253
    Nelson Machado

11. Análise da competitividade da economia chilena   281
    Patricio Meller

Sobre os autores   309

Prefácio

Luiz Carlos Bresser-Pereira

A economia brasileira cresce de maneira insuficiente há 26 anos, não obstante a alta inflação inercial ter sido vencida em 1994 pelo Plano Real e, a partir de 2002, as exportações brasileiras terem dobrado. Graças a este último fato, as taxas de crescimento melhoraram, mas continuam muito baixas, seja em comparação ao desempenho da economia brasileira nos 50 anos anteriores, seja em comparação com o crescimento dos demais países em desenvolvimento nestes últimos anos. Houve desenvolvimento político, expresso na transição democrática, e o desenvolvimento social é demonstrado pelos índices desde 1985: a taxa de analfabetismo baixou para quase um terço do que era, o ensino médio e o superior cresceram extraordinariamente, a mortalidade infantil caiu a menos da metade, a esperança de vida aumentou oito anos, a pobreza absoluta diminuiu. Todos esses avanços, porém, ocorreram enquanto a taxa de crescimento *per capita* da economia brasileira era inferior a 1% ao ano. Por que, então, essa quase-estagnação econômica? Esta foi a questão fundamental abordada no III Fórum de Economia da Fundação Getulio Vargas que a Escola de Economia de São Paulo realizou em 31 de julho e 1º de agosto de 2006, e cujos trabalhos são agora apresentados neste livro.

Não é fácil responder a essa questão, como não é fácil resumir a riqueza das contribuições feitas pelos diversos participantes do fórum. Mas duas respostas parecem emergir dos trabalhos e dos debates. A causa política, e maior, das baixas taxas de crescimento está relacionada provavelmente com a perda da idéia de nação. No fato de os brasileiros — passados 10 anos da grande crise da dívida externa que levava à estagnação e à alta inflação, e diante da hegemonia ideológica alcançada em 1989 pelos Estados Unidos com a queda do muro de Berlim — terem perdido a esperança de ter uma estratégia nacional de desenvolvimento e aceitado a "estratégia" que vinha do Norte: o Consenso de Washington ou, mais genericamente, a ortodoxia convencional. Uma nação só existe realmente quando pensa por conta própria, quando tem a autonomia necessária para competir com as demais no quadro da globalização, que, afinal, não é outra coisa senão a competição em nível mundial das empresas apoiadas por seus respectivos Estados-nações. Quando, a partir do início dos anos 1990, o Brasil passou a aceitar sem crítica os diagnósticos, recomendações e pressões vindas do Norte, deixou de ser uma verdadeira nação, e não teve mais condições de competir internacionalmente e se desenvolver.

Mas em que área o Brasil deixou de agir como nação? Qual foi, no plano econômico, a causa fundamental da quase-estagnação brasileira? Neste livro, a resposta mais geral que foi dada situou o problema na área macroeconômica, no ajuste fiscal insuficiente, na taxa de juros alta e, principalmente, na taxa de câmbio apreciada, que formam o tripé praticado pela ortodoxia convencional. Embora tenha estabilizado os preços em 1994, a economia brasileira não alcançou verdadeiramente a estabilidade macroeconômica porque dois dos seus preços macroeconômicos fundamentais, a taxa de juros e a taxa de câmbio, são incompatíveis com o equilíbrio fiscal, o equilíbrio do balanço de pagamentos e um razoável pleno emprego.

A análise da idéia de nação e de sua perda está presente em três belos trabalhos assinados respectivamente por Rubens Ricupero, Paulo Nogueira Batista Jr. e Luiz Alberto Moniz Bandeira. O primeiro não vê sentido em se falar em perda de relevância do Estado-nação na era da globalização, quando o mundo está hoje coberto por mais de 200 Estados nacionais. E observa que a China jamais teria alcançado o poderio que vem alcançando se, enquanto Estado-nação, não houvesse aproveitado a oportunidade criada pela globalização comercial para se levar adiante uma estratégia nacional de desenvolvimento. Paulo Nogueira Batista Jr. assinala que, levado a ferro e fogo, o nacionalismo é intrinsecamente antagônico ao liberalismo e ao socialismo, mas o desenvolvimento econômico é sempre associado a um processo de *catching up*, à obtenção do nível de desenvolvimento das nações mais avançadas, e é no espaço nacional que se articula a estratégia de superação desse atraso relativo. Na verdade, conclui ele, o nacionalismo é, na prática, a única alternativa para os países em desenvolvimento, embora neles o projeto nacional esteja sempre sujeito a contestações e, não raro, à contestação doméstica, mais agressiva e perigosa do que a estrangeira. Moniz Bandeira, finalmente, faz o apanhado histórico da idéia de nação no Brasil desde a vinda da família real, os esforços de d. João VI para industrializar o país e a oposição inglesa. Mostra, porém, que não foram apenas os interesses britânicos que obstacularizaram a execução de uma estratégia de desenvolvimento nacional a partir de meados do século XIX, mas também, dentro do próprio país, os liberais. A consciência da necessidade de industrialização e desenvolvimento econômico, vinculada à idéia de nação, começou a florescer na década de 1930, e a estratégia foi formulada durante o primeiro governo do presidente Getúlio Vargas (1930-45). Nos últimos 15 anos, entretanto, essa idéia está novamente sendo combatida pelos adversários de sempre.

No plano macroeconômico, meu capítulo faz a ponte entre a perda da idéia de nação e a política econômica, ao criticar a ortodoxia convencional que se tornou dominante no Brasil a partir de 1990 e ao oferecer uma alternativa de política macroeconômica que realmente faça o ajuste fiscal, logre o equilíbrio do balanço de pagamentos e aumente a taxa de investimento privado e público no Brasil. Chamo essa alternativa de novo-desenvolvimentismo e a comparo, primeiro, com o antigo nacional-desenvolvimentismo, a estratégia nacional de desenvolvimento que logrou desenvolver extraordinariamente o Brasil entre 1930 e 1980, mas que então se esgotou, e, segundo, com a ortodoxia convencional que considera uma não-estratégia de desenvolvimento — na verdade uma forma de neutralizar a capacidade competitiva internacional de países de renda média como o Brasil.

Em seguida, Luiz Fernando de Paula apresenta um amplo quadro dos problemas macroeconômicos brasileiros e dos caminhos para superar a quase-estagnação, adotando igualmente uma abordagem novo-desenvolvimentista. Ainda no plano da política macroeconômica, Mauricio Mesquita Moreira resume os debates existentes sobre a taxa de câmbio nos países ricos — debates que continuam a se centrar na alternativa câmbio flutuante *versus* câmbio fixo. Percebe, porém, que, para os economistas que participaram do fórum, essa questão é cada vez menos relevante nos países em desenvolvimento, que estão pragmaticamente interessados em administrar a taxa de câmbio no quadro de um regime de câmbio flutuante e, assim, impedir que ela se aprecie. Nesse caso, Moreira assinala que o controle de capitais e a compra de reservas tornam-se necessários, mas que uma precondição para o seu êxito é uma situação fiscal robusta, que permita reduzir o custo da esterilização e dê condições aos governos de adotar políticas fiscais anticíclicas.

Paulo Gala compara a América Latina com a Ásia. O desempenho muito superior dos países asiáticos se deve ao fato de aqueles países terem abandonado cedo o modelo de substituição de importações e sempre terem administrado e mantido relativamente depreciadas suas taxas de câmbio. José Roberto Afonso conclui a seção macroeconômica discutindo a questão fiscal. Sua crítica principal concentra-se no fato de a política a respeito ter se resumido ao acompanhamento de um só indicador — a relação dívida pública/PIB, e à utilização do superávit primário como meta. Dessa forma, mede-se o desempenho fiscal apenas abaixo da linha, pela variação dos créditos que os credores informam deter contra o setor público; a preocupação verdadeira não é superar o desequilíbrio fiscal, mas assegurar a liquidez dos créditos privados contra o Estado.

Os dois capítulos seguintes estão mais relacionados com a gestão do que com o quadro fiscal do Estado, embora os dois problemas estejam interligados. Claudia Costin faz um excelente sumário da reforma da gestão pública, ou reforma gerencial do Estado, que começou no Brasil em 1995. Nelson Machado, analisando a reforma administrativa que vem ocorrendo na previdência social, mostra como o atual governo federal, que continua a se opor ideologicamente à reforma gerencial, na prática a está adotando.

O livro termina com a análise da economia chilena por um dos mais respeitados economistas daquele país, Patricio Meller. Ele mostra como o Chile vem sendo bem-sucedido em crescer com estabilidade macroeconômica e, ao mesmo tempo, com inclusão social.

Em síntese, a economia brasileira só reencontrará o caminho do crescimento se lograr a estabilidade macroeconômica e voltar a investir. O que temos no Brasil é uma estabilidade de preços, não uma verdadeira estabilidade macroeconômica, já que a situação fiscal continua precária, a taxa de juros real paga pelo Estado é astronômica e a taxa de câmbio apenas garante o equilíbrio intertemporal das contas externas no quadro da doença holandesa — uma falha de mercado que inviabiliza o desenvolvimento econômico porque inviabiliza indústrias com alto valor adicionado *per capita* que utilizem tecnologia no estado-da-arte. Embora o problema cambial tenha sido, juntamente com o problema nacional, um tema central do fórum, o problema da doença holandesa não foi discutido nos *papers*, tendo apenas sido tratado nos debates, que este livro não registra. A doença holandesa atinge todos os países em desenvolvimento que disponham de um recurso relativamente mais barato, gerador de rendas ricardianas. Por essa razão os bens produzidos com esse recurso são rentáveis com uma taxa de câmbio mais apreciada do que aquela necessária para viabilizar indústrias com alto conteúdo tecnológico e, portanto, com alto valor adicionado *per capita*. Dada a existência desses recursos, os bens com eles produzidos provocam a apreciação da taxa de câmbio até que esta fique igual à sua rentabilidade marginal, o que automaticamente inviabiliza a produção de bens comercializáveis mais sofisticados, que, por não se beneficiarem da renda ricardiana, necessitam de uma taxa de câmbio maior. Isso não acontece apenas com o petróleo; ocorre também com outros produtos minerais e com os produtos agrícolas que se beneficiam de condições naturais particularmente favoráveis. E ocorre também com a mão-de-obra barata empregada em bens de baixo valor adicionado *per capita*. Essa mão-de-obra barata é igualmente um recurso compatível com uma taxa de câmbio apreciada, em comparação com aquela que é necessária para viabilizar a produção de bens comercializáveis de maior conteúdo tecnológico. Para evitar a doença holandesa, o país não tem outra alternativa senão administrar a taxa de câmbio através de uma série de políticas, inclusive a imposição de impostos de exportação, como fazem — de forma insuficiente em quase todos os casos — os países exportadores de petróleo, e criar fundos no exterior para impedir que a internação dos fundos aprecie a moeda local. Se a China, que não tem recursos naturais, mas tem mão-de-obra barata, não administrasse seu câmbio, sua moeda seria mais apreciada do que é, o país não teria todas as reservas de que hoje dispõe, e — o que é mais grave — sua economia ficaria limitada à produção de bens industriais com baixo conteúdo tecnológico. Ainda que os holandeses tenham detectado essa falha de mercado nos anos 1960, ela tem sido pouco discutida e analisada. Como o fórum deu especial ênfase ao câmbio, ela foi debatida: espero que uma discussão mais ampla sobre o tema ocorra no próximo.

O Fórum de Economia da Fundação Getulio Vargas foi uma realização da Escola de Economia de São Paulo e contou, naturalmente, com a participação ativa de seu diretor, Yoshiaki Nakano, que foi também um dos debatedores principais. Contou ainda com a participação dos presidentes das entidades que co-patrocinaram o fórum — Paulo Scaf, da Fiesp; Cláudio Vaz, da Ciesp; Josué Christiano Gomes da Silva, do Iedi; João Carlos Gonçalves, da Força Sindical, e Artur Henrique da Silva Santos, da CUT. Foram debatedores dos diversos trabalhos apresentados neste livro Antonio Delfim Netto, Cícero Araújo, Clemente Ganz Lucio, Elcio Aníbal De Lucca, Eliana Cardoso, Fernando Luiz Abrucio, Gilberto Dupas, Horácio Lafer Piva, Joaquim Falcão, Luiz Carlos Mendonça de Barros, Paulo Rabello de Castro, Roberto Giannetti da Fonseca, Roberto Nicolau Jeha e Selene Perez. Da programação do fórum participaram Paulo Francini e André Rebelo, pela Fiesp; Boris Tabacoff, pela Ciesp; e Julio César Gomes de Almeida, pelo Iedi. Lílian Azevedo Furquim, superintendente da Eesp, e Maria Clara do Prado, coordenadora-geral, tiveram papéis decisivos para o êxito do evento.

Nação como condição do desenvolvimento 1

Rubens Ricupero

É paradoxal que se tenha ainda que discutir a idéia de nação como condição do desenvolvimento poucas semanas após a decisão de Montenegro de se separar da Sérvia, não devido a diferenças étnicas, culturais ou lingüísticas, mas simplesmente para assim ter melhores condições de aderir à União Européia, isto é, como parte de sua estratégia de desenvolvimento. O episódio põe à luz um dos aspectos mais interessantes da presente realidade internacional: a dialética entre forças desintegradoras de antigas unidades multinacionais — a União Soviética, a Federação da Iugoslávia — e impulsos conducentes à constituição de novos agrupamentos, dos quais o mais espetacular é certamente a União Européia, reunião de 25 nações, que, superando as realizações do Império romano e de Carlos Magno, pela primeira vez na história abarca, dentro de um incipiente centro decisório, as muitas Europas, da ocidental à oriental, da nórdica à mediterrânea.

Em trabalho como este, destinado a orientar debate acerca de como essas tendências incidem sobre o Brasil em véspera de eleições e novo governo, não caberia examinar as numerosas dimensões internacionais da fase histórica que vivemos. Algo, porém, poderia ser dito como balizamento útil para a consideração dos reflexos internos do que vem acontecendo em matéria de evolução do Estado-nação. É com essa intenção que dividirei o esboço geral deste capítulo em duas seções, a primeira oferecendo as grandes linhas da evolução internacional e a segunda voltada para o desafio brasileiro de definir uma estratégia viável de desenvolvimento que harmonize os componentes internos e externos de uma política capaz de gerar apoio majoritário na sociedade.

A experiência internacional

Não obstante os freqüentes e prematuros anúncios do iminente desaparecimento do Estado-nação, estamos hoje com cerca de 200 desses espécimes, dos quais nada menos do que 150 criados no século XX e nos primeiros anos do XXI. Jamais se tinham visto tantos desde os 500 que existiram na Europa do século XVII, na época em que a Paz de Westfália (1648) consagrou o formato e as principais características do Estado-nação. A partir de então, o número de microunidades foi minguando até pouco mais de 30 no começo do século XIX. Apesar do surgimento dos Estados nacionais na América Latina pós-independência, na Europa, a região do mundo que realmente contava em termos de poder, o século XIX assistiu a uma contração do número de Estados, primeiro por efeito da consolidação operada pelo Congresso de Viena (1816), em seguida por obra das unificações da Alemanha e da Itália e pela ação do colonialismo europeu na África e na Ásia.

Em contraste, o século XX estreou como um período de desintegração simultânea de grandes unidades heterogêneas por meio da I Guerra Mundial, que pôs fim aos impérios multinacionais euro-asiáticos — o turco-otomano, o russo, o austro-húngaro —, dando nascimento a uma enorme variedade de países novos na Europa central e oriental. A descolonização da Ásia, da África e do Caribe no segundo pós-guerra intensificou esse processo em grande escala. Mais perto de nós, o fim do comunismo desintegrou a URSS, dando lugar a 15 Estados diversos, e o da Federação Iugoslava a mais seis, na prática, sete, já que ninguém imagina que o Kosovo volte a fazer parte da Sérvia.

Têm tido muito menos sucesso as tentativas de criação de novos Estados mediante a aglutinação de outros preexistentes, com apenas dois exemplos indiscutíveis, ambos casos de reunificação: a da Alemanha e a do Vietnã. A União Européia, obviamente, está longe de constituir um Estado unificado, embora possa ser o embrião de um futuro mega-Estado multinacional. Todas as demais tentativas de reagrupamento de Estados fracassaram: a Federação das Índias Ocidentais, no Caribe; a Federação da Malásia; as federações de africanos de língua inglesa e francesa nas Áfricas ocidental, central e oriental. O Domínio da Índia deu origem à Índia, ao Paquistão e a Bangladesh; a Tchecoslováquia partiu-se em duas metades; a Moldávia não voltou a se reunir com a Romênia, nem a Coréia do Norte com a do Sul, nem Taiwan com a China.

A tendência à proliferação de Estados tem se mostrado tão vigorosa que um estudioso francês, Pascal Boniface, chega a falar em "balcanização do planeta", denominação apropriada e oportuna à luz da volta com força da balcanização aos Bálcãs propriamente ditos. Diante dessa realidade contundente, como se explica que se fale tanto em enfraquecimento ou crise do Estado-nação? A explicação mais usual é o impacto da globalização. O aumento da interdependência econômica, o caráter cada vez mais transnacional da produção, a integração financeira e comercial causariam a erosão da soberania nacional, obrigando à aceitação de limites impostos de fora para dentro. Por outro lado, a multiplicação de atores não-estatais, não só as empresas transnacionais na economia, mas movimentos terroristas ou políticos no campo estratégico, incidiria na mesma direção do enfraquecimento do Estado.

É inegável que essas afirmações contêm boa parcela de verdade, mas precisam ser temperadas pela evidência de que são ambíguos os efeitos da globalização sobre os Estados, nem todos conduzindo ao enfraquecimento ou à inviabilização até de pequenas e indefesas unidades autônomas. Por exemplo, pouca gente notou que, sem a globalização comercial e financeira, não teria sido possível tornar de novo factíveis cidades-Estados como Cingapura e Hong Kong, uma espécie de reaparecimento, após séculos de ocaso, das cidades-Estados mercantis, como Veneza e Gênova. A independência que já dura décadas da "poeira de ilhas" do Caribe, segundo o poeta Aimé Césaire, a proliferação de micro-Estados insulares no Pacífico, nada disso seria imaginável sem a Carta da ONU e o atual estágio de avanço do direito internacional, o qual, apesar de sua insuficiência e imperfeição, garante ainda assim um mínimo de proteção aos que outrora não teriam a menor possibilidade de sobreviver.

Sem a globalização contemporânea e as possibilidades incomensuráveis de concentração econômica a que deu impulso, seria concebível o grau espantoso de poderio de alguns Estados-nações como os Estados Unidos da América e a China? Poderia esta última ter crescido ininterruptamente por 25 anos se não tivesse sabido traçar uma estratégia de expansão, sustentada em boa parte pelos mercados internacionais, em particular pelo norte-americano, com o qual criou uma curiosa relação de simbiose?

Quanto aos atores não-estatais, exagera-se a novidade do fenômeno, que já existia no passado, sob a forma de partidos políticos clandestinos, carbonários, maçonaria revolucionária, anarquistas, nihilistas e outros. O que mudou agora é que tais movimentos encontram com mais facilidade do que antes a proteção e o santuário de alguns Estados-nações. Nos bons tempos da rainha Vitória, o Hezbollah e o Hamas não durariam muito, pois seus protetores — o Irã e a Síria — seriam liquidados sem maiores escrúpulos pela Marinha e pelo Exército de Sua Majestade. Nos dias que correm não é tão fácil, embora não seja impossível, como se viu no Afeganistão. As igrejas sempre tiveram veleidade de ser atores não-estatais, e diz muito sobre a permanente atualidade do formato do Estado como base de autonomia que a Igreja Católica se obstine em manter intacto o Estado do Vaticano.

É curioso que se insista tanto na superação da soberania quando os Estados Unidos, pai e mãe da globalização, sejam, de longe, o país mais cioso de sua soberania e o mais intransigente e desavergonhado partidário da preeminência do interesse nacional, daquilo que Vittorio Emmanuele Orlando chamou, no fim da Grande Guerra, de *il sacro egoismo*. É como se soberania dotada de poder fosse intocável por ser muita; e quando pouca, aí sim fosse bobagem.

Com efeito, existe hoje muita confusão entre dois conceitos distintos: soberania e poder. Soberania é a jurisdição, isto é, a faculdade de ditar o direito dentro de determinado espaço, o que todos os Estados, mesmo os pequenos e micro, possuem. Outra coisa é o poder, capacidade de obrigar outros a agir de certo modo ou a deixar de fazê-lo, que inclui, é evidente, a capacidade de proteger e defender a própria soberania, a capacidade real de adotar normas que obedeçam a interesses próprios, não aos alheios, impostos pelo poder de terceiros. Essa distinção não nasceu nos tempos modernos; sempre existiu e, de certo ponto de vista, até se atenuou em nossos dias, conforme mostram os exemplos de pequenas e indefesas soberanias protegidas pela Carta da ONU e pelo atual ordenamento internacional.

Vivemos, portanto, uma era histórica de multiplicação e diversidade de Estados-nações, soberanos, mas com enormes diferenças de poder. Os modelos e as estratégias de desenvolvimento não podem ser os mesmos para unidades tão diversas como as existentes atualmente. Os desafios da globalização não são idênticos para China ou Índia, de um lado, e, no outro extremo, para os micro-Estados que vivem da emissão de selos, do aluguel do nome à internet (outra vantagem da globalização) ou das facilidades que oferecem como paraísos fiscais.

Nenhum dos 200 Estados-nações que nos cercam carece inteiramente de estratégia ou projeto nacional de algum tipo, em graus diferentes de elaboração, formulação, autoconsciência e efetividade. Os projetos estão sempre presentes, ainda que de modo implícito e escondido, não sendo impossível extraí-los e isolá-los do meio da ganga bruta das políticas públicas em que se encontram embutidos e disfarçados. É dentro desse espectro de quase infinita variedade de tipos de Estados-nações e, por conseguinte, de possíveis modelos nacionais de desenvolvimento que se terá de situar a condição específica do Brasil.

A idéia de nação no caso brasileiro

Nas indicações sobre o tema do painel inseridas no programa do fórum, abaixo do título, dizia-se que o Brasil já teve a capacidade de formular uma estratégia de desenvolvimento, mas perdeu-a nos últimos 20 anos. E indagava-se: é possível recuperá-la? É possível que empresários, trabalhadores e técnicos do governo voltem a se aliar para competir internacionalmente?

São nítidos aqui os ecos de nostalgia de uma época passada, a era getulista-juscelinista, entre a década de 1930 e fins dos anos 1950, quando teria existido uma aliança, se não explícita e autoconsciente, pelo menos tácita, entre militares, a tecnoburocracia do aparato estatal, empresários industriais como Simonsen e Lodi e os sindicatos controlados pelo PTB, em torno de um projeto de industrialização e desenvolvimento mediante a substituição de importações. A mera descrição da aliança basta para indicar que a radical alteração de quase todas as condições externas e internas de outrora torna ociosa até mesmo a discussão da possibilidade ou conveniência de tentar ressuscitar uma idéia de aliança com iguais características.

Sem entrar na análise de como se modificaram, ponto por ponto, cada um e todos os elementos dos arranjos de 60 anos atrás, interpretando, além disso, a menção do objetivo novo — não mais substituir importações com indústria local, mas "competir internacionalmente" — como admissão dessas novas condições de abertura irreversível do regime comercial, ainda assim seria impraticável propor uma renovada aliança sem chegar a alguma clareza mínima sobre que tipo de modelo se imagina como base para adquirir competitividade internacional.

Havia naquela era um consenso majoritário em torno de um projeto industrializador, com forte participação do Estado até na produção direta, embora já então os principais representantes do pensamento econômico ortodoxo ou neoclássico, simbolizados na figura emblemática de Eugênio Gudin, divergissem acentuadamente de tal projeto. O problema agora não é tanto que nos falte um projeto nacional, mas, sim, que andamos confusos e perdidos entre dois projetos-tipo alternativos e excludentes. Para simplificar, e escolher uma denominação já consagrada no debate público, chamemos o primeiro de estabilizador e o segundo de desenvolvimentista.

A rigor, não são apenas dois projetos, mas dois cachos, duas famílias de projetos, cada família contendo um núcleo definidor comum e inúmeras variantes em termos de dosagem de política fiscal ou monetária, modalidade de política cambial, grau de intervencionismo ou dirigismo estatal, nível de explicitação de políticas de fomento horizontais ou setoriais etc. São ambos nacionais, no sentido de serem brasileiros seus atores, não sendo suas opções impostas de fora para dentro. Não basta para eliminar essa marca o argumento de que o projeto estabilizador se impõe também por motivos decorrentes do aumento da interdependência internacional. Tal argumento tem caráter meramente subsidiário e acessório, apenas para dar mais força à demonstração da inevitabilidade de um projeto que seus defensores consideram superior por suas qualidades intrínsecas, racionais, de acordo com a ciência econômica, em abstração das condições internacionais, que servem para reforçar o ponto.

Como disse antes, o fato de algumas variáveis do projeto estabilizador recusarem adesão a qualquer forma de engenharia social ou econômica e entregarem ao mercado a tarefa de definir as áreas competitivas tampouco significa que elas não contenham implicitamente todas as características indispensáveis de um projeto.

Os esclarecimentos apresentados no programa do painel evocam a idéia de aliança entre empresários, trabalhadores e técnicos do governo. Ora, a única aliança desse tipo que existe no país é a que sustenta há 12 anos o programa estabilizador. Essa coalizão reúne os técnicos do governo da área econômico-financeira — Banco Central, Ministério da Fazenda, menos monolítico desde a substituição do ministro Palocci — com o poderoso setor de bancos e serviços financeiros, bolsas, corretoras, tanto do país quanto do exterior, com a maioria nítida da mídia generalista e, sobretudo, da especializada, incluindo comentaristas de televisão, analistas de mercado, mais o *mainstream* da academia e setores consideráveis do empresariado não-financeiro. Faltariam talvez os trabalhadores, mas desde que o PT venceu as eleições em 2002, tanto esse partido quanto a central sindical que controla esperneiam de vez em quando contra a política econômica, mas, na hora da verdade, acabam por apoiar o governo. Portanto, para todos os efeitos práticos, contribuem para que o governo continue a conduzir essa política. Um elemento não desprezível da coalizão é o beneplácito e a chancela das instituições financeiras internacionais.

Não descreverei os detalhes do projeto nacional implícito na política favorecida pela aliança majoritária, que abarca, no essencial, governo e oposição, mas me limitarei a enumerar alguns de seus objetivos centrais: conquistar o grau de investimento, aprofundar a inserção financeira internacional, entregar ao jogo das forças do mercado a consolidação de setores produtivos de competitividade mundial — a maioria dos quais provavelmente derivados da abundância de recursos minerais ou agropecuários —, manter a âncora cambial e juros reais de dois dígitos como blindagem contra o retorno da instabilidade monetária.

Esse é o projeto hegemônico, e seu poder de sobrevivência não deve ser subestimado. Afinal, resistiu à crise quase mortal de 1998/99, superou o teste das eleições que entregaram o governo ao partido que antes lhe era hostil e emergiu dessa prova mais vigoroso, não só na radicalização de certos componentes — a política de juros, o aumento do superávit primário — como na conquista de uma base político-partidária ampliada à anterior oposição de centro-esquerda. Tanto assim que praticamente nem é mais tema da campanha eleitoral.

Por essas razões, penso que deveríamos nos concentrar menos em especulações teóricas sobre o conteúdo de um eventual projeto de desenvolvimento diferente, e mais no exame realista das condições que propiciem a modificação da atual hegemonia, a fim de influir sobre sua evolução em favor da incorporação de políticas que possibilitem maior crescimento sem pôr em risco a estabilidade. Não o triunfo de um projeto sobre o outro, mas uma espécie de síntese do que de melhor houver em cada um.

A discussão pública entre estabilizadores e desenvolvimentistas, desde o tempo do governo Fernando Henrique Cardoso, acumulou um estoque enorme de propostas alternativas, às vezes em apreciável grau de detalhamento e especificidade. O próprio governo Lula não deixou de dedicar considerável esforço de técnicos competentes, no início do mandato, para elaborar uma vastíssima programação econômica cujo nome, se bem me lembro, era Programa Plurianual, do qual nunca mais se ouviu falar depois que foi devidamente despachado ao mar morto do Congresso.

Quem não se lembra de quanto se discutiu, em 2003, sobre a modernização da política industrial; dos grupos de trabalho então formados; da decisão de escolher quatro áreas industriais estratégicas; das garantias de que os fundos de inovação tecnológica criados pelo ministro Ronaldo Sardemberg seriam revitalizados e não-contingenciados; da criação de uma agência de desenvolvimento industrial? Ao que me consta, os resultados de todo esse esforço continuam disponíveis, sendo mais aconselhável resgatá-los no que ainda conservam de utilizável do que buscar refazer esse caminho desde o começo.

Pouco tempo atrás, lembrei em artigo que a Lei de Informática, aprovada pelo Congresso e sancionada pelo presidente, estava completando 18 meses à espera de decreto para sua regulamentação e aplicação devido a disputas burocráticas. Ela está se avizinhando agora dos 19 meses. Pois bem, essa lei trata justamente de uma das quatro áreas prioritárias selecionadas, a de supercondutores eletrônicos, cujo número de unidades produtoras no Brasil passou de 20 a apenas três. Aqui, não se trata de plano ou de projeto, mas de uma lei aprovada e sancionada que não se consegue aplicar.

Não seria difícil, apenas trabalhoso, repetir o esforço daqueles que, em 2003, elaboraram as propostas governamentais nessas áreas. Que sentido teria, porém, reinventar a roda? Se até agora a aliança hegemônica não teve maiores dificuldades em engavetar ou enviar ao Congresso, o que é a mesma coisa, todas as tentativas de mudar o projeto dominante, acaso o panorama eleitoral justifica acreditar na possibilidade de mudança?

Não creio. Não vejo hoje no horizonte muita coisa que permita esperar modificações substanciais da parte quer do presidente-candidato, quer de seu principal contendor, em relação a um paradigma que oferece o que qualquer governo aprecia acima de tudo: estabilidade, segurança, confiança dos setores mais influentes internos e externos, mesmo ao preço de crescimento baixo. O bônus demográfico ajudando, nada impede que até uma expansão modesta, acoplada a programas assistenciais, um "suave fracasso", constitua fórmula política eficaz, pelo menos no curto e médio prazos. A lembrança da assustadora combinação de hiperinflação com estagnação permanece viva na memória da população. Exorcizar esse fantasma será o difícil desafio a ser cumprido por qualquer proposta de alternativa ao projeto estabilizador, na ausência de um cataclisma como o da Argentina, que só deixou escombros a remover.

Pouca gente acredita que o paradigma predominante esteja destinado a naufragar em chamas, num *finale* wagneriano, como o argentino de 2001, com direito a cavalgada de valquírias e estrondo ensurdecedor de pratos e metais. A sinfonia que estamos tocando é mais parecida com o poema "The hollow men", de T. S. Eliot: "E assim termina o mundo, não com um estrondo, mas com um gemido".

É verdade que a substituição do ministro da Fazenda e da equipe que deram o tom dos primeiros anos do mandato do presidente Lula não se fez na linha de continuidade e que, aqui e ali, declarações ou ações pontuais revelam inspiração divergente da original, talvez mais orientada no sentido de uma aceleração do crescimento em segundo mandato presidencial. Ainda é cedo para deduzir se tais sinais anunciam uma futura retificação de rumos. Sobretudo porque a fase recente vem sendo caracterizada por relativo apagamento do Ministério da Fazenda e claro predomínio do Banco Central, fenômeno pouco usual no Brasil, não se sabendo se atende a convicções firmes do presidente ou a conveniências do momento eleitoral.

Não são idéias ou projetos de aperfeiçoamento que faltam, mas as condições políticas para pô-las em prática. Se não estou enganado, o mais provável é que a emergência de condições que favoreçam uma evolução do paradigma vai depender não tanto da sua comparação intelectual com projetos alternativos ou de sua direta contestação por outros projetos, mas dos problemas inerentes ao próprio paradigma.

Os primeiros desses desafios são internos e têm a ver com a contradição irredutível de política monetária de juros altos permanentes com política fiscal orientada a gerar superávit primário ou equilíbrio nominal capaz de reduzir a relação endividamento/PIB. A impossibilidade cada dia mais manifesta de continuar a elevar a carga tributária em conjuntura de aumento da pressão da previdência social e de expansão dos gastos correntes do governo não poupará o futuro governo de crises e impasses complicados. Embora surpresas sejam sempre possíveis, parece difícil imaginar que, reeleito, o presidente tenha melhores condições de vitória na aventurosa empreitada de efetivar as necessárias e difíceis reformas previdenciária, fiscal e outras, do que teve no primeiro mandato, quando dispunha de capital político e esperança generalizada que não voltam mais. As dificuldades seriam iguais ou piores no caso de uma eventual vitória da oposição.

É nesse ponto que caberia evocar a modalidade mais recente e atualizada da idéia de aliança explícita, a *Concertación a la chilena*, defendida pelo senador Jefferson Perez e outros, como meio de juntar centro-esquerda e centro-direita em torno de uma política econômica consensual, dotando-a das reformas legislativas de que precisa. Não sou o mais competente para aquilatar as possibilidades políticas de um acordo desse tipo na fase pós-eleitoral. Imagino, contudo, que uma revolução como essa na política partidária brasileira poderia criar a oportunidade da síntese entre os dois projetos, uma vez que um mero contrato de adesão ao que hoje vem fazendo o Banco Central dificilmente teria a força catalisadora para vencer as enormes resistências a reformas sistêmicas.

Em relação à inserção internacional, não são menores os desafios enfrentados pelo paradigma dominante. Sua aplicação vem conduzindo à contínua apreciação da moeda, à desaceleração das exportações, ao aumento das importações e das perdas por efeito de remessas antecipadas, turismo e outros, tudo confluindo para gradualmente destruir o até agora único ponto alto do desempenho da economia brasileira: a capacidade de gerar saldos comerciais e em conta corrente. Atenuada e mascarada até o momento pela expansão da economia e do comércio internacionais e pela valorização das *commodities*, compensadora do câmbio, essa corrosão pode se acelerar no momento em que a exacerbação do conflito no Oriente Médio e a elevação do preço do petróleo tornarem mais acentuada a desaceleração do crescimento mundial.

Segundo a frase de que gosta o guru Warren Buffett, recentemente citada por um colunista, é na hora em que a maré baixa que se vai ver quem entrou na água sem calção de banho: basicamente, os países que sofrem de moeda supervalorizada e de déficit em conta corrente, como a Turquia. O Brasil não está lá ainda, mas, preenchendo com louvor a primeira condição, é só questão de tempo até conquistar o outro e duvidoso galardão. Nessa hora, para os que pensam como o Banco Central, não haverá problemas, desde que o *investment grade* e a liquidez internacional nos ajudem a financiar os déficits correntes até que o mercado e o realinhamento de custos internos voltem a conferir-nos competitividade. Já vimos esse filme antes e os galãs da versão original até que eram mais glamourosos do que os atuais figurantes, mas aparentemente o público financeiro gostou e está disposto a pagar para ver o *remake*.

É esse, com um ou outro retoque a mais ou a menos, o projeto internacional implícito no paradigma dominante. Tem ele pouco a ver com o projeto explícito do Itamaraty, consubstanciado, acima de tudo, na combinação do multilateralismo das negociações da Organização Mundial de Comércio (OMC) com a constituição de um espaço econômico-comercial sul-americano, como alternativa para a Alca, defendida pelos financistas por motivos sistêmicos não-comerciais. Como se diria em francês, os dois projetos *hurlent de se trouver ensemble*, quer dizer, ou se excluem ou se paralisam mutuamente.

É verdade que a evolução recente não favorece muito o segundo elemento caracterizador da política externa: o sonho da integração energética e comercial da América do Sul. Faltam por completo temas unificadores na América Latina, cada vez mais fragmentada por temas divisivos como a reação às ações de Chávez ou a postura a adotar com relação à Alca. As decisões da Colômbia e do Peru de firmarem acordos de livre-comércio com os Estados Unidos acentuaram a crescente desagregação de acordos regionais como o Grupo Andino e o Mercosul. As tensões internas deste último; o desencanto dos pequenos — Uruguai e Paraguai —, tentados pelo mercado norte-americano; o nítido retorno a um neonacionalismo na Argentina, na Venezuela, na Bolívia; a tendência de cada país buscar seu próprio interesse a curto prazo; as escaramuças de Chávez com colombianos, peruanos e mexicanos; o antagonismo entre Kirchner e o governo uruguaio, nada disso contribui para iniciativas construtivas e ambiciosas como a do espaço econômico sul-americano.

A já considerável fragmentação político-ideológica e comercial da América Latina se acentuaria ainda mais com a inclusão de Cuba no agrupamento que aparentemente se esboçou na recente reunião de Córdoba: não mais uma união aduaneira clássica como pretendia ser o Mercosul, mas uma espécie de magma em formação, mediante uma mistura do Mercosul como o conhecíamos (será que, nesse caso, os menores permanecerão?) com os formadores da Alba, a Alternativa Bolivariana, com Venezuela, Cuba e Bolívia.

Mais explosiva ficaria a mistura se fosse levada a sério a proposta do líder venezuelano de dar a esse eixo dimensão de segurança estratégico-militar.

A acelerada transformação de muitas das condições econômicas ou políticas, globais ou sul-americanas, que predominaram entre 2002 e 2006 aconselha a uma revisão em profundidade das premissas e dos objetivos dos projetos econômicos e internacionais explícitos ou implícitos nas políticas brasileiras. Essas contradições, responsáveis já pelo crescimento baixo e intermitente dos últimos anos, se aproximarão provavelmente do ponto crítico no quadriênio que se inicia em 2007, devido à deterioração do cenário político e econômico externo. Será essa talvez a oportunidade de construir a tão ansiada síntese de estabilidade com crescimento e justiça social.

Nacionalismo e desenvolvimento   2

Paulo Nogueira Batista Jr.

"A independência é para os povos
o que a liberdade é para os indivíduos."
Charles de Gaulle[1]

O nacionalismo é um tema de grande complexidade, repleto de sutilezas e ambigüidades. Nunca foi e nem pode ser discutido nos termos da "gélida lógica socrática", para recorrer a uma expressão de Nietzsche, um dos críticos mais agudos do filósofo grego.[2] Como imaginar tratá-lo de forma serena e equilibrada, no plano exclusivamente racional ou científico? Elementos de outras ordens estão sempre presentes: sentimentos, afetos, impulsos e, com eles, uma dose inevitável de arbitrariedade. Os organizadores do Fórum de Economia propuseram um pequeno roteiro de discussão para o painel "A idéia de nação como condição do desenvolvimento". O título já sugere, implicitamente, uma noção discutível: a de que uma "idéia", no caso a de "nação", possa ser "condição", isto é, pressuposto, precondição de um fenômeno real, histórico: o "desenvolvimento". Lê-se no programa do fórum:

> Os países se desenvolvem quando contam com uma nação capaz de formular uma estratégia nacional de desenvolvimento. A experiência internacional é clara a respeito. O Brasil já teve essa capacidade, mas a perdeu nos últimos 20 anos. É possível recuperá-la? É possível que empresários,

---
[1] Peyrefitte, 1994:286.
[2] Stone, 1989:146.

trabalhadores e técnicos do governo voltem a se aliar para competir internacionalmente?

Tenho certa simpatia por essas formulações, como se pode depreender do que escrevi ao longo da vida. No entanto, não posso deixar de reconhecer o quanto elas abrigam de duvidoso, de contestável. Por exemplo: a rigor, a experiência internacional nunca é clara. As "lições" que se procura extrair dessa experiência são sempre discutíveis. Das lições da história pode-se dizer o que Oscar Wilde (1948:325) disse da verdade: *"The truth is rarely pure and never simple"*. As polêmicas econômicas dificilmente podem ser resolvidas com apelos à experiência internacional ou histórica. A análise da experiência de diferentes países ou regiões pode, no máximo, sugerir conclusões, dar pistas, fornecer ilustrações. Os conceitos básicos presentes nesse debate — nação, desenvolvimento — são escorregadios, escapam a definições precisas e a tentativas de generalização atemporal. Isso, por um lado. Por outro, deve-se levar em conta que as questões envolvidas transcendem o campo econômico ou mesmo o da análise sociológica. São também culturais, filosóficas e ideológicas. Por isso mesmo o tema proposto para o painel é muito rico.

Começo citando uma observação aparentemente extravagante: "A 'humanidade' não avança, ela nem sequer existe". A observação é de Nietzsche (1988:408) e aparece em um fragmento publicado postumamente, no contexto de uma breve polêmica contra o Iluminismo oitocentista e seus sucessores. O aperfeiçoamento da humanidade pelas luzes, pela razão, pela superação das superstições medievais era uma idéia-força do Iluminismo, em particular da sua versão mais prática, política, que predominou na França do século XVIII. Mas, como falar em progresso da humanidade se ela sequer existe? Nietzsche lançou esse aforismo, desacompanhado de maiores explicações. É normal — profetas não argumentam. Sua observação pode dar margem a diversas interpretações e aplicações. Gostaria de propor uma, socorrendo-me em parte de um dos mais importantes intérpretes atuais de Nietzsche, Wolfgang Müller-Lauter (1997).[3] A bem da verdade, devo dizer que, para meus propósitos estreitamente nacionalistas e brasileiros, vou me

---
[3] Ver também Marton, 2000:171-201.

valer de um filósofo que era declaradamente antinacionalista e que tinha, em especial, verdadeiro horror pelo nacionalismo alemão da sua época, o nacionalismo bismarckiano-wagneriano das décadas finais do século XIX.

"Humanidade" é uma daquelas abstrações inócuas, um conceito universal vazio, "a última fumaça da realidade evaporada", para lançar mão de outra expressão de Nietzsche (1972:404), utilizada por ele em obra publicada ainda em vida. Não se pode dizer o mesmo de uma abstração que nos interessa mais de perto no debate deste fórum: o conceito de nação. Eis aí um conceito que mobiliza, emociona, encanta e fascina. É mais bandeira, estandarte, do que apenas conceito. E no entanto não deixa de ser também um conceito abstrato, uma "idéia". A nação pode ser entendida como um subconjunto da humanidade; pode-se dizer, por exemplo, "a humanidade está dividida em nações", proposição que não nos leva muito longe. Onde reside a diferença? Por que o conceito de nação é polêmico, mobilizador, vivo, ao passo que o de humanidade parece estéril, vazio e tende a provocar um certo tédio? Parece evidente que a diferença não reside apenas no grau de abstração ou de abrangência.

A humanidade não existe porque nada se contrapõe a ela. Já as nações são entidades que interagem em situações de conflito ou cooperação. "Vontades de poder" — para usar a linguagem de Nietzsche —, que alternam relações de confronto e aliança. A relação subordinada é a de identidade/aliança/cooperação; a relação dominante é a de contradição/conflito/competição. As nações se contrapõem, se enfrentam, tanto em tempos de guerra quanto em tempos de paz. A cooperação surge em função da disputa. "A solidariedade se faz na luta", dizia Unamuno (1941:43), esse cristão agônico — e nietzschiano *malgré lui même*.

Digito essas linhas e vacilo um pouco. Estou perdendo o fio da meada. Mas não importa. Se o leitor não sabe bem onde quero chegar, não se preocupe. Eu também não. Peço a indulgência de encarar essas notas como um trabalho em andamento, de caráter exploratório. Em todo o caso, parece claro que o nacionalismo não é um humanismo. Levado a ferro e fogo, o nacionalismo é intrinsecamente antagônico às duas outras grandes ideologias políticas e econômicas dos séculos XIX e XX: o liberalismo e o socialismo. Esses dois grandes adversários históricos, cada um à sua maneira herdeiros da tradição humanista e iluminista, têm pelo menos um traço comum: o internacionalismo — e, mais do que isso, o antinacionalismo. O nacionalismo moderno tem raízes na reação romântica ao Iluminismo, mais especificamente na revolta do romantismo alemão contra as pretensões universalizantes do Iluminismo francês.[4] Na origem tanto do liberalismo quanto do socialismo nota-se no mínimo indiferença, quando não hostilidade explícita ao nacionalismo, considerado pelos fundadores de ambas as correntes um anacronismo. Smith polemizava contra o nacionalismo econômico dos mercantilistas; Marx atacava List.[5]

O parágrafo anterior pode causar certa surpresa. No século XX, não foram raros os episódios de aliança ou sincretismo entre nacionalismo e socialismo ou entre nacionalismo e liberalismo — por exemplo, no nazismo alemão, a começar pelo nome completo do partido: *National Sozialistische Deutsche Arbeiter Partei* (Partido Nacional Socialista dos Trabalhadores Alemães). É claro que a tônica do nazismo era o nacionalismo, na sua vertente mais agressiva, mas havia também importantes elementos trabalhistas, coletivistas ou socialistas. Outro exemplo: na União Soviética, onde Marx reinava como grande referência intelectual, econômica e política, o nacionalismo teve papel crucial. Stalin tornou-se com o tempo um grande nacionalista russo, em especial durante a II Guerra Mundial.[6] Logo ele, diga-se de passagem, que nem russo era. Sem a mobilização do sentimento nacional, sua vitória sobre Hitler não teria sido possível.

Depois da II Guerra, o que se viu nos movimentos de oposição aos governos de alguns satélites soviéticos na Europa oriental foi uma aliança entre liberalismo e nacionalismo. Era a aliança natural em nações que, depois de terem sido ocupadas militarmente pela União Soviética na fase final da guerra, foram forçadas a adotar o modelo econômico socialista, de economia centralmente planificada. Já na América Latina, o mais comum foi a aliança entre nacionalistas e socialistas. Dada a in-

---

[4] Herder, 2004; e Berlin, 1990:218-237, 243-254.
[5] Num texto pouco conhecido, Marx (1845) fez um ataque veemente e violento à principal obra de List.
[6] Ver, por exemplo, Deutscher, 1966; e Lukács, 2006.

fluência incontrastável dos Estados Unidos em nossa região, sobretudo depois de 1945, os marxistas e comunistas latino-americanos estavam mais do que predispostos a juntar-se a forças nacionalistas e a adotar a retórica antiamericana. Portanto, nos tempos da Guerra Fria, o nacionalismo era de esquerda no Brasil; de direita na Polônia. O fator explicativo é a natureza do sistema econômico da potência dominante na região: EUA no primeiro caso; Rússia/União Soviética no segundo. A coloração direita/esquerda é acidental, não-essencial ao nacionalismo.

Fica evidente, portanto, que o nacionalismo é um fenômeno histórico, e não um valor universal e atemporal. Não faz sentido inventar uma axiologia em que a Nação, com *n* maiúsculo, seja considerada o valor supremo. Exageros desse tipo podem ser o primeiro passo para a perversão do nacionalismo e sua transformação em xenofobia e motivo para agressões e guerras externas.

O nacionalismo também é um fenômeno espacialmente condicionado. Sua natureza varia não só ao longo do tempo, mas de país para país e de região para região do mundo. O nacionalismo das grandes potências, por exemplo, resvala facilmente para o imperialismo. O mesmo pode acontecer nas relações econômicas e políticas entre países em desenvolvimento e seus vizinhos menores e mais vulneráveis. O Brasil já foi acusado de nação "subimperialista" por alguns países sul-americanos. Mas, nos países em desenvolvimento, o nacionalismo costuma adquirir um caráter defensivo, de preservação da autonomia econômica, política e cultural, em face das investidas de nações mais adiantadas e poderosas.

No período posterior à II Guerra Mundial, o nacionalismo esteve estreitamente ligado à aspiração do desenvolvimento econômico. Nesse ponto, países como o Brasil estavam, à sua maneira, tentando refazer a trajetória de outros *late comers*, em outros períodos históricos — a Alemanha, os EUA, a Rússia e o Japão no século XIX, por exemplo.[7] Ao longo da história, o desenvolvimento esteve sempre associado a um processo de *catching up*,[8] de equiparação ao nível de desenvolvimento de uma na-

---

[7] Ver Smith, 1955; e Gerschenkron, 1962 e 1970.
[8] Chang, 2002; e List, 1986.

ção ou de nações mais avançadas econômica, tecnológica e militarmente. É no espaço nacional que se articula o esforço de recuperação desse atraso relativo.[9] Nesse sentido, a expressão "desenvolvimento nacional" é quase uma redundância. Quase porque em determinadas circunstâncias, relativamente raras, o desenvolvimento pode resultar de uma ação regional em que nações geográfica e culturalmente próximas se aliam para buscar o desenvolvimento em um processo de integração profunda de suas economias e instituições. O desenvolvimento das economias periféricas da União Européia é o caso mais conhecido, talvez único.

Existem alternativas para o nacionalismo? Outros caminhos para o desenvolvimento econômico e a melhora das condições de vida das populações na periferia da economia internacional? Em certos meios de esquerda, deposita-se alguma esperança na ação internacional ou transnacional dos trabalhadores e dos movimentos sociais. Seria a "globalização do trabalho", contraposta à "globalização do capital". A viabilidade dessa alternativa é muito limitada, uma vez que existem divergências fundamentais de interesses entre os trabalhadores do centro e os da periferia. Os primeiros se opõem à livre circulação internacional do trabalho; são parte importante dos *lobbies* que sustentam as políticas restritivas de imigração nos EUA, na União Européia e em outras nações desenvolvidas. Não querem que imigrantes oriundos da América Latina, da Ásia ou da África concorram com eles nos mercados nacionais de trabalho.

Os trabalhadores dos países desenvolvidos também são inclinados ao protecionismo e a apoiar restrições às importações de produtos fabricados nas economias em desenvolvimento. É o protecionismo politicamente correto, que justifica as medidas para limitar as importações com alegações de que as empresas exportadoras dos países em desenvolvimento danificam o meio ambiente ou não respeitam os direitos dos trabalhadores. Já os trabalhadores da periferia gostariam de ter o direito de prestar serviços nos países desenvolvidos e de buscar melhores condições de remuneração e trabalho nessas nações mais avançadas. Se pudessem opinar, defenderiam a liberalização dos mercados de

---
[9] Bresser-Pereira, 2006:223-226.

trabalho. Além disso, eles são diretamente prejudicados, em termos de oportunidades de emprego e de nível salarial nos seus países de origem, pelas medidas que restringem o acesso das exportações da periferia aos mercados do centro. Em suma, a palavra de ordem de Marx e Engels — "Trabalhadores do mundo inteiro, uni-vos!" — continua não ressoando. A defesa dos interesses dos trabalhadores ainda depende, fundamentalmente, do que pode ser realizado no âmbito nacional ou, no máximo, regional — quando existir um projeto sólido de integração entre nações geográfica e politicamente próximas.

O desenvolvimento não pode ficar na dependência da cooperação entre nações, da boa vontade dos países mais adiantados e da iniciativa dos Estados no plano internacional. O comportamento das nações mais adiantadas, aquelas que poderiam em tese liderar uma ação conjunta em prol do desenvolvimento, raramente confirma essas esperanças de solidariedade. Os países desenvolvidos seguem as forças nacionais e seus interesses. Respondem primordialmente a seus eleitorados e a pressões domésticas. A cooperação internacional está mais presente na retórica do que na prática dos Estados.

Um aspecto nem sempre lembrado é a relação entre nação e democracia. Com todas as suas imperfeições e limitações, que são muitas, a democracia só existe no plano nacional ou infranacional. Não existe democracia no plano internacional. Os organismos multilaterais são todos não-democráticos, em maior ou menor medida. O Fundo Monetário Internacional, o Banco Mundial, a Organização Mundial do Comércio e mesmo as Nações Unidas são estruturas oligárquicas, controladas por um número pequeno de países desenvolvidos. No plano internacional, estamos na fase do voto censitário. O poder de voto e de decisão nas organizações multilaterais está estreitamente vinculado ao poder econômico. É válido, evidentemente, continuar o esforço para aumentar a representatividade dessas entidades e a influência dos países em desenvolvimento sobre suas agendas e iniciativas. Mas sem ilusões. Não estão ao nosso alcance mudanças profundas, que permitam transferir para a órbita internacional decisões cruciais para o processo de desenvolvimento das nações periféricas.

Ressalvados os poucos casos de integração regional profunda, o nacionalismo é, na prática, a única alternativa. Nos países menos desenvolvidos, o projeto nacional está sujeito, porém, a contestações permanentes. Não raro a contestação doméstica é mais agressiva e perigosa do que a estrangeira. O nacionalismo sofre então uma espécie de erosão interna. Grande parte das elites nacionais mostra-se inclinada a formas subordinadas de inserção internacional, atuando de forma consistente para bloquear a formulação e a implementação de um projeto autônomo de desenvolvimento.

Essa atuação de parte das elites locais obedece, obviamente, a motivações econômicas concretas. As nações hegemônicas operam de forma a beneficiar aqueles que se dispõem a cooperar com os seus projetos de poder. Mas não se deve subestimar o papel de influências ideológicas e fatores de ordem subjetiva. O poder se exerce não só nos planos econômico, político e militar, mas também — e de forma crucial — no terreno das idéias, das ideologias, das imagens, da cultura. Não há hegemonia que possa prescindir do chamado *soft power*.

Um elemento central dessa estrutura de poder é o treinamento — "adestramento" talvez seja a palavra mais adequada - - das elites da periferia nas universidades dos países centrais, nas instituições financeiras privadas e em organizações internacionais como o FMI e o Banco Mundial. É uma antiga tradição imperial. Os romanos transplantavam os filhos dos líderes das tribos germânicas para Roma, onde eram devidamente aculturados. Retornavam à sua terra natal na condição de integrantes leais e assimilados do Império romano.[10] O treinamento ou adestramento das elites periféricas tem dupla dimensão. Envolve a transmissão tanto de conhecimentos, técnicas e experiência internacionais, quanto de valores e padrões de comportamento. Forma-se assim uma "tecnocracia apátrida", na expressão de Charles de Gaulle,[11] mais identificada psicológica e emocionalmente com as nações adiantadas do que com seus próprios países de origem. A preservação do atraso e da dependência passa a ser articulada por dentro, sem sotaque físico, porém com um tremendo sotaque espiritual, diria Nelson Rodrigues. Essa dominação indireta, que se faz por meio de prepostos locais, é menos transparente e, assim, mais eficiente do que os métodos coloniais tradicionais.

---

[10] Ozment, 2006:20.
[11] Peyrefitte, 1994:69.

Os economistas têm dado uma contribuição especialmente importante. Em muitos países periféricos, os cargos mais importantes e as alavancas decisórias nos ministérios das Finanças, do Planejamento e nos bancos centrais acabam em mãos de uma rede de economistas e outros profissionais que têm "trânsito em Washington", mas pouca identificação real com as nações que supostamente governam e representam. É o caminho para a perpetuação da dependência e do subdesenvolvimento.

Bibliografia

BERLIN, Isaiah. *The crooked timber of humanity.* Princeton: Princeton University Press, 1990.

BRESSER-PEREIRA, Luiz Carlos. Estratégia nacional de desenvolvimento. *Revista de Economia Política*, v. 26, n. 2, abr./jun. 2006.

CHANG, Ha-Joon. *Kicking away the ladder:* development strategy in historical perspective. London: Anthem Press, 2002.

DEUTSCHER, Isaac. *Stalin.* Bungay: Pelican Books, 1966.

GERSCHENKRON, Alexander. *Economic backwardness in historical perspective.* Boston: Harvard University Press, 1962.

_____. *Europe in the Russian mirror:* four lectures in economic history. Cambridge: Cambridge University Press, 1970.

HERDER, Johann Gottfried. *Another philosophy of history and selected political writings.* [1774]. Indianapolis: Hackett, 2004.

LIST, Georg Friedrich. *Sistema nacional de economia política.* [1841]. São Paulo: Nova Cultural, 1986.

LUKÁCS, John. *June 1941:* Hitler and Stalin. New Haven: Yale University Press, 2006.

MARTON, Scarlett. *Extravagâncias: ensaios sobre a filosofia de Nietzsche.* São Paulo: Discurso Editorial, Unijuí, 2000.

MARX, Karl. Draft of an article on Friedrich List's book. *Das Nationale System der Politischen Oekonomie*, Mar. 1845. Disponível em: <www.marxists.org/archive/marx/works>.

MÜLLER-LAUTER, Wolfang. *A doutrina da vontade de poder em Nietzsche*. São Paulo: Annablume, 1997.

NIETZSCHE, Friedrich. *Götzen-Dämmerung*. [1889]. In: *Friedrich Nietzsche — Werke III*. Herausgegeben von Karl Schlechta. Frankfurt am Main: Ullstein, 1972.

_____. *Nachgelassene Fragmente, 1887-1889*. Kritische Studienausgabe, Band 13, Herausgegeben von Giorgio Colli und Mazzino Montinari. München: de Gruyter, 1988.

OZMENT, Steven. *A mighty fortress. A new history of the German people*. London: Granta Books, 2006.

PEYREFITTE, Alain. *C'était de Gaulle*. Paris: Fallois & Fayard, 1994.

SMITH, Thomas C. *Political change and industrial development in Japan: government enterprise, 1868-1880*. Stanford: Stanford University Press, 1955.

STONE, Isidor F. *The trial of Socrates*. New York: Doubleday, 1989.

UNAMUNO, Miguel de. *A agonia do cristianismo*. [1930]. São Paulo: Cultura, 1941.

WILDE, Oscar. *The importance of being earnest*. [1895]. In: *The works of Oscar Wilde*. Edited by G. F. Maine. London: Collins, 1948.

A idéia de nação no Brasil 3

Luiz Alberto Moniz Bandeira

Com uma das quatro maiores áreas contínuas do planeta, até meados do século XVIII, o Brasil, segundo Roberto Simonsen (1973:5), tinha uma economia bem maior do que a da Inglaterra, mesmo do ponto de vista industrial — uma indústria considerada quase como etapa acima da agricultura — e incomparavelmente superior à das 13 colônias que se tornariam os Estados Unidos da América em 1776-1783. Só a produção e a exportação da indústria açucareira ultrapassavam, em largos períodos, o valor de £ 3 milhões anuais, enquanto a exportação total da Inglaterra não alcançava tal cifra.[1] Àquele tempo, ao escrever as "Instruções a Marco Antônio de Azevedo Coutinho", d. Luís da Cunha, grande diplomata português, avaliou que d. João V "se achava em idade de ver florentíssimo e bem povoado aquele imenso continente do Brasil", se nele, tomando o título de "imperador do Ocidente", quisesse estabelecer sua corte e instalasse o trono na cidade do Rio de Janeiro, que, na sua opinião, "em pouco tempo viria a ser mais opulenta que a de Lisboa".[2] Segundo ponderou:

> (...) O dito príncipe para poder conservar Portugal necessita totalmente das riquezas do Brasil e de nenhuma maneira das de Portugal, que

---

[1] Simonsen, 1973:5-6.
[2] Academia de Sciências de Lisboa, 1929:211.

não tem para sustentar o Brasil, de que se segue que é mais cômodo e mais seguro estar onde se tem o que sobeja, que onde se espera o de que se carece.[3]

Não foi a primeira vez, nem seria a última, que ocorreu a idéia de transferir a sede da corte para o Brasil. Em 1798, d. Rodrigo de Sousa Coutinho, conde de Linhares, em exposição feita à corte, enunciou que os "domínios na Europa" já não constituíam "a capital e o centro do Império português", e concluiu que, reduzido a si mesmo, Portugal não tardaria a tornar-se "uma província de Espanha".[4] O conde de Linhares voltou a instar o príncipe-regente d. João a transferir a corte para o Rio, quando as tropas da Espanha, em 1801, invadiram a praça de Olivença, e, dois anos depois, em 1803, reiterou:

> O único meio que ainda resta de assegurar a independência da Coroa de V.A.R. é que, conservando a bem-fundada esperança de se poder assegurar a defesa do Reino, deixa a certeza de ir em qualquer caso V.A.R. criar no Brasil um grande Império, e assegurar para o futuro a reintegração completa da monarquia em todas as suas partes.[5]

O príncipe-regente d. João, em 1801, ouvira também de d. João de Almeida Portugal, segundo marquês de Alorna, a recomendação de transferir a sede da corte para o Brasil, como forma de manter o reino fora do alcance de agressões por parte de outro Estado da Europa e conservar sua independência.[6] E em meados de 1807, quando Napoleão Bonaparte mandou intimar Portugal a aderir ao bloqueio da Inglaterra sob pena de ocupar-lhe o território se não o fizesse, e o general Andoche Junot começou imediatamente a concentrar tropas em Bayonne, cidade

---

[3] D. Luís da Cunha aventou a hipótese de que o rei de Portugal, como imperador do Ocidente, "pudesse cuidar em conquistar o reino do Peru até o istmo do Panamá, onde se termina o do México", e chegou a admitir um acomodamento com a Espanha, mediante a troca do Algarves pelo Chile, até o estreito de Magalhães (Academia de Sciências de Lisboa, 1929:217-218).
[4] Wilcken, 2004:97.
[5] Apud Wilcken, 2004:98.
[6] Azevedo, 1978:442-443.

próxima da fronteira da Espanha, o conde da Ega, embaixador em Paris, ao transmitir a nota a Lisboa, advertiu ao príncipe-regente:

> Ou Portugal há-de fechar seus portos aos ingleses e correr o risco de perder por algum tempo a posse de suas colônias, ou o príncipe, nosso senhor, abandonando o seu reino na Europa, ganhado e conservado pelo suor de seus antepassados, irá estabelecer no Novo Mundo uma nova monarquia que, bem que possa vir a ser um império da maior consideração, produzirá uma semelhante medida a maior de todas as revoluções no sistema geral político.[7]

Naquela conjuntura, a dependência econômica de Portugal em relação ao Brasil não dava ao príncipe-regente alternativa senão a que o conde da Ega alvitrara: transferir a corte para a América do Sul, com todas as conseqüências políticas que daí adviessem. Em 22 de outubro de 1807, d. João aceitou negociar uma convenção secreta, mediante a qual a Inglaterra protegeria a ida da corte para o Rio de Janeiro. E, em 29 de novembro, a esquadra inglesa, composta de sete naus, cinco fragatas, dois brigues e duas charruas, além de vários navios mercantes, levando cerca de 8 mil a 15 mil pessoas, entre nobres e seus domésticos, magistrados, funcionários e outros cortesãos,[8] bem como cerca 80 milhões de cruzados da Fazenda Real, metade do dinheiro em circulação no reino,[9] zarpou para o Brasil, pouco antes que as tropas de Junot invadissem Lisboa, o que ocorreu no dia seguinte.

Ao chegar a Salvador, d. João assinou a Carta Régia de 28 de janeiro de 1808, abrindo os portos do Brasil às nações amigas e acabando assim com o monopólio comercial. Através do alvará de 1º de abril de 1808, anulou as amarras do sistema colonial. E derrogou ainda a Carta Régia de 1766, que proibira o ofício de ourives no Brasil, a fim de evitar o contrabando do ouro e seu desvio do comércio monetário, bem como a de 1785, que proibira a manufaturação de fios, panos e bordados no Brasil, permitindo apenas o fabrico de "fazendas grossas de algodão, que

---

[7] Apud Saraiva, 1993:300-301.
[8] Ibid., p. 304-305.
[9] Silva, 1864:121.

serviam para uso e vestuário dos negros e para enfardar ou empacotar fazendas e para outros ministérios semelhantes". Conforme ressaltou a historiadora Nícia Vilela Luz (1975:21-22), d. João VI pretendia, sob o signo do liberalismo, inaugurar no Brasil a era industrial, com o objetivo de multiplicar, promover o desenvolvimento demográfico e dar trabalho a um certo elemento da população que não se acomodava à estrutura socioeconômica, baseada no trabalho escravo então existente. Raimundo Faoro (1976:254) observou em *Os donos do poder* que "a monarquia portuguesa, assediada pelas armas francesas e pelas manufaturas inglesas, rebelde à absorção estrangeira, voltou-se para a ex-colônia, numa obra quase nacionalista capaz de convertê-la numa nação independente".

D. João, tratando de encerrar o período colonial, em 1808 avançou além da abertura dos portos, criando a siderurgia nacional (10 de outubro) e fundando o Banco do Brasil (12 de outubro). E, com o alvará de 28 de abril de 1809, tomou outras iniciativas para impulsionar a industrialização, concedendo direitos aduaneiros às matérias-primas necessárias às fábricas no Brasil, isenção de imposto de exportação para os produtos manufaturados no país e a utilização de produtos brasileiros no fardamento das tropas reais. Outrossim, d. João VI outorgou privilégios exclusivos, por 14 anos, aos inventores ou introdutores de novas máquinas, bem como a distribuição anual de 60 mil cruzados às manufaturas que necessitassem de apoio, sobretudo as de lã, algodão, ferro e aço.[10] E instituiu a fábrica de pólvora, o arsenal de Marinha para a construção naval, a tipografia régia, assim como o Colégio Militar e o Colégio Naval.

Em tais circunstâncias, em fins de 1809, o engenheiro Friedrich Ludwig Wilhelm Varnhagen chegou ao Rio de Janeiro, onde recebeu a incumbência de estudar a possibilidade de construir uma siderúrgica no morro de Araçoiaba, perto de Sorocaba, na província de São Paulo. Em 1812, com o apoio de d. Manuel de Assis Mascarenhas Castelo Branco da Costa Lencastre, conde de Palma, terminou a construção de outra usina siderúrgica, denominada Fábrica Patriótica, perto de Congonhas do Campo, para lá produzir ferro líquido, enquanto, na mesma província de Minas Gerais, a Fábrica de Ferro do Morro de Gaspar Soares,

---

[10] Faoro, 1976:21.

instalada por Manoel Ferreira da Câmara Bittencourt e Sá, obtinha ferro-gusa em oito fornos, com a colaboração de um súdito alemão.[11] Em 1815, Varnhagen assumiu a direção da Real Fábrica de Ferro de São João do Ipanema, que começou a produção de ferro. Havia algumas outras pequenas fábricas, em Minas Gerais e em São Paulo, uma das quais, na capital de São Paulo, produziu cerca de 600 fuzis de modelo prussiano muito bem acabados.[12]

Não é certo que a Inglaterra quisesse a abertura dos portos do Brasil.[13] O que ela demandara fora um porto exclusivo, no caso o de Santa Catarina, ao que o príncipe-regente resistiu. E como não se conformasse em não obter o monopólio, pressionou o príncipe-regente d. João para que firmasse o Tratado de 1810, concedendo às manufaturas inglesas uma tarifa preferencial de 15% ad valorem, privilégio maior até mesmo que o concedido a Portugal (16%), enquanto as demais nações deveriam pagar direitos da ordem de 24%.[14] Esse tratado derrogou virtualmente a abertura dos portos e obstaculizou os esforços para industrializar o Brasil. A idéia de consolidar o Império português a partir do desenvolvimento econômico do Brasil como nação soberana, unida a Portugal, revigorou-se, entretanto, após a pacificação da Europa, com a derrota definitiva de Napoleão Bonaparte na batalha de Waterloo (Bélgica), entre os dias 15 e 18 de junho de 1815. Em 16 de dezembro desse mesmo ano, o príncipe-regente d. João elevou o Brasil ao predicamento de Reino Unido a Portugal e Algarves, reconhecido então como personalidade jurídica do direito internacional pelas principais potências da época — Inglaterra, França, Áustria, Prússia, Suécia e Estados Unidos. O estímulo ao desenvolvimento econômico do Brasil foi, no entanto, sufocado pelo Tratado de 1810.

Com a revolução constitucional, que em 24 de agosto de 1820 irrompera na cidade no Porto e se alastrara a Lisboa, bem como à Madeira e a quase todo o arquipélago dos Açores, as cortes portuguesas (órgão parlamentar), dominadas pelos liberais, instaram d. João VI a que retornasse a Portugal, o que aconteceu em abril de 1821, e aprovaram

---

[11] Lima, 1976:159-265. Ver também Bandeira, 1994:24-25.
[12] Ibid., p. 164-165.
[13] Pinho, 1961:38, 64.
[14] Bandeira, 1998:36.

uma série de outras medidas, visando a restaurar o sistema colonial no Brasil. Os portugueses não se conformavam com a abertura dos portos, que lhes retirara as rendas aduaneiras, e diziam que Portugal se tornara colônia da colônia. A ruptura do reino unido tornara-se, por conseguinte, inevitável. O Brasil já era de fato independente, um Estado soberano, desde que fora alçado ao predicamento de reino, e contava com todos os órgãos de instância superior da administração, sendo incomparavelmente mais rico que Portugal. Não era possível fazer retroceder o processo histórico. E o príncipe-regente d. Pedro, que d. João VI deixara no Brasil, não teve alternativa senão seguir o conselho que seu pai lhe dera antes de viajar: "Pedro, se o Brasil se separar, antes seja para ti que me hás de respeitar, que para alguns desses aventureiros".[15] Com efeito,

---

[15] Essa frase foi reproduzida pelo próprio príncipe d. Pedro, em carta escrita a seu pai, d. João VI, com data de 19 de junho de 1822 e cuja íntegra é a seguinte: "Circunstancias políticas do Brasil fizeram que eu tomasse as medidas que já participei a Vossa Majestade. Outras mais urgentes forçaram-me, por amor à nação, a Vossa Majestade e ao Brasil, a tomar as que Vossa Majestade verá dos papéis oficiais, que somente a Vossa Majestade remeto. Por eles verá Vossa Majestade o amor que os Brasileiros honrados consagram à sua sagrada e inviolável pessoa, e ao Brasil, que a Providência divina lhes deu em sorte livre, e que não quer ser escravo dos Lusos-Espanhóis, quais os infames déspotas, constitucionais em nome d'essas facciosas, horrorosas e pestíferas cortes. O Brasil, senhor, ama a Vossa Majestade. Reconheceu-o e sempre reconhece-o como seu rei. Foi sectário das malditas Cortes por desgraça ou felicidade (problema difícil de resolver-se). Hoje não só abomina e detesta essas, mas não lhes obedece, nem lhes obedecerá mais; nem eu consentiria tal, o que não é preciso, porque de todo não querem senão as leis da sua assembléia geral, constituinte e legislativa, criada por sua livre vontade para lhes fazer uma constituição que os felicite in eternum se for possível. Eu ainda me lembro e me lembrarei sempre do que Vossa Majestade me disse, dois dias antes de partir, no seu quarto: "Pedro, se o Brasil se separar, antes seja para ti que me hás de respeitar, que para alguns desses aventureiros". Foi chegado o momento de quase separação; e estribado eu nas eloqüentes e singelas palavras expressadas por Vossa Majestade, tenho marchado adiante do Brasil, que tanto me tem honrado. Aqui consta-me que querem aclamar a Vossa Majestade Imperador do Reino-Unido, e a mim rei do Brasil. Se isto acontecer, receberei as aclamações, porque me não hei de opor à vontade do povo a ponto de retrogradar. Mas sempre, se me deixarem, hei-de pedir licença a Vossa Majestade para aceitar, porque eu sou bom filho e fiel súdito. Ainda que isto aconteça, o que espero que não, conte Vossa Majestade que eu serei rei do Brasil mas também gozarei da honra de ser de Vossa Majestade súdito, ainda que em particular seja, para mostrar a Vossa Majestade a minha consideração, gratidão e amor fiel, tributado livremente. Vossa Majestade, que é rei há tantos anos, conhecerá mui bem as diferentes situações e circunstâncias de cada país. Por isso Vossa Majestade igualmente conhecerá que os Estados independentes (digo os que de nada carecem, como o Brasil) nunca são os que se unem aos necessitados e dependentes. Portugal é hoje em dia um Estado de quarta ordem e necessita tudo, por conseqüência dependente. O Brasil é da primeira e independente até aqui, que a união sempre é procurada

d. Pedro colocou-se à frente dos acontecimentos e separou o Brasil de Portugal.

No afã de obter o reconhecimento da separação, o Brasil firmou com a Inglaterra o Tratado de Amizade e Navegação e Comércio, de 17 de agosto de 1927, válido por 15 anos, renovando e adaptando as concessões feitas por Portugal no Tratado de 1810. Em seguida, celebrou tratados semelhantes com outros Estados, como França, Prússia, Áustria, Dinamarca, Países Baixos e as cidades hanseáticas (Hamburgo, Bremen e Lübeck).[16] E com os Estados Unidos assinou, em 12 de dezembro de 1828, um Tratado de Amizade, Navegação e Comércio, pelo prazo de 12 anos.

Esses tratados desiguais, celebrados com base no princípio de nação mais favorecida, concederam privilégios aos Estados estrangeiros que contribuíram para inibir qualquer esforço de industrialização do Brasil. De acordo com Amado Luiz Cervo e Clodoaldo Bueno, o liberalismo das baixas tarifas também não foi favorável ao comércio exterior brasileiro, nem foi compensado por investimentos ingleses no Brasil. O mercado interno brasileiro era abastecido quase que exclusivamente por produtos importados. Entre 1842 e 1844, porém, os tratados expiraram e o Brasil adotou como política não renová-los, nem celebrar qualquer outro com nação mais poderosa, daí uma série de incidentes diplomáticos com a Inglaterra e os Estados Unidos, sobretudo depois que o ministro da Fazenda, Manuel Alves Branco, com o propósito de aliviar a grave crise financeira, o déficit orçamentário, elevou a tarifa de importação de 3 mil artigos, que passariam a pagar taxas entre 20% e 60%. Comentam Amado Luiz Cervo e Clodoaldo Bueno (2002:64) que então foi inaugurado um período, que se estenderia de 1844 a 1876, "caracterizado pela ruptura com relação à fase e pelo robustecimento da vontade nacional". Em 1877, o mercado brasileiro já era suprido de numerosos e vários produtos nacionais, até então quase todos importados, e já havia no Brasil

---

pelos necessitados e dependentes. A união destes dois hemisférios, para poder durar, deve ser de Portugal com o Brasil, e não deste com aquele, que é necessitado e dependente. Uma vez que o Brasil está persuadido desta verdade eterna, a separação do Brasil é inevitável, se Portugal não buscar todos os meios de se conciliar com ele por todas as formas. Rio de Janeiro, 19.6.1822, Pedro". Esta carta está transcrita em Silva, 1864, t. 6, p. 78-79.
[16] Ver Cervo e Bueno, 2002:38-39.

fábricas de produtos químicos, de instrumentos óticos, calçados, chapéus, marroquim, oleados, tecidos de lã e algodão, e muitos outros.[17]

O Império do Brasil, em meados do século XIX, estava consolidado como nação, chamando-o o cônsul-geral da França em Montevidéu, Martin Maillefer, de "Rússia tropical", pois tinha a "vantagem da organização e da perseverança em meio dos Estados turbulentos ou mal constituídos" da América do Sul.[18] De fato, ao contrário dos Estados Unidos, onde a nação terminou por constituir-se como Estado, o Estado-Império instituído no Brasil, desmembrado do Estado português, foi que construiu a nação.[19] Conforme o cientista político José Murilo de Carvalho (1980:34-35) acentuou, a elite brasileira, particularmente na primeira metade do século XIX, teve treinamento em Coimbra, concentrado na formação jurídica, e seria em grande maioria integrante do serviço público, sobretudo da magistratura e do Exército. Ela era ideologicamente homogênea e reproduziu-se no Brasil em condições muito semelhantes. Na opinião de José Murilo de Carvalho (1980:35), "essa transposição de um grupo dirigente teria talvez maior importância que a transposição da própria Corte e foi fenômeno único na América". E Carvalho (1980:37) frisou ainda que "a maior continuidade com a situação pré-independência levou à manutenção de um aparato estatal mais organizado, mais coeso e talvez mesmo mais poderoso".

O Império do Brasil constituiu-se sem ruptura da ordem política, assegurou a unidade de vasta extensão territorial e, na metade do século XIX, já era uma potência regional na América do Sul. Esse desenvolvimento político e institucional deveu-se ao fato de o Império do Brasil não ter sido um simples sucessor do Estado português. Foi o próprio Estado português, com o seu aparelho político-militar, que se ajustou às condições econômicas e amoldou-se à estrutura social da colônia, com a conseqüente reformulação da aliança de classes, porém mantendo sua contextura institucional assentada no dogma da soberania una e indivisível da Coroa, a hierarquia, as leis civis, os métodos administrativos,

---

[17] Luz, 1975:40.
[18] Despacho nº 17, M. Maillefer a Drouyn de Lhuys, Montevidéu. *Revista Histórica*, n. 51, p. 449.
[19] Carvalho, 1980:36-37.

o estilo político, o instrumental bélico e diplomático, com experiência internacional, e o vezo de potência.

Havia na elite econômica e política brasileira uma consciência de nação e um anseio de desenvolvimento que passava, no entanto, pela política exterior. Ao mesmo tempo em que resistia às pressões, principalmente da Inglaterra e dos Estados Unidos, para renovar os tratados de comércio, o Império do Brasil tratou de estender sua influência econômica e política aos países da América Sul, particularmente aos Estados que se formavam na bacia do Prata. Em novembro de 1860, Irineu Evangelista de Sousa, barão e, depois, visconde de Mauá, escreveu a Andrés Lamas, ministro plenipotenciário do Uruguai:

> Fui mais longe, compreendi desde logo que aceita a base *econômica*, como ensaio, para firmar-se em um futuro, não mui distante as relações entre o Brasil e o Estado Oriental (Uruguai), cumpria estender a ação dessa influência ao outro lado do Rio da Prata, e daí nasceu em mim a idéia de um banco brasileiro na Confederação Argentina. (...) A idéia *nova* que queríamos plantar, isto é, *preparar o terreno para que uma base econômica ou os interesses dos povos do Rio da Prata com o Brasil entrasse* como o principal elemento da política dos governos e entre vizinhos chamados a estreitar e desenvolver as relações entre si, assim de boa vizinhança como comerciais, industriais e monetários que podiam fazer recíproca e vantajosa troca.[20]

O visconde de Mauá foi o precursor da integração do Brasil com o Uruguai e a Argentina. O Banco Mauá & Cia., que se instalara inicialmente em Montevidéu e ampliara sua rede a outras cidades do Uruguai — Salto, Paysandu, Mercedes e Cerro Largo —, abriu também agências na Confederação Argentina — Rosário e Gualeguyachú, além de Buenos Aires —, concedendo vultosos empréstimos ao governo do general José Urquiza, do qual se constituiu o mais importante agente financeiro. E ele previu que a guerra contra o Paraguai "seria a ruína do vencedor e a destruição do vencido".[21]

---

[20] Apud Besouchet, 1977:118.
[21] Ibid., p. 120.

O visconde de Mauá e, pelo menos, parte da elite política brasileira tinham consciência da nação e uma estratégia de desenvolvimento baseada na industrialização, cujo primeiro surto ocorreu após a tarifa Alves Branco, nos anos 1840 e 1850. Àquele tempo, o jornalista e político Aureliano Cândido Tavares Bastos (1938:431-442), sob o pseudônimo de O Solitário, desfechou, através do *Correio Mercantil*, intensa campanha em favor da abertura do Amazonas, reclamada pelos Estados Unidos, e contra o protecionismo da tarifa Alves Branco e a industrialização do Brasil, que, segundo ele, não tinha vocação do mar, mas o campo, a agricultura e o comércio livre com os Estados Unidos, que poderiam fornecer manufaturas melhores e mais baratas. José da Silva Paranhos, visconde do Rio Branco, supôs que os Estados Unidos financiavam a campanha de Tavares Bastos.[22] E o próprio imperador d. Pedro II (1956:64) entendia que "certas indústrias são indispensáveis a qualquer país, e quando pouco desenvolvidas não podem prescindir de proteção, que não é senão um sacrifício que os nacionais fazem durante tempo mais ou menos longo para irem firmando sua verdadeira independência".

Diversos fatores econômicos e políticos, internos e externos, concorreram para frustrar qualquer estratégia de desenvolvimento do Brasil por meio da industrialização. A bancarrota da firma bancária Jay Cooke, da Filadélfia, em 18 de setembro 1873, produziu efeito devastador sobre a economia dos Estados Unidos e lançou a economia mundial na mais profunda depressão, que se prolongou até por volta de 1896. Essa crise atingiu o Brasil em 1875 e, juntamente com outras causas internas, determinou a falência do Banco Nacional e da casa bancária do visconde de Mauá, a mais desenvolvida de toda a América Latina, mas já abalada pela guerra da Tríplice Aliança contra o Paraguai, e o colapso de vários outros estabelecimentos de crédito e empreendimentos industriais. E o Brasil permaneceu atrelado à monocultura do café, cujas exportações dependiam fundamentalmente do mercado norte-americano.

Não foram apenas os interesses britânicos que obstacularizaram a execução de uma política protecionista, uma estratégia de desenvolvi-

---

[22] D. Pedro II, 1956:75.

mento nacional, a partir de meados do século XIX. A historiadora Nícia Vilela Luz (1975:51), com toda a razão, afirmou que seus maiores adversários, dentro do próprio país, foram "as hostes liberais, cujas doutrinas eram tão convenientes aos interesses da lavoura monocultora que, juntamente com a organização comercial que apoiava, dirigiam, então, os destinos do Império". Mas a produção e a exportação de café, conquanto favorecessem o liberalismo, impulsionavam, notadamente em São Paulo, os elementos do capitalismo em ascensão, ao mesmo tempo em que as necessidades fiscais impunham certo protecionismo. A economia cafeeira gerou, destarte, as condições básicas para a industrialização, cujo segundo surto ocorreu após a proclamação da República, em 1889, favorecido pela queda dos preços do café no início da década de 1880, pela abolição da escravatura (1888) e pela imigração de italianos e outros, como os Matarazzo, Filizola, Jafet e Klabin.

Rui Barbosa, no Ministério da Fazenda do governo republicano, promoveu a política do *encilhamento*, ampliando as medidas tomadas ainda no último ano da monarquia, abandonou o lastro-ouro e permitiu que os bancos emitissem sobre apólices, papel garantindo papel. Assim surgiram mais empresas entre novembro de 1889 e outubro de 1990 do que em sete décadas do Império.[23] Mas o governo republicano permitiu que o ministro plenipotenciário do Brasil na I Conferência Pan-Americana, Salvador de Mendonça, firmasse com os Estados Unidos o acordo aduaneiro de 31 de janeiro de 1891, que o governo imperial não aceitara. Esse acordo, que abria o mercado brasileiro às manufaturas americanas, levantou protestos na opinião pública, porque afetava as indústrias nascentes no Brasil, e Afonso Celso de Assis Figueiredo, visconde de Ouro Preto, último presidente do Conselho de Ministros da monarquia, acusou o secretário de Estado dos Estados Unidos, James G. Blaine, de estar por trás da queda do Império.[24]

A crise da década de 1890 exacerbou o nacionalismo econômico e, no início do século XX, começou a afirmar-se a consciência de que a soberania do Brasil passava pelo desenvolvimento econômico, pelo

---

[23] Basbaum, 1958:27.
[24] *The New York World*, New York, 13 Feb. 1991.

esforço de industrialização. Essa necessidade foi altamente sentida pelo Exército, que a conjugava com a segurança nacional, no marco da rivalidade com a Argentina, uma vez que o processo de industrialização demandava a instalação da siderurgia, da indústria pesada, base para a produção de material bélico e, conseqüentemente, do poderio militar. E Nilo Peçanha, como presidente da República, mostrou, em 1909, a necessidade de criar no Brasil uma indústria de base, uma infra-estrutura capaz de assegurar o desenvolvimento econômico, como substância da soberania nacional e condição indispensável à independência do país. Ao assumir o governo, declarou:

> Ninguém ignora que andam de par e juntos evoluem o predomínio das nações e sua capacidade produtora de ferro.[25]

Conforme Nilo Peçanha acentuou, o Brasil, vivendo de suas exportações, constituídas na maior parte por mercadorias de alto preço, precisava, "para elevar o seu saldo comercial, fabricar sem excesso de custo parte das importações que consome, deter um elemento próprio e de primeira necessidade, que possa oferecer como base de troca nos convênios internacionais". E enfatizou:

> Nenhum outro melhor poderia satisfazer a essa necessidade do que o ferro. Nacionalizar o produto desse metal é, além disso, condição necessária de crescimento e de consolidação do poder militar, não menos que da expansão da indústria de paz.[26]

Nem a Grã-Bretanha nem os Estados Unidos queriam que o Brasil, com abundantes jazidas de ferro, tivesse uma indústria de base, uma indústria pesada. Queriam mantê-lo como mercado cativo para as suas exportações de produtos de aço. E o que Nilo Peçanha desejava exatamente era a instalação da siderurgia no Brasil, a fim de acabar com a

---

[25] Mensagem ao Congresso Nacional. Anais da Câmara dos Deputados, sessões de 1º a 31 de julho de 1909.
[26] Ver a mesma mensagem da nota 25.

venda da matéria-prima e a compra de manufaturas. Mas a consciência dessa necessidade não era suficiente para vencer os obstáculos criados pelos interesses estrangeiros. Até o início da I Guerra Mundial (1914-18) a incipiente indústria brasileira não atendia em média a 5% das necessidades nacionais. Se em tecido a produção alcançava 50%, em outros setores estava reduzida a zero. Mas de 1915 a 1919 surgiram no Brasil 5.940 empresas, quase o mesmo número das que haviam sido criadas entre 1890 e 1914. O que impulsionou, àquele tempo, o esforço de industrialização foi a guerra na Europa, que praticamente paralisou o comércio com a Grã-Bretanha e com outros países. O projeto de instalar a siderurgia, porém, ainda levaria muitos anos.

A Revolução de 1930, liderada por Getúlio Vargas, vibrou um golpe na estrutura econômica e política do Brasil. Derrubou os conservadores do poder, rompeu a hegemonia dos interesses agroexportadores dos fazendeiros de café e permitiu que os anseios das massas urbanas se impusessem e conformassem novo pacto político, que aliou o estamento militar, as classes médias e o proletariado aos pecuaristas do Rio Grande do Sul e de Minas Gerais, produtores de carne e leite para o mercado interno. Assim, embora continuasse a depender das exportações de café e estas, em cerca de 60%, do mercado norte-americano, o Brasil, sob o governo de Getúlio Vargas, apesar de ter firmado o Tratado de Comércio e Reciprocidade com os Estados Unidos em 1934, denunciou-o pouco tempo depois, juntamente com todos os tratados de comércio que continham a cláusula de nação mais favorecida. Mas manteve o Acordo de Compensações com a Alemanha, que se tornou seu principal fornecedor de manufaturados e seu segundo maior cliente de produtos primários entre 1934 e 1938. Vargas tinha uma estratégia de desenvolvimento que só podia executar por meio da política externa. Por isso jogou com a Alemanha e os Estados Unidos.

Como as companhias privadas norte-americanas, a começar pela United States Steel, se recusavam a investir no Brasil para a produção de aço, o presidente Getúlio Vargas levou adiante os entendimentos com a Krupp. Dada a importância geoestratégica do Brasil, em cujo litoral os Estados Unidos pretendiam instalar bases militares, o presidente Franklin D. Roosevelt, por volta de 27 de agosto de 1941, concedeu o crédito de US$ 20 milhões para que uma empresa estatal — a Companhia Siderúrgica Nacional —, criada pelo governo brasileiro, construísse em Volta Redonda, no estado do Rio de Janeiro, o maior complexo siderúrgico da América Latina. Evitou assim que a Alemanha expandisse sua presença no maior país da América do Sul e obteve autorização para instalar as bases aeronavais ao longo do litoral brasileiro, bem como o fornecimento dos minérios necessários ao esforço de guerra. Gratuito não foi o ulterior alinhamento do Brasil com os Estados Unidos, ao romper relações com a Alemanha, em 1942, após o bombardeio da base norte-americana em Pearl Harbor (7 de dezembro de 1941). E a inauguração da siderúrgica de Volta Redonda em 1946 impulsionou o processo de industrialização, possibilitando o desenvolvimento do setor de bens de capital, indispensável à autotransformação e à auto-sustentação do capitalismo.

A consciência da necessidade de industrialização e desenvolvimento econômico, vinculada à idéia de nação, começou a florescer na década de 1930, sendo a estratégia formulada durante o primeiro governo do presidente Getúlio Vargas (1930-45). Após a II Guerra Mundial, em 1946, o Brasil iniciou a primeira operação em grande escala da indústria pesada na América Latina, com o funcionamento do complexo siderúrgico de Volta Redonda. Ali se materializava a idéia do desenvolvimento como alicerce da nação. Não se pode dizer, no entanto, que a idéia do desenvolvimento como um projeto de Estado foi compartida por toda a sociedade brasileira. Houve setores, tanto empresariais quanto políticos, que se opuseram à industrialização do Brasil, como aconteceu no século XIX, em que o liberal Tavares Bastos foi o contraponto do desenvolvimentista visconde de Mauá. O liberalismo perdeu terreno, entretanto, em conseqüência das necessidades nacionais, pois o Brasil não podia se conservar como um país essencialmente agrícola, baseando suas exportações na produção de café, açúcar, cacau e outras *commodities*.

O suicídio de Getúlio Vargas em 24 de agosto de 1954 constituiu o *turning point* na consciência nacional. Em sua carta-testamento, autenticada com o próprio sangue, ele denunciou o domínio e a espoliação do Brasil pelos grupos econômicos e financeiros internacionais. "A campanha subterrânea dos grupos internacionais aliou-se à dos grupos nacionais revoltados contra o regime de garantia de trabalho" — Vargas acusou. E acrescentou:

Quis criar a liberdade nacional na potencialização das nossas riquezas através da Petrobras e, mal começa esta a funcionar, a onda de agitação se avoluma. A Eletrobrás foi obstaculizada até o desespero. Não querem que o trabalhador seja livre. Não querem que o povo seja independente.

Mas profundas mudanças haviam ocorrido na estrutura econômica e social do Brasil, aceleradas a partir de 1930 pelo processo de industrialização. O Brasil deixava de ser um país predominantemente rural, com base na monocultura do café, e a população urbana começava a suplantar a população rural. E Juscelino Kubitschek, como presidente do Brasil (1955-61), conseguiu implementar, apesar da oposição liberal configurada pela União Democrática Nacional (UDN), uma estratégia de desenvolvimento que conjugava favores fiscais e de diversos tipos a dificuldades de importação de bens de consumo, de modo a atrair e a forçar as empresas estrangeiras a investirem no país. A estratégia de desenvolvimento nacional passava, porém, não apenas pela política econômica e financeira, mas também pela política exterior, e foi com o objetivo de abrir mercados para as manufaturas que o Brasil já produzia que Juscelino Kubitschek lançou a Operação Pan-Americana em 1958 e estabeleceu relações comerciais com a União Soviética, apesar da oposição de vários setores, inclusive dentro do Itamaraty.

Até então a tendência predominante no Brasil havia sido submeter-se às diretrizes dos Estados Unidos. Em 1947, quando o Brasil rompeu relações com a União Soviética, o embaixador da Grã-Bretanha no Rio de Janeiro, Neville Butler, comentando o episódio, qualificou como "típica de uma potência de segunda classe" a política exterior do Brasil, que, "sem força (ou vontade) de permanecer fora do campo magnético dos Estados Unidos", satisfez um "impulso para a independência de ação" por meio daquela "truculência" com a União Soviética.[27] Em 1959/60, o senador João Vilasboas (UDN), presidente da Comissão de Relações do Senado, investido de missão interna-

---

[27] Neville Butler a Clement Atlee, Rio de Janeiro, 15-1-1948, Annual report on Brazil for 1947, PRO-FO 371 68166.

cional, procurou o chanceler brasileiro Horácio Lafer (1959-61) para solicitar-lhe instruções e saiu decepcionado. A única instrução que recebeu foi a de "votar de acordo com os nossos amigos, os Estados Unidos da América do Norte", conforme contou ao senador Afonso Arinos de Melo Franco (1968:53). Eram as "normas do Itamaraty" nas reuniões internacionais.[28] O relacionamento do Brasil não era de *partnership*, mas de subordinação, como asseverou Gerald K. Haines (1989:191).

A política externa independente, conforme formulada nos governos dos presidentes Jânio Quadros (jan./ago. 1961) e João Goulart (1961-64), rompeu com essa tradição e desdobrou uma tendência que já se despregava desde o segundo governo de Getúlio Vargas (1951-54). O jurista Francisco Clementino de San Tiago Dantas, quando ministro das Relações Exteriores do presidente João Goulart, no regime parlamentarista, declarou que, ante o crescimento de sua população a uma taxa de 3,5%, o Brasil necessitava duplicar as exportações, elevá-las de US$ 1,4 bilhão para US$ 3,1 bilhões em 1965, de modo a ampliar a própria capacidade de importação de bens de capital e insumos básicos, necessários à manutenção de um ritmo acelerado de expansão econômica, no mínimo de 7,5% ao ano, evitando assim que a pauperização e o aumento da miséria, dentro de 20 anos, reproduzissem, em seu território, o "espetáculo das comunidades asiáticas em franca regressão". E, categoricamente, acrescentou:

> Um país sobre o qual pesa esse desafio, não tem o direito de colocar limites de qualquer natureza à sua necessidade de procurar novos mercados. Discriminar é fazer discriminação à custa do futuro do seu povo e das condições mínimas do seu desenvolvimento e da sua segurança econômica.[29]

Os mercados para as manufaturas que o Brasil produzia estavam principalmente nos países da América do Sul, na África, na China e nos países do Leste europeu, então ainda sob o regime comunista. E era a essa

---

[28] Franco, 1968:53.
[29] Dantas, 1962:5.

expansão do Brasil, conquistando outros mercados, que alguns segmentos empresariais e políticos se opunham. O marechal Humberto Castello Branco, quando assumiu o governo após o golpe militar de 1964, pretendeu atrelar outra vez o Brasil aos Estados Unidos. E com toda a razão, Afonso Arinos de Melo Franco (1968:30), que fora chanceler no governo de Jânio Quadros, acentuou que a inserção do Brasil no grupo das potências democráticas não exigia "de forma nenhuma a despersonalização nacional" e seu rebaixamento "à categoria dos pequenos países submissos, como vem ocorrendo invariavelmente". Com a ascensão do general Arthur da Costa e Silva à presidência (1967-69), a política externa do Brasil voltou a pautar-se por diretrizes similares às da política externa independente de Quadros e Goulart.[30] E o governo do general Ernesto Geisel (1974-79) firmou o Acordo Nuclear com a Alemanha e denunciou o Acordo Militar com os Estados Unidos, celebrado em 1952. "Eu achava que a nossa política exterior tinha que ser realista e tanto quanto possível independente. Andávamos demasiadamente a reboque dos EUA" — disse Geisel em suas memórias, acrescentando: "tínhamos que viver e tratar com os EUA, tanto quanto possível, de igual para igual, embora eles fossem muito mais fortes, muito mais poderosos do que nós".[31]

O regime militar, apesar da orientação inicial do presidente Castello Branco, não pôs fim à Era Vargas. De certo modo, com altas taxas de crescimento após 1968 e primeira metade dos anos 1970, revigorou seu legado. Houve, depois, governos civis que pretenderam acabar com a Era Vargas, mediante as privatizações, que resultaram na estrangeirização das empresas brasileiras. Mas o fato foi que a Era Vargas não acabou. O Brasil industrial, potência na América do Sul, é o seu legado. E somente a ação planejada do Estado, protegendo e estimulando a iniciativa privada nacional, pode superar os obstáculos e continuar a desenvolver o país. O Estado, como instância superior de organização e comando da sociedade, é que tem condições de articular os interesses nacionais, determinados que são pelas necessidades históricas concretas do processo

---

[30] Sobre as diretrizes de política externa de Castello Branco e Costa e Silva, ver Bandeira, 1989:87-109.
[31] Castro e D'Araujo, 1998:336.

produtivo. E essas necessidades históricas concretas, tanto econômicas quanto sociais, políticas e culturais, tendem a sobrepor-se a quaisquer que sejam as percepções ou ideologias dos homens e partidos no poder. Assim, alcançada a estabilização monetária, que foi o maior feito, o maior mérito, do governo do presidente Fernando Henrique Cardoso, a idéia de nação como condição do desenvolvimento foi revigorada pela política externa do governo do presidente Luiz Inácio Lula da Silva, executada juntamente com uma política econômica e financeira que visa a manter o controle da inflação, mediante a responsabilidade fiscal, reduzir a dívida externa e possibilitar o crescimento auto-sustentado do país. E há clara consciência de que os mercados que o Brasil precisa sobretudo conquistar para aumentar suas exportações de manufaturas não são Estados Unidos e Europa, já saturados e necessitando escoar sua própria produção, mas China, Índia, Rússia, África e, principalmente, a América do Sul, sua área geográfica de imediata inserção internacional, em que seus interesses econômicos e estratégicos se entrelaçam, tornando-a prioritária na política exterior brasileira.[32]

Bibliografia

ACADEMIA DE SCIÊNCIAS DE LISBOA. *Instruções inéditas de d. Luís da Cunha a Marco Antônio de Azevedo Coutinho*. Rev. Pedro de Azevedo e pref. Antônio Baião. Coimbra: Imprensa da Universidade, 1929.

AZEVEDO, J. Lúcio. *Épocas de Portugal econômico*. 4. ed. Lisboa: Clássica, 1978.

BANDEIRA, Luiz Alberto Moniz. *Brasil-Estados Unidos:* a rivalidade emergente, 1950-1988. Rio de Janeiro: Civilização Brasileira, 1989.

_____. *O milagre alemão e o desenvolvimento do Brasil*. São Paulo: Ensaio, 1994.

_____. *Presença dos Estados Unidos no Brasil*. São Paulo: Senac, 1998. (v. I: Relações Brasil-EUA no contexto da globalização).

---

[32] Guimarães, 2006:272.

BASBAUM, Leôncio. *História sincera da República (1889-1930)*. Rio de Janeiro: São José, 1958.

BASTOS, Aureliano Cândido Tavares. *Cartas do solitário*. 3. ed. São Paulo: Nacional, 1938.

BESOUCHET, Lídia. *Correspondência política de Mauá no rio da Prata*. São Paulo: Nacional, 1977.

CARVALHO, José Murilo. *A construção da ordem; a elite política imperial*. Rio de Janeiro: Campos, 1980.

CASTRO, Celso; D'ARAUJO, Maria Celina (Orgs.). *Ernesto Geisel*. 5. ed. Rio de Janeiro: FGV, 1998.

CERVO, Amado Luiz; BUENO, Clodoaldo. *História da política exterior do Brasil*. 2. ed. Brasília: UnB/Instituto Brasileiro de Relações Internacionais, 2002.

DANTAS, Francisco San Tiago. *Política externa independente*. Rio de Janeiro: Civilização Brasileira, 1962.

D. PEDRO II. Diário de 1862. *Anuário do Museu Imperial*, Petrópolis: Museu Imperial, 1956.

FAORO, Raimundo. *Os donos do poder; formação do patronato político brasileiro*. Porto Alegre: Globo, 1976. v. 1.

FRANCO, Afonso Arinos de Melo. *Planalto*. Rio de Janeiro: José Olympio, 1968.

GUIMARÃES, Samuel Pinheiro. *Desafios brasileiros na era dos gigantes*. Rio de Janeiro: Contraponto, 2006.

HAINES, Gerald K. *The americanization of Brazil* — study of US Cold War diplomacy in the Third World, 1945-1954. Wilmington, Delaware: Scholarly Resources Imprint, 1989.

LIMA, Heitor Ferreira. *História político-econômica e industrial do Brasil*. São Paulo: Nacional, 1976.

LUZ, Nícia Vilela. *A luta pela industrialização do Brasil*. São Paulo: Alfa-Ômega, 1975.

PINHO, José Maurício Wanderley. *A abertura dos portos na Bahia*. Salvador: UFBA, 1961.

SARAIVA, José Hermano. *História de Portugal*. Lisboa: Europa-América, 1993.

SILVA, J. M. Pereira da. *História da fundação do Império brasileiro*. Rio de Janeiro: E. L. Garnier, 1864. 7v.

SIMONSEN, Roberto C. *A evolução industrial do Brasil*. São Paulo: Nacional, Edusp, 1973.

WILCKEN, Patrick. *O Império à deriva; a corte portuguesa no Rio de Janeiro, 1808-1821*. Rio de Janeiro: Objetiva, 2004.

Novo-desenvolvimentismo e ortodoxia convencional* 4

Luiz Carlos Bresser-Pereira

As políticas neoliberais implantadas na América Latina em conseqüência da grande crise da dívida externa dos anos 1980 fracassaram em promover a verdadeira estabilidade macroeconômica e o desenvolvimento dos países. Dadas as vantagens que possuem, principalmente de mão-de-obra relativamente barata, os países latino-americanos deveriam estar em ativo processo de *catch up* — de alcançamento dos níveis dos países ricos —, mas é o contrário que vem ocorrendo. Desde 1980, a economia brasileira se encontra em situação de câmbio apreciado, taxas de juros estratosféricas, baixo crescimento e alto desemprego. A taxa de crescimento da renda por habitante, que era de 4% ao ano entre 1950 e 1980, caiu para menos de 1% nesse período. Em 1994, o Plano Real, usando a teoria da inflação inercial, logrou neutralizar a alta inflação que assolou o país durante 14 anos, mas, como em seguida foram novamente adotadas políticas macroeconômicas ortodoxas, a esperada retomada do desenvolvimento não ocorreu. A partir de 2002, um choque externo estrutural, causado pela grande prosperidade mundial, aliado a duas grandes desvalorizações reais da moeda brasileira dobraram as ex-

---

* Uma versão anterior deste trabalho foi escrita em 2006 para um número especial da *Revista do Seade* que acabou não sendo publicado. Este capítulo resultou de uma ampla revisão do referido trabalho realizada em 2007 especialmente para este livro.

portações, mas nem assim o país voltou a crescer de maneira satisfatória. Enquanto, entre 1930 e 1980, nenhum país crescia mais rapidamente do que o Brasil, desde 1980 — ou desde 1994 — a economia brasileira é uma das que menos cresce.[1] Ao contrário do que afirma o pensamento dominante neoliberal, segundo o qual a alternativa à ortodoxia é o populismo econômico ou o atraso, existe uma alternativa responsável e mais compatível com o desenvolvimento econômico. Essa alternativa supõe que países de renda média como o Brasil já tenham realizado sua revolução capitalista, já possuam uma classe empresarial competente, uma ampla classe média e instituições razoavelmente modernas, de forma que a atividade econômica possa ser muito mais coordenada pelo mercado do que o foi nos anos 1950 ou nos anos 1970. É preciso, entretanto, que a política macroeconômica não seja frouxa no plano fiscal, não favoreça juros exorbitantes e não se conforme com taxas de câmbio apreciadas, não-competitivas. Caso se tenha uma política macroeconômica desse tipo, haverá espaço ainda para uma política industrial, mas esta será estratégica, complementando as falhas de mercado, em vez de substituindo-se a ele.

Neste capítulo ofereço uma explicação para a quase-estagnação de longa duração da economia brasileira. O Brasil não cresce porque perdeu o conceito de nação, passou a adotar as políticas recomendadas por seus concorrentes internacionais — a ortodoxia convencional — e mantém sua economia só aparentemente estável do ponto de vista macroeconômico; na verdade, presa em uma armadilha de altas taxas de juros e baixa taxa de câmbio que mantém as taxas de poupança e de investimento deprimidas — uma armadilha que a política econômica reforça em vez de identificar e superar. Por que acontecem esses erros? Há, naturalmente, um problema de incompetência, há a dificuldade de se fazer um verdadeiro ajuste fiscal e há os interesses internos na manutenção de alta taxa de juros e baixa taxa de câmbio. Mas a razão principal está em que, desde 1995, depois de 15 anos de crise e de falta de uma estratégia nacional de desenvolvimento, a política macroeconômica do

---

[1] O Brasil crescia mais rapidamente do que qualquer outro país em termos brutos; em termos *per capita*, o Japão crescia um pouco mais depressa porque sua população aumentava mais lentamente.

país se subordinou integralmente aos ditames da ortodoxia convencional originária de Washington: a "estratégia" econômica do país passou a ser ditada pelo exterior. Nunca os formuladores brasileiros de política econômica foram tão elogiados por Washington e Nova York quanto nos últimos 12 anos. A lógica subjacente da ortodoxia convencional, porém, não é a retomada do desenvolvimento, nem mesmo a estabilidade macroeconômica, mas atender aos interesses comerciais e financeiros dos países ricos e, portanto, neutralizar a capacidade de países de renda média como o Brasil, que são vistos como competidores e como uma ameaça. Isso decorre da própria natureza da globalização, caracterizada por uma competição econômica generalizada entre os Estados-nações. Nessa competição, que vem cada vez mais se acentuando, os países de renda média representam uma ameaça objetiva aos países ricos, principalmente por sua mão-de-obra barata. É uma ameaça aos trabalhadores e às classes médias tanto profissionais ou assalariadas, quanto empresariais dos países ricos, que sofrem diretamente a competição vinda dos países em desenvolvimento; por isso, foram os trabalhadores norte-americanos que se opuseram à entrada do México no Nafta. Já os interesses das grandes empresas multinacionais e de seus executivos e acionistas não são tão claros porque há os que perdem e os que ganham. Como, porém, são democracias e os políticos desempenham um papel estratégico, o pensamento hegemônico e as políticas dele derivadas acabam representando a média dos interesses nacionais; é esse pensamento, expresso na ortodoxia convencional, que vê uma ameaça nos países de renda média como o Brasil.[2] No longo prazo estão provavelmente equivocados, porque acabarão se beneficiando do maior desenvolvimento econômico de todos os países; mas no curto prazo a estagnação de seus salários está claramente relacionada com a crescente competição dos países que contam com mão-de-obra barata.

---

[2] A China e a Índia, cuja mão-de-obra é ainda mais barata, são naturalmente mais temidas pelos países ricos, mas o Brasil também o é. Isso fica claro, por exemplo, na matéria do correspondente do jornal *Valor* — publicada em 26 de novembro de 2006 — em Washington sobre a atitude dos congressistas norte-americanos em relação ao Brasil. Segundo Ricardo Balthasar, "os políticos americanos (...) que sabem alguma coisa do Brasil o vêem essencialmente como um competidor a enfrentar e como uma ameaça ao bem-estar de trabalhadores e fazendeiros americanos".

Seguindo um padrão comum a um grande número de países em desenvolvimento, desde 1991, com um breve interregno no governo Itamar Franco, quando se formulou e implementou o Plano Real, as autoridades econômicas brasileiras adotaram as reformas recomendadas pela ortodoxia convencional e a política monetária baseada em juro alto e câmbio apreciado. O mesmo ocorreu em todos os países latino-americanos, que, aceitando as recomendações da ortodoxia convencional, perderam o controle sobre sua taxa de câmbio quando aceitaram a abertura das contas financeiras e a política de crescimento com poupança externa proposta por Washington e Nova York. A única exceção foi o Chile, que acertadamente liberalizou sua economia e a orientou para a exportação, mas impôs controles à entrada de capitais e, assim, administrou sua taxa de câmbio. Não por acaso, entre os países latino-americanos, apenas o Chile cresceu satisfatoriamente. A inadequação dessa ortodoxia à tarefa de promover a retomada do desenvolvimento econômico, entretanto, manifestou-se cedo. O segundo país que a adotou — o México — enfrentou crise de balanço de pagamentos já em 1994 e, como foi o país que mais se comprometeu com a ortodoxia convencional, permanece até hoje quase-estagnado. Em seguida, em 1998, foi a vez do Brasil. Porém, a crise que marcou definitivamente o fracasso da ortodoxia convencional foi a da Argentina, que, com Carlos Menem, havia adotado de forma integral todas as recomendações e recebido todos os elogios.

Da mesma forma que a Argentina já foi, o Brasil continua a ser um exemplo-limite do desastre que representa a adoção sem crítica da ortodoxia convencional por um país em desenvolvimento. Enquanto os países asiáticos realizaram sua revolução capitalista sem aceitar algumas dessas recomendações-chave — particularmente aquelas relativas à abertura da conta de capitais e à política de crescimento com poupança externa —, o Brasil, como quase todos os países latino-americanos, subordinou-se a ela e aos interesses locais do capital improdutivo ou rentista, e ficou para trás na grande competição internacional que caracteriza o capitalismo global dos nossos dias. Vários estudos mostram os maus resultados da aplicação do Consenso de Washington na América Latina. O mais recente[3] adotou o método de análise fato-

---

[3] Berr e Combarnous, 2006:13-15.

rial para examinar o impacto dessas reformas em 23 países da América Latina e do Caribe no período 1990-2003, e chegou à conclusão de que "um engajamento no processo de reformas não é acompanhado por crescimento mais forte significativo ou uma significativa diminuição da pobreza". Além disso, "os 'bons alunos' não alcançaram resultados de crescimento econômico maior do que os outros". Na Ásia, vários países que antes resistiam bem à hegemonia da ortodoxia convencional, como Coréia do Sul, Tailândia, Indonésia e Malásia, também cometeram esse erro no início dos anos 1990 e enfrentaram a crise de 1997, enquanto, na mesma época, e expostos aos mesmos constrangimentos, outros países do Leste asiático, especialmente China, Índia e Taiwan, mantinham o controle de suas taxas de câmbio, impedindo-as de se apreciar, e continuavam a crescer. Mais genericamente, no plano das reformas, enquanto os países latino-americanos aceitaram indiscriminadamente todas as reformas liberalizantes, interromperam suas revoluções nacionais e viram suas nações se desorganizarem, perderem coesão e autonomia, os asiáticos foram mais prudentes: aceitaram algumas reformas compatíveis com os níveis mais altos de renda que haviam alcançado, mas preservaram sua autonomia nacional — sua estratégia nacional de desenvolvimento.

Depois de todas as crises, a Argentina parece haver aprendido. Desde 2003 vem alcançando taxas quase chinesas de crescimento econômico. A política que vem realizando desde a crise de 2001 — com o controle das contas públicas, a manutenção da taxa de juros em nível baixo, a administração da taxa de câmbio graças a esses juros e à imposição de impostos à exportação sobre produtos agropecuários, que podem ser a causa da apreciação doentia do câmbio por aproveitarem recursos naturais abundantes — indica que a Argentina está seguindo um caminho novo-desenvolvimentista. Ainda é cedo para que tenhamos certeza de seu êxito. A inflação, em torno de 12% ao ano em 2006, constitui um problema para o qual a solução encontrada — controle de preços — não é sustentável no médio prazo. As autoridades argentinas, porém, vêm se revelando responsáveis no plano fiscal e resistindo bravamente às investidas do Fundo Monetário Internacional — da ortodoxia convencional, portanto — para que aprecie o câmbio a fim de, com isso, controlar a inflação. Esse controle terá que vir de outra maneira, através de uma taxa de juros temporariamente mais alta e de um ajuste fiscal maior — medidas compatíveis com o novo-desenvolvimentismo.

Diante do fracasso das políticas neoliberais recomendadas pelos países ricos para promover a estabilidade macroeconômica e o desenvolvimento, existe hoje na América Latina um claro movimento de rejeição à "ortodoxia convencional". Significaria isto que os países mais desenvolvidos e com democracias mais sólidas voltarão ao nacional-desenvolvimentismo dos anos 1950, que tanto êxito teve em promover o desenvolvimento, mas afinal sofreu distorções e entrou em crise, ou podemos pensar em um "novo-desenvolvimentismo"?

Neste capítulo, depois de analisar a crise da estratégia nacional de desenvolvimento que foi o antigo desenvolvimentismo, compararei o novo-desenvolvimentismo que está surgindo com sua versão anterior e com o conjunto de diagnósticos e políticas recomendados e pressionados pelos países ricos aos países em desenvolvimento desde que a onda ideológica neoliberal se tornou dominante no mundo: a ortodoxia convencional. Primeiro, discutirei o antigo desenvolvimentismo, seu êxito inicial, sua superação por uma série de fatos novos e distorções, e sua substituição pela ortodoxia convencional a partir do final dos anos 1980. Entre as causas de seu abandono e da interrupção da revolução nacional brasileira destaco a teoria da dependência, a exaustão do modelo de substituição de importações, a crise da dívida externa e o peso da nova onda ideológica globalista e neoliberal vinda do Norte. Em seguida, analisarei a importância da idéia de nação e da instituição "estratégia nacional de desenvolvimento", que vejo como a instituição-chave para a promoção do desenvolvimento econômico. Mais adiante, discutirei o novo-desenvolvimentismo como um "terceiro discurso" entre o populismo da esquerda burocrática e o neoliberalismo da ortodoxia convencional. Depois, compararei o novo-desenvolvimentismo com o antigo. E, por fim, farei sua comparação com a ortodoxia convencional, distinguindo as políticas voltadas para a estabilidade macroeconômica daquelas voltadas para o desenvolvimento econômico, mostrando como o novo-desenvolvimentismo é uma alternativa viável, não obstante a insistente afirmação do pensamento hegemônico de que ele próprio seria essa única alternativa viável. Essa apresentação sistemática de idéias, entretanto, não é meramente teórica, reflete a experiência bem-sucedida dos países que realizam sua revolução capitalista, mas não aceitam os preceitos da ortodoxia convencional.

O antigo desenvolvimentismo e sua crise

Entre os anos 1930 e 1970, o Brasil e os demais países da América Latina cresceram a taxas extraordinariamente elevadas. Aproveitaram o enfraquecimento do centro para formular estratégias nacionais de desenvolvimento, que essencialmente implicavam a proteção à indústria nacional nascente e a promoção de poupança forçada através do Estado. O nome dado a essa estratégia foi "desenvolvimentismo", ou "nacional-desenvolvimentismo". Com esse nome se queria salientar, primeiro, que o objetivo fundamental da política econômica era promover o desenvolvimento econômico e, segundo, que, para isso, era preciso que a nação, isto é, os empresários, a burocracia do Estado, as classes médias e os trabalhadores, associados na competição internacional, definissem os meios que utilizariam para alcançar esse objetivo nos quadros do sistema capitalista, e tendo como principal instrumento de ação coletiva o Estado. Os notáveis economistas que então estudaram o desenvolvimento e fizeram propostas de política econômica, e os políticos, técnicos do governo e empresários que mais diretamente se envolveram nesse processo foram chamados de "desenvolvimentistas" porque colocavam o desenvolvimento como o objetivo de sua análise econômica e de sua ação política.

Os economistas latino-americanos que, em conjunto com um grupo de economistas internacionais, participaram da formulação da "teoria econômica do desenvolvimento" (*development economics*) eram ligados a três correntes que se somavam: a teoria econômica clássica de Smith e Marx, a macroeconomia keynesiana e a teoria estruturalista latino-americana.[4] O

---

[4] No Brasil, os dois principais economistas da teoria econômica do desenvolvimento corrente foram Celso Furtado e Ignácio Rangel. Dada a projeção internacional do primeiro, ele participou também do grupo fundador da teoria econômica do desenvolvimento, entre os quais se destacaram Ronsentein-Rodan, Arthur Lewis, Ragnar Nurkse, Gunnar Myrdal, Raúl Prebisch, Hans Singer e Albert Hirschman. Em inglês, quando se fala de *development economics*, sabe-se bem do que se está falando; em português ou espanhol, "teoria econômica do de-

nacional-desenvolvimentismo da época não era uma teoria econômica, mas uma estratégia nacional. Usava aquelas três teorias econômicas para formular, para cada país da periferia capitalista, uma estratégia que lhe permitisse alcançar gradualmente o nível de desenvolvimento dos países centrais. Teorias baseadas no mercado, porque não há teoria econômica que não parta dos mercados, mas teorias de economia política que atribuíam ao Estado e a suas instituições papel central na coordenação da economia. Ao desenvolvimentismo se opunham os economistas neoclássicos que praticavam a "ortodoxia convencional" — ou seja, o conjunto de diagnósticos e de políticas econômicas e reformas institucionais que os países ricos, ou do Norte, recomendam aos países em desenvolvimento, ou do Sul. Eram então chamados de "monetaristas" devido à ênfase que davam ao controle da oferta de moeda para domar a inflação.

Como o Brasil era um país periférico, ou dependente, cuja revolução industrial estava ocorrendo 150 anos depois da inglesa e mais de 100 anos depois da norte-americana, o extraordinário desenvolvimento entre os anos 1930 e 1970 só foi possível na medida em que a nação foi capaz de usar seu Estado como instrumento para definir e implementar uma estratégia nacional de desenvolvimento na qual a intervenção do próprio Estado foi significativa. Não se tratava de substituir o mercado pelo Estado, mas de fortalecer o Estado para que este pudesse criar as condições necessárias para que as empresas, competindo no mercado, pudessem investir, para que seus empresários pudessem inovar. Todos os países, a partir da própria Inglaterra, precisaram de uma estratégia nacional de desenvolvimento para realizar sua revolução industrial e continuar se desenvolvendo. O uso de uma estratégia nacional de desenvolvimento foi especialmente evidente nos países hoje desenvolvidos que se atrasaram mas nunca foram colônias, como a Alemanha e o Japão, e portanto nunca se caracterizaram pela dependência.

Já países periféricos como o Brasil e os demais países da América Latina que viveram a experiência colonial, quando se tornaram indepen-

---

senvolvimento" parece uma expressão genérica, mas aqui eu a usarei no sentido de *development economics* e, portanto, de um conjunto de teorias sobre o desenvolvimento econômico que surgiu nos anos 1940, a partir do trabalho dos economistas citados.

dentes formalmente, continuaram ideologicamente dependentes do centro. Tanto os países centrais de desenvolvimento atrasado, quanto as ex-colônias precisaram formular estratégias nacionais de desenvolvimento, mas essa tarefa foi mais fácil para os primeiros. Para os países periféricos havia a dificuldade adicional de enfrentar sua própria "dependência", ou seja, a submissão das elites locais às elites dos países centrais, interessadas apenas no seu próprio desenvolvimento. Desenvolvimentismo foi o nome que recebeu a estratégia nacional dos países dependentes que só desencadearam sua industrialização a partir dos anos 1930, ou da II Guerra Mundial. O desenvolvimentismo desses países era nacionalista porque, para se industrializarem, precisavam formar seu Estado nacional. O nacionalismo presente no desenvolvimentismo era a ideologia da formação do Estado nacional; era a afirmação de que, para se desenvolver, o país precisa definir, ele próprio, suas políticas e suas instituições, sua estratégia nacional de desenvolvimento.[5] Embora não tivessem recebido esse nome, os países centrais atrasados também usaram estratégias desenvolvimentistas porque foram nacionalistas, porque sempre usaram seus próprios critérios e não o de seus competidores para formular suas políticas, e porque usaram seus Estados de forma deliberada para promover seu desenvolvimento.

Nos anos 1940, 50 e 60, os desenvolvimentistas e keynesianos foram dominantes na América Latina: constituíam o *mainstream*. Os governos adotavam suas teorias principalmente ao fazerem política econômica. A partir dos anos 1970, porém, no contexto da grande onda ideológica neoliberal e conservadora que então se iniciou, a teoria keynesiana, a teoria econômica do desenvolvimento e o estruturalismo latino-americano passaram a ser desafiados de forma bem-sucedida pelos economistas neoclássicos, que, em sua grande maioria, co-

---

[5] O nacionalismo pode também ser definido, como fez Gellner, como a ideologia que busca dotar cada nação de um Estado. Essa é uma boa definição, mas própria da Europa central. Na América Latina, as nações não estavam ainda plenamente formadas e, no entanto, foram dotadas de Estados. As nações, porém, eram incompletas e o regime era semicolonial; com a independência, mudou principalmente a potência dominante, passando da Espanha ou Portugal para a Inglaterra e demais grandes países centrais.

meçaram a adotar uma ideologia neoliberal. A partir dos anos 1980, no quadro da grande crise da dívida externa que fortaleceu politicamente os países ricos, esses economistas conseguiram redefinir, em termos neoliberais, seus preceitos voltados para os países em desenvolvimento. A ideologia neoliberal voltada para esses países tornou-se hegemônica, expressando-se através do que ficou chamado de Consenso de Washington, mas que eu prefiro chamar de "ortodoxia convencional", não apenas porque é uma expressão mais geral, mas também porque se algum "consenso" existiu nos anos 1990, nos anos 2000 ele desapareceu. Independentemente, porém, de haver sido breve essa dominação, o fato é que a estratégia nacional do desenvolvimentismo entrou em crise, sendo substituída, nos anos 1990, por uma estratégia externa: a ortodoxia convencional.

Vários fatores explicam esse fato. A crise econômica que se desencadeou em 1980 é a primeira razão. Essa foi, essencialmente, uma crise da dívida externa — portanto, da aplicação da política de crescimento com poupança externa — que resultou em crise fiscal do Estado e em alta inflação inercial. Foi também uma crise da estratégia nacional-desenvolvimentista. Na medida em que o antigo desenvolvimentismo baseava-se na substituição de importações, estavam embutidas nele as razões de sua própria superação. A proteção à indústria nacional, o voltar-se para o mercado e a redução do coeficiente de abertura de uma economia, mesmo que ela seja relativamente grande como a brasileira, estão fortemente limitados pelas economias de escala. Para certos setores, a proteção torna-se absurda. Por isso, quando o modelo de substituição de importações foi mantido ao longo dos anos 1970, estava levando as economias latino-americanas a uma distorção profunda. Por outro lado, passada a fase inicial de substituição de importações nas indústrias de bens de consumo, o prosseguimento da industrialização implica um aumento substancial da relação capital-trabalho, que tem duas conseqüências: a concentração da renda e a diminuição da produtividade do capital ou da relação produto-capital. A resposta à concentração de renda é a expansão da produção de bens de consumo de luxo, configurando-se o que chamei de "modelo de subdesenvolvimento industrializado", que, além de perverso, leva embutido o germe do rompimento da aliança nacional pró-desenvolvimento.

A segunda razão diz respeito ao rompimento, durante os anos 1960, da aliança nacional que constituía a base política do desenvolvimentismo. A abordagem nacional-desenvolvimentista tinha como pressuposto a constituição de nações em cada país latino-americano. Era um pressuposto razoável já que, depois do longo período de forte dependência que se seguiu aos movimentos de independência do início do século XIX, esses países, a partir de 1930, aproveitaram a crise do Norte para iniciar suas revoluções nacionais. Baseado nesse fato, o desenvolvimentismo propunha que, em cada país, o novo empresariado industrial se constituísse em burguesia nacional, como acontecera nos países desenvolvidos, e se associasse aos técnicos do governo e aos trabalhadores urbanos na realização da revolução nacional e industrial. Dessa forma, em cada país constituía-se ou reforçava-se a nação, a sociedade nacional, e tornava-se possível a definição e implementação de uma estratégia nacional de desenvolvimento (o desenvolvimentismo) usando o Estado como seu instrumento de ação coletiva. Essa era, ao mesmo tempo, uma proposta e uma análise da realidade representada pelo acelerado processo de industrialização que então ocorria na América Latina.

A revolução de Cuba em 1959, porém, ao produzir a radicalização da esquerda, e a crise econômica do início dos anos 1960 levaram ao rompimento da aliança nacional e criaram as condições para o estabelecimento de regimes militares no Brasil, na Argentina, no Uruguai e no Chile, com o apoio dos empresários de cada país e dos Estados Unidos. Em conseqüência, aquela aliança, essencial para a constituição de uma nação, foi rompida e a esquerda moderada da América Latina aderiu às teses da "teoria da dependência associada", que rejeitava a possibilidade de uma "burguesia nacional". Ao fazê-lo, rejeitou a própria idéia de nação e de estratégia nacional de desenvolvimento em que se baseava o nacional-desenvolvimentismo. A grande crise dos anos 1980 — a crise definitiva do modelo de substituição de importações que o desenvolvimentismo adotara desde os anos 1940 — o enfraqueceu ainda mais. A partir de então, o desenvolvimentismo, ainda apoiado pela esquerda burocrático-populista que se formara à sombra do Estado a partir das distorções por que passou essa estratégia de desenvolvimento, mas sem o apoio dos empresários, da esquerda moderna e de grande parte da própria burocracia do Estado, foi aos poucos se vendo incapaz de fazer frente à onda ideológica neoliberal que vinha do Norte.[6]

A terceira razão — a crise da dívida externa dos anos 1980 —, que não estava relacionada com o esgotamento do modelo de substituição de importações, mas com a estratégia de crescimento com poupança externa, enfraqueceu ainda mais a aliança nacional que estava por trás do nacional-desenvolvimentismo. Essa crise abriu espaço para o crescimento da já alta inflação inercial, que foi a desgraça da economia brasileira por 14 anos. Os militares haviam indexado os preços desde 1964, mas só no início dos anos 1980 é que a inflação ultrapassou 100%, em conseqüência de depreciações do câmbio causadas pela crise da dívida. A partir desse momento, até 1994, a inflação seria contada em termos mensais (5%, 10%, 20% ao mês), configurando a alta inflação inercial.[7] Desde esse momento, o desenvolvimentismo, identificado com essa alta inflação, passou a contar apenas com o apoio de uma esquerda populista que, quando se viu no governo em 1985/86, se revelou incapaz de administrar a economia brasileira. Isso tornou-se claro no Plano Cruzado — a tentativa de controlar a inflação inercial que terminou em um dos episódios populistas mais desastrosos da América Latina.[8]

A quarta razão para a substituição do desenvolvimentismo pela ortodoxia convencional foi a força dessa onda ideológica. No início dos anos 1980, como uma resposta à crise da dívida externa, a ortodoxia convencional foi aos poucos se constituindo. O Plano Baker (1985), assim denominado por ter tido origem na Secretaria do Tesouro norte-americano, capitaneada por James Baker, completou a definição das novas idéias ao adicionar ao ajuste macroeconômico ortodoxo as reformas institucionais orientadas para o mercado. O desenvolvimentismo passou então a ser objeto de ataque sistemático. Aproveitando-se da crise econômica, que em parte derivava da superação do modelo de desenvolvimento e das distorções que sofrera nas mãos de políticos e classes médias populistas, a ortodoxia convencional tornou o desenvolvimen-

---

[6] Fiz a análise dessa crise, que foi mais amplamente uma crise do Estado, em Bresser-Pereira, 1992.
[7] Bresser-Pereira e Nakano, 1984.
[8] Sachs, 1990.

tismo uma expressão depreciativa, identificando-o com o populismo ou com a irresponsabilidade em matéria de política econômica. E, em seu lugar, propôs políticas econômicas ortodoxas e reformas institucionais neoliberais, que resolveriam todos os problemas. Propôs também que os países em desenvolvimento abandonassem o antiquado conceito de "nação" que o nacional-desenvolvimentismo adotara e aceitassem a tese globalista segundo a qual, na era da globalização, os Estados-nações haviam perdido autonomia e relevância: mercados livres mundiais, inclusive os financeiros, encarregar-se-iam de promover o desenvolvimento econômico de todos.

Passados 20 anos, o que se viu foi o fracasso da ortodoxia convencional em promover o desenvolvimento econômico da América Latina. Enquanto no período em que o desenvolvimentismo foi dominante, entre 1950 e 1980, a renda *per capita* brasileira crescia quase 4% ao ano, a partir de então passou a crescer a uma taxa quatro vezes menor! Não foi muito diferente o desempenho nos demais países latino-americanos, com a exceção do Chile. No mesmo período, porém, os países asiáticos dinâmicos, entre os quais a China, a partir dos anos 1980, e a Índia, a partir dos anos 1990, mantinham ou alcançavam taxas de crescimento extraordinárias.

Por que uma diferença tão grande? No plano mais imediato das políticas econômicas, o problema fundamental relacionou-se com a perda do controle do preço macroeconômico mais estratégico em uma economia aberta: a taxa de câmbio. Enquanto os países latino-americanos perdiam esse controle, dada a abertura das contas financeiras, e viam suas taxas de câmbio se apreciarem por terem aceitado, a partir do início dos anos 1990, a estratégia de crescimento com poupança externa proposta por Washington e Nova York, os países asiáticos mantinham superávits em conta corrente em boa parte do tempo e o controle de suas taxas de câmbio. No plano das reformas, enquanto os países latino-americanos concordavam indiscriminadamente com todas as reformas liberalizantes, realizando de forma irresponsável privatizações de serviços monopolistas e abrindo sua conta capital, os asiáticos foram mais prudentes. Aos poucos, porém, foi ficando claro que a principal diferença foi um fato novo fundamental: os países latino-americanos interromperam suas revoluções nacionais, viram suas nações se desorganizarem, perderem coesão e autonomia e, em conseqüência, ficaram sem estratégia nacional de desenvolvimento.

Entre 1930 e 1980, e principalmente entre 1930 e 1960, muitos países latino-americanos estavam firmemente construindo suas nações e, afinal, provendo seus Estados formalmente independentes de sociedades nacionais dotadas de uma solidariedade básica quando se tratava de competir internacionalmente. Mas o enfraquecimento provocado pela grande crise dos anos 1980, combinado com a força hegemônica da onda ideológica que teve início nos Estados Unidos nos anos 1970, fez com que a construção das nações latino-americanas fosse interrompida e regredisse. As elites locais deixaram de pensar com a própria cabeça, aceitaram os conselhos e as pressões do Norte, e os países, sem uma estratégia nacional, viram seu desenvolvimento estancar. A ortodoxia convencional, que então substituiu o nacional-desenvolvimentismo, não havia sido elaborada, não refletia as preocupações e os interesses nacionais, e sim, as visões e os objetivos dos países ricos. Além disso, como é próprio da ideologia neoliberal, era uma proposta negativa, que supunha a possibilidade de os mercados coordenarem tudo automaticamente, e que propunha que o Estado deixasse de realizar o papel econômico que sempre realizou nos países desenvolvidos: o de complementar a coordenação do mercado para promover o desenvolvimento econômico e a eqüidade.

Critiquei a ortodoxia convencional desde que ela se tornou dominante na América Latina. Fui provavelmente o primeiro economista latino-americano a fazer a crítica do Consenso de Washington, na aula magna que proferi no congresso anual da Associação Nacional de Cursos de Pós-Graduação em Economia, em 1990.[9] Minha crítica, entretanto, ganhou nova dimensão a partir do primeiro semestre de 1999, depois de passar quatro anos e meio no governo Fernando Henrique Cardoso. Escrevi, então, em Oxford, "Incompetência e *confidence building* por trás de 20 anos de quase-estagnação da América Latina". E, logo depois, restabelecendo minha associação com Yoshiaki Nakano, que também voltava de uma experiência de governo, escrevemos juntos "Uma estratégia de desenvolvimento com estabilidade" e "Crescimento econômico com

---

[9] Ver Bresser-Pereira, 1991.

poupança externa?".[10] Fiéis ao espírito original do desenvolvimentismo e à nossa formação keynesiana e estruturalista, estávamos, por meio desses trabalhos, iniciando uma crítica sistemática e radicalmente não-populista à ortodoxia convencional que se tornara dominante na América Latina, e apresentando uma alternativa de política econômica.[11] Nossa crítica mostrava que a proposta convencional, embora incluindo algumas políticas e reformas necessárias, na verdade não promovia o desenvolvimento do país, e sim, o mantinha semi-estagnado, incapaz de competir com os países mais ricos. Um país que se via facilmente vítima de uma das formas do populismo econômico: o populismo cambial.

A alternativa de estratégia econômica que está implícita ou explicitamente presente nesses trabalhos e nos demais que passamos a produzir em seguida inovava porque reconhecia uma série de fatos históricos novos que implicavam a necessidade de rever a estratégia nacional de desenvolvimento. Que nome dar a essa alternativa? No início de 2003, conversando com Nakano sobre a questão, ele sugeriu a expressão "novo-desenvolvimentismo", que eu imediatamente aceitei.[12] Nesse momento eu estava terminando de escrever a quinta edição de meu livro *Desenvolvimento e crise no Brasil* e, além de incluir as novas idéias no último capítulo — "Retomada da revolução nacional e novo-desenvolvimentismo" —, usei pela primeira vez essa expressão em um trabalho escrito. Em 2004, publiquei um artigo com esse título na *Folha de S. Paulo*. Nesse mesmo ano, João Sicsú, Luiz Fernando de Paula e Renaut Michel organizaram o livro *Novo-desenvolvimentismo: um projeto nacional de crescimento com eqüidade social*, que reúne alguns dos melhores

---

[10] Ver Bresser Pereira, 2001; e Bresser-Pereira e Nakano, 2002 e 2003.
[11] Na verdade, já havíamos, na prática, iniciado esse trabalho em nossa passagem pelo Ministério da Fazenda (1987), eu como ministro, ele como secretário de Política Econômica. Travamos, então, uma batalha contra os populistas dentro do PMDB, ao mesmo tempo em que rejeitávamos a simples adoção da ortodoxia convencional que então o FMI e o Banco Mundial ofereciam ao Brasil.
[12] Aventou-se também a possibilidade de se usar a expressão "ortodoxia desenvolvimentista", dado que o novo-desenvolvimentismo é tão ou mais rigoroso que a ortodoxia convencional em matéria de disciplina fiscal. A expressão ortodoxia, porém, sugere falta de flexibilidade e, portanto, de pragmatismo, o que é incompatível com uma estratégia nacional de desenvolvimento.

macroeconomistas da nova geração. Dessa forma, o novo-desenvolvimentismo deixava de ser uma proposta isolada para se constituir em um projeto mais geral.

Nação e nacionalismo

O novo-desenvolvimentismo, como o nacional-desenvolvimentismo dos anos 1950, ao mesmo tempo supõe a existência e implica a formação de uma verdadeira nação, capaz de formular uma estratégia nacional de desenvolvimento informal, aberta, como é próprio de sociedades democráticas cujas economias são coordenadas pelo mercado. Nação é uma sociedade de pessoas ou famílias que, compartilhando um destino político comum, logram se organizar na forma de um Estado com soberania sobre determinado território. A nação, portanto, como o Estado moderno, só tem sentido no quadro do Estado-nação que surgiu com o capitalismo. Para que a nação possa compartilhar um destino comum, deve ter objetivos comuns, entre os quais o historicamente mais importante é o desenvolvimento. Outros objetivos, como liberdade e justiça social, são também fundamentais para as nações, mas o Estado e o capitalismo surgem tendo como parte de sua lógica, de sua forma intrínseca de ser, o desenvolvimento econômico. Nações, Estados-nações, capitalismo e desenvolvimento econômico são fenômenos históricos coetâneos e intrinsecamente correlatos. Em sua forma mais desenvolvida — a da globalização dos dias atuais —, o capitalismo não tem como unidades econômicas constitutivas apenas as empresas que operam em nível internacional, mas também, se não principalmente, os Estados-nações ou Estados nacionais. Não são as empresas as únicas que competem em nível mundial nos mercados, como pretende a teoria econômica convencional: os Estados-nações são também competidores fundamentais. O critério principal do êxito dos dirigentes políticos de todos os Estados nacionais modernos é o crescimento econômico, comparado com o dos demais países. Um governante é bem-sucedido do ponto de vista de seu povo e do ponto de vista internacional se logra taxas de crescimento maiores do que as dos países julgados seus concorrentes diretos. A globalização é o estágio do capitalismo em que, pela primeira vez, os Estados-nações cobrem todo o globo terrestre e competem economicamente entre si através de suas empresas.

A nação envolve uma solidariedade básica entre as classes quando se trata de competir internacionalmente. Empresários, trabalhadores, burocratas do Estado, classe média profissional e intelectuais podem entrar em conflito entre si, mas sabem que têm um destino comum e que esse destino depende do êxito em participar de forma competitiva do mundo dos Estados-nações. Envolve, portanto, um acordo nacional, o contrato social básico que dá origem à nação e que a mantém forte ou coesa; é o grande acordo entre as classes sociais de uma sociedade moderna que permite que essa sociedade se transforme em uma verdadeira nação, ou seja, em uma sociedade dotada de um Estado capaz de formular uma estratégia nacional de desenvolvimento.

O grande acordo, ou pacto nacional, que se estabeleceu no Brasil a partir de 1930 unia a nascente burguesia nacional industrial à nova burocracia, ou aos novos técnicos do Estado. E a eles se somavam os trabalhadores urbanos e os setores da velha oligarquia mais voltados para o mercado interno, como a própria pecuária da qual Vargas se originava. Os adversários eram o imperialismo, representado principalmente pelos interesses ingleses e norte-americanos, e a oligarquia agrário-exportadora a eles associada. O acordo mais estratégico em um Estado-nação moderno é aquele entre os empresários industriais e a burocracia do Estado, na qual se incluem os políticos mais significativos, mas também dele participam trabalhadores e as classes médias. E haverá sempre os adversários internos, de alguma forma identificados com o imperialismo ou com o neo-imperialismo de hoje, sem colônias, e com os grupos locais colaboracionistas ou globalistas. No caso do Brasil, hoje, são os rentistas que vivem de altos juros e o setor financeiro que dos primeiros recebe comissões.

Uma nação é sempre nacionalista, na medida em que o nacionalismo é a ideologia da formação do Estado nacional e da sua permanente reafirmação ou consolidação. Outra forma de definir nacionalismo é dizer, como Ernest Gellner, que é a ideologia que busca a correspondência entre nação e Estado, que defende a existência de um Estado para cada nação.[13] Esta é também uma boa definição, mas própria de um pensador originário da Europa central, e que se esgota no momento

---

[13] Gellner (1983 e 1993), filósofo tcheco refugiado do comunismo na Inglaterra, foi provavelmente o mais arguto analista do nacionalismo na segunda metade do século XX.

em que o Estado-nação se forma — quando nação e Estado passam a coincidir em determinado território, estabelecendo-se formalmente um "Estado soberano". É uma definição que não considera, assim, a célebre frase de Ernest Renan em sua conferência de 1882: "a nação é um plebiscito de todos os dias".[14] Não explica como um Estado-nação pode ter existência formal sem que haja uma verdadeira nação, como é o caso dos países latino-americanos, que, no início do século XIX, se viram dotados de Estados, não apenas devido ao esforço patriótico de grupos nacionalistas, mas também graças aos bons préstimos da Inglaterra, que visava a alijar Espanha e Portugal da região. Dessa forma, esses países se viram dotados de um Estado sem possuírem verdadeiras nações, na medida em que deixavam de ser colônias para serem dependentes da Inglaterra, da França e, mais tarde, dos Estados Unidos. Para que uma nação exista de fato é necessário que as diversas classes sociais, não obstante os conflitos que as separem, sejam solidárias quando se trata de competir internacionalmente e usem critérios nacionais para decidir sobre suas políticas, principalmente sobre sua política econômica e sobre a reforma de suas instituições. Em outras palavras, é necessário que seus dirigentes pensem com as próprias cabeças, em vez de se dedicarem ao *confidence building*, e que toda a sociedade seja capaz de formular uma estratégia nacional de desenvolvimento.

O novo-desenvolvimentismo será uma realidade quando a sociedade nacional se transformar em verdadeira nação. Foi o que aconteceu no Brasil entre 1930 e 1980, principalmente entre 1930 e 1960. Sob a liderança de Getúlio Vargas, o estadista que o Brasil teve no século XX, o país transferiu para si as decisões nacionais e formulou uma estratégia nacional de desenvolvimento bem-sucedida. Naqueles 30 anos (ou 50, se incluirmos também o regime militar, que, embora tenha feito uma aliança política com os Estados Unidos contra o comunismo, manteve-se nacionalista), o Brasil se converteu de um país agrário em

---

[14] Ernest Renan, 1993:55. No trecho imediatamente anterior, diz Renan: "Uma nação é uma grande solidariedade, constituída pelo sentimento dos sacrifícios que foram feitos e daqueles que as pessoas se dispõem ainda a fazer. Ela supõe um passado; ela se resume no presente em um fato tangível: o consentimento, o desejo claramente expresso de continuar a vida comum".

um país industrial, de uma formação social mercantilista em uma plenamente capitalista, de uma condição semicolonial em uma nação. Desenvolvimentismo foi o nome que recebeu a estratégia nacional de desenvolvimento e a ideologia que a orientava. Assim, o processo de definição do novo-desenvolvimentismo é também o da retomada da idéia de nação no Brasil e nos demais países da América Latina. Implica, portanto, uma perspectiva nacionalista no sentido de que as políticas econômicas e as instituições passem a ser formuladas e implementadas tendo como principal critério o interesse nacional e, como autores, os cidadãos de cada país. Esse nacionalismo não visa a adotar a nação de um Estado, mas tornar o Estado já existente em um instrumento efetivo de ação coletiva da nação, um instrumento que permita que nações modernas, vivendo no início do século XXI, busquem de forma consistente seus objetivos políticos de desenvolvimento econômico, justiça social e liberdade, em um quadro internacional de competição, mas também de paz e colaboração entre as nações. Implica, portanto, que esse nacionalismo seja liberal, social e republicano, ou seja, que incorpore os valores das sociedades industriais modernas.

O "terceiro discurso" e estratégia nacional de desenvolvimento

O novo-desenvolvimentismo é, ao mesmo tempo, um "terceiro discurso" — entre o discurso populista e o da ortodoxia convencional — e o conjunto de diagnósticos e idéias que devem servir de base para a formulação, por cada Estado-nação, de sua estratégia nacional de desenvolvimento. É um conjunto de propostas de reformas institucionais e de políticas econômicas, mediante as quais as nações de desenvolvimento médio buscam, no início do século XXI, alcançar os países desenvolvidos. Como o antigo desenvolvimentismo, não é uma teoria econômica: baseia-se, principalmente, na macroeconomia keynesiana e na teoria econômica do desenvolvimento, mas é uma estratégia nacional de desenvolvimento. É a maneira pela qual países como o Brasil podem competir com êxito com os países ricos, e gradualmente alcançá-los.

É o conjunto de idéias que permite às nações em desenvolvimento rejeitar as propostas e pressões dos países ricos para efetuarem reformas e adotarem políticas econômicas, como a abertura total da conta capital e o crescimento com poupança externa, na medida em que essas propostas representam a tentativa de neutralização neo-imperialista de seu desenvolvimento — a prática de "empurrar a escada". É a forma pela qual empresários, técnicos do governo, trabalhadores e intelectuais podem se constituir em nação real para promover o desenvolvimento econômico. Não incluo os países pobres no novo-desenvolvimentismo, não porque não precisem de uma estratégia nacional de desenvolvimento, mas porque, tendo ainda que realizar sua acumulação primitiva e sua revolução industrial, os desafios que enfrentam e as estratégias que precisam adotar são diferentes.

Em termos de discurso, ou de ideologia, temos, de um lado, o discurso dominante, imperial e globalista, originado em Washington e adotado na América Latina pela direita neoliberal e cosmopolita, formada principalmente pela classe rentista e pelo setor financeiro.[15] Essa é a ortodoxia convencional, uma ideologia exportada para os países em desenvolvimento; uma antiestratégia nacional, que, embora se propondo a generosamente promover a prosperidade dos países de desenvolvimento médio, na verdade atende aos interesses dos países ricos em neutralizar a capacidade competitiva desses países. Esse discurso, tal como aplicado no Brasil desde os anos 1990, diz quatro coisas: primeiro, que o maior problema do país é a falta de reformas microeconômicas que permitam o livre funcionamento do mercado; segundo, que, mesmo depois do fim da alta inflação inercial, em 1994, o controle da inflação continua a ser o principal objetivo da política econômica; terceiro, que, para realizar esse controle, os juros devem ser inevitavelmente altos devido ao risco-país e aos problemas fiscais; quarto, que "o desenvolvimento é uma grande competição entre os países para obter poupança externa", não sendo motivo de preocupação os déficits em conta corrente implícitos e

---

[15] Entenda-se por "classe rentista" não mais a classe dos grandes proprietários de terra, mas a dos capitalistas inativos, que vivem de rendas, principalmente de juros. O "setor financeiro", por sua vez, é constituído de rentistas e também de empresários e administradores que recebem comissões dos rentistas.

a valorização do câmbio provocada pelos influxos de capital. O desastre que esse discurso representou em termos de crises de balanços de pagamentos e de baixo crescimento para os países latino-americanos que o adotaram a partir do final dos anos 1980 é hoje bem conhecido.[16]

O discurso oposto é o do velho desenvolvimentismo e o do desenvolvimentismo populista que constituiu a distorção do primeiro. As diferenças em relação ao velho desenvolvimentismo serão apresentadas um pouco mais adiante. Quanto à distorção populista, não é preciso muita crítica. Segundo essa versão, os males enfrentados pela América Latina originam-se da globalização, que, dominada pelo "capital financeiro", imporia aos países altos endividamentos externo e público; a solução seria renegociar a dívida externa e a dívida pública do país exigindo-se um grande desconto. O segundo mal estaria na insuficiência de demanda, o que poderia ser resolvido com o aumento do gasto público. O mal maior — a desigual distribuição de renda — seria resolvido pela ampliação do sistema assistencialista do Estado brasileiro. Essa alternativa foi aplicada, por exemplo, no Peru de Alan Garcia. No Brasil, jamais foi realmente posta em prática.

O discurso da ortodoxia convencional atende aos interesses do Norte e reflete sua ampla hegemonia ideológica sobre os países latino-americanos. Localmente, provém principalmente da classe dos rentistas que vivem essencialmente de juros, e de economistas associados ao setor financeiro, e é compartilhada por uma ampla classe média superior, confusa e desorientada. O desenvolvimentismo populista provém da classe média profissional inferior e de setores sindicais, e reflete a perspectiva da velha esquerda burocrática. Nenhum dos dois discursos tem possibilidade de alcançar um razoável consenso dada sua irracionalidade e seu caráter parcial. Nenhuma das duas ideologias reflete o interesse nacional.

Entre esses dois discursos existe um terceiro, o discurso do novo-desenvolvimentismo, que, acredito, começa a emergir em toda a região — principalmente na Argentina, onde está sendo aplicado. Ao contrário da ortodoxia convencional, que é uma simples proposta externa, o novo-

---

[16] Ver Frenkel, 2003.

desenvolvimentismo só fará sentido se partir de um consenso interno e, dessa forma, se constituir em uma verdadeira estratégia nacional de desenvolvimento. Um consenso pleno é impossível, mas um consenso que una empresários do setor produtivo, trabalhadores, técnicos do governo e classes médias profissionais — um acordo nacional, portanto — está hoje em processo de formação, aproveitando o fracasso da ortodoxia convencional. Esse consenso em formação vê a globalização não como uma benesse, nem como uma maldição, mas como um sistema de intensa competição entre Estados nacionais através de suas empresas. Entende que nessa competição é fundamental fortalecer o Estado fiscal, administrativa e politicamente, e, ao mesmo tempo, dar condições às empresas nacionais de serem competitivas internacionalmente. Reconhece, como a Argentina já o fez depois da crise por que passou em 2001, que, especialmente no Brasil, o desenvolvimento é impedido, no curto prazo, por uma altíssima taxa de juros básica de curto prazo e por uma taxa de câmbio que em todos os países tende a ser sobreapreciada. Supõe que para se alcançar o desenvolvimento é essencial aumentar a taxa de investimento e orientar a economia para as exportações, e condiciona o aumento dos investimentos à diminuição da taxa de juros e à existência de uma taxa de câmbio competitiva. Existe, entretanto, uma tendência à sobreapreciação da moeda devido à doença holandesa, à política de crescimento com poupança externa e às tentações do populismo cambial. Além de neutralizar a doença holandesa, buscar o crescimento com poupança interna e evitar os déficits em conta corrente, que implicam populismo cambial, o Estado deve contribuir para uma maior taxa de investimento através de uma poupança pública positiva, fruto da contenção da despesa de custeio. Finalmente, em um plano mais geral, o novo-desenvolvimentismo que está se delineando como estratégia nacional de desenvolvimento parte da convicção de que o desenvolvimento, além de estar sendo impedido pela falta de nação, é também obstaculizado pela concentração de renda, que, além de injusta, serve de caldo de cultura para todas as formas de populismo.

O que é uma estratégia nacional de desenvolvimento? É mais do que uma simples ideologia, como a ortodoxia convencional: é um conjunto de instituições e de políticas orientadas para o desenvolvimento econômico. É menos do que um projeto ou um plano nacional de desenvolvimento porque não é formalizada, não tem documento com definição precisa de objetivos e de políticas a serem adotadas para alcançá-los, porque o acordo entre as classes sociais que lhe é inerente não tem nem texto, nem assinaturas. É mais porque envolve informalmente toda, ou grande parte, da sociedade. Porque dá a todos um rumo a ser seguido e certas orientações gerais a serem observadas. Porque, embora não pressuponha uma sociedade sem conflitos, envolve uma razoável união de todos quando se trata de competir internacionalmente. Porque é mais flexível do que um projeto. Porque está sempre considerando as ações dos demais adversários ou competidores. Porque o fator a motivar o comportamento individual não é apenas o interesse próprio, mas a competição com as demais nações. A estratégia nacional de desenvolvimento reflete tudo isso. Sua liderança cabe ao governo e aos membros mais ativos da sociedade civil. Seu instrumento fundamental é o próprio Estado: suas normas, suas políticas e sua organização. Seu resultado — quando um grande acordo se estabelece, quando a estratégia realmente se torna nacional, quando a sociedade passa a compartilhar, frouxa mas efetivamente, métodos e objetivos — é a aceleração do desenvolvimento por um período longo, em que o país experimenta elevadas taxas de crescimento da renda *per capita* e dos padrões de vida.

Uma estratégia nacional de desenvolvimento implica um conjunto de variáveis fundamentais para o desenvolvimento econômico — variáveis tanto reais, quanto institucionais. Como elementos constitutivos de uma estratégia nacional de desenvolvimento temos: o aumento da capacidade de poupança e investimento da nação; a forma pela qual incorpora o progresso técnico na produção; o desenvolvimento do capital humano; o aumento da coesão social nacional, que resulta em capital social ou em sociedade civil mais forte e democrática; e uma política macroeconômica que garanta a saúde financeira do Estado e do Estado-nação, levando a índices de endividamento interno e externo dentro de limites conservadores. Nesse processo, as instituições, em vez de serem meras abstrações válidas em todas as situações, são vistas e pensadas de maneira concreta, histórica. A estratégia nacional de desenvolvimento ganha sentido e força quando suas instituições — quer as de curto prazo, que chamarei de políticas ou políticas públicas, quer as relativamente permanentes (as instituições em sentido estrito) — respondem às necessidades da sociedade, quando são compatíveis com a dotação de fatores de produção da economia ou, mais amplamente, com os elementos que compõem a instância estrutural da sociedade.

Nacional-desenvolvimentismo e novo desenvolvimentismo

O nacional-desenvolvimentismo dos anos 1950 e o novo-desenvolvimentismo de agora diferem em função de duas variáveis intervenientes nesse meio século: de um lado, fatos históricos novos, que mudaram o quadro do capitalismo mundial, que transitou dos "anos dourados" para a fase da "globalização"; de outro, os países de desenvolvimento médio, como o Brasil, que mudaram seu próprio estágio de desenvolvimento, deixando de se caracterizar por indústrias infantes.

A principal mudança no plano internacional foi a de um capitalismo dos "30 anos gloriosos" (1945-1975), em que se montava o Estado de bem-estar, e do keynesianismo dominante no plano macroeconômico, enquanto a "teoria econômica do desenvolvimento" — de Lewis, Nurkse, Furtado, Prebisch e Myrdal — predominava no plano do desenvolvimento econômico, para o capitalismo da globalização, neoliberal, no qual as taxas de crescimento são menores e a competição entre os Estados-nações é muito mais acirrada. Nos anos dourados, os países de desenvolvimento médio ainda não constituíam uma ameaça aos países ricos. Porém, desde os anos 1970, com os NICs (*newly industrialized countries*), e, desde os anos 1990, com a China, a competição por eles representada passou a ser muito maior: a ameaça, para os países ricos, da mão-de-obra barata tornou-se mais clara do que nunca. Naquela época, os países ricos, principalmente os Estados Unidos, que precisavam de aliados na Guerra Fria, eram mais generosos; hoje, só os países muito pobres da África podem esperar alguma generosidade — mas mesmo estes que se cuidem, porque a forma pela qual os países ricos e o Banco Mundial deles se ocupam e para eles orientam sua ajuda (ou o que pretendem ser uma ajuda) é com freqüência perversa.

No âmbito interno, a primeira diferença entre o desenvolvimentismo dos anos 1950 e o novo-desenvolvimentismo está no papel atribuído ao Estado. Enquanto o nacional-desenvolvimentismo tinha como tarefa completar a acumulação de capital original e realizar a revolução capitalista, de forma que o Estado tivesse um papel decisivo, no novo-desenvolvimentismo o papel do Estado diminui e o do mercado aumenta. No velho desenvolvimentismo o Estado tinha um papel na promoção da poupança forçada e na realização de investimentos em infra-estrutura econômica; hoje esse papel é menor: a política industrial deve ser essencialmente estratégica ou oportunista, em vez de sistêmica. Tanto uma quanto a outra forma histórica de desenvolvimentismo atribuem um papel econômico fundamental ao Estado no sentido de garantir o bom funcionamento do mercado e prover as condições gerais da acumulação de capital, como educação, saúde e infra-estrutura de transportes, comunicações e energia. A idéia geral é que só um Estado forte, um Estado capaz, pode garantir um mercado forte. Para o novo-desenvolvimentismo, o Estado ainda pode e deve promover poupança forçada e investir em certos setores estratégicos, mas agora o setor privado nacional tem recursos e capacidade empresarial para realizar boa parte dos investimentos necessários. O novo-desenvolvimentismo rejeita a tese neoliberal de que o "Estado não tem mais recursos", porque ter ou não recursos depende de como as finanças do aparelho de Estado sao administradas. Mas entende que, em todos os setores em que haja uma razoável competição, o Estado não deve ser investidor, mas tratar de defender e garantir a concorrência. Mesmo excluídos esses investimentos, sobram ainda muitos outros a serem realizados pelo Estado, financiados pela poupança pública, e não por endividamento. Em síntese, o novo-desenvolvimentismo vê o mercado como uma instituição mais eficiente, mais capaz de coordenar o sistema econômico do que viam os antigos desenvolvimentistas, embora esteja longe de ter a fé irracional da ortodoxia convencional no mercado.

Uma segunda diferença diz respeito ao fato de a indústria, no tempo do antigo desenvolvimentismo, ser infante; hoje, já é uma indústria madura. O modelo de substituição de importações foi efetivo, entre os anos 1930 e 1960, no que diz respeito a estabelecer as bases industriais dos países da América Latina. A partir, porém, da crise dos anos 1960, esses países já deveriam ter começado a reduzir o protecionismo e orientar-se em direção a um modelo exportador, em que cada país se revelasse capaz de exportar produtos manufaturados de maneira competitiva. Não o fizeram, contudo, provavelmente devido ao pessimismo exportador que só começou a diminuir nos anos 1970. Foi apenas no início dos anos 1990 que a liberalização comercial ocorreu, em meio a uma grande crise econômica, o que fez com que ela fosse apressada e mal planejada. Esse atraso de 20 anos na abertura comercial foi uma das maiores distorções que o desenvolvimentismo dos anos 1950 sofreu.

O novo-desenvolvimentismo não é protecionista, apenas enfatiza a necessidade de uma taxa de câmbio competitiva. Assume que países de desenvolvimento médio já ultrapassaram o estágio da indústria infante, mas ainda se defrontam com o problema da "doença holandesa" — a tendência de países que produzem bens com baixo valor adicionado *per capita* usando recursos naturais baratos a enfrentar a relativa apreciação de sua taxa de câmbio combinada com o equilíbrio de sua conta corrente e, dessa forma, inviabilizar toda a indústria que tem maior valor adicionado *per capita* ou que tem condições de empregar uma parcela muito maior da população do que o setor ou os setores exportadores que dão origem à doença. A neutralização da doença holandesa não implica protecionismo, mas a administração da taxa de câmbio, inclusive a imposição de um imposto marginal sobre os bens que dão origem a ela, de forma a deslocar sua curva de procura para cima e assim viabilizar o restante da indústria que usa tecnologia no estado-da-arte.[17] Quando o produto que dá origem à doença holandesa é o petróleo, a taxa de câmbio que viabiliza sua exportação é muito menor do que aquela que viabiliza o restante da indústria, de modo que o imposto marginal deve ser muito alto; quando se trata do agronegócio, como é o caso do Brasil, esse imposto pode e deve ser muito menor.[18] Ao contrário do nacional-desenvolvimentismo, que adotou o pessimismo exportador da teoria econômica do desenvolvimento, o novo-desenvolvimentismo não quer basear seu crescimento na exportação de produtos primários de baixo valor agregado, mas aposta na possibilidade de os países em desenvolvimento

---

[17] Bresser-Pereira, 2007, cap. 4.
[18] Falo em "imposto marginal" porque me refiro a um imposto que apenas incide sobre as mercadorias quando o governo logra elevar a taxa de câmbio do nível determinado pela doença holandesa para o nível-objetivo que viabiliza o restante da indústria.

exportarem manufaturados ou produtos primários de alto valor agregado, e define essa estratégia como central. A experiência dos últimos 30 anos deixou claro que esse pessimismo foi um dos grandes equívocos da teoria econômica do desenvolvimento.

Já no final dos anos 1960, os países latino-americanos deveriam ter começado a transitar decididamente do modelo substituidor para o exportador, como fizeram Coréia do Sul e Taiwan. Na América Latina, o Chile foi o primeiro país a fazer essa mudança e, por isso, seu desenvolvimento é, com freqüência, apontado como um exemplo de sucesso de uma estratégia neoliberal. Na verdade, o neoliberalismo só foi plenamente praticado no Chile entre 1973 e 1981, e terminou com uma grande crise de balanço de pagamentos em 1982.[19] O modelo exportador não é especificamente neoliberal, inclusive porque, a rigor, a teoria econômica neoclássica, que está por trás dessa ideologia, não tem espaço para estratégias de desenvolvimento. Os países asiáticos dinâmicos, que adotaram uma estratégia desenvolvimentista desde os anos 1950, já nos anos 1960 deram a ela um caráter exportador de manufaturados e, pelo menos desde os anos 1970, podem ser considerados países novo-desenvolvimentistas.

São duas as grandes vantagens do modelo exportador sobre o substituidor de importações. Em primeiro lugar, o mercado para as indústrias não fica limitado ao interno. Isso é importante para os países pequenos, mas é também fundamental para um país com um mercado interno relativamente grande como o Brasil. Em segundo lugar, se o país adota essa estratégia, as autoridades econômicas, que estão fazendo política industrial em favor de suas empresas, passam a ter um critério de eficiência em que se basear: só as empresas eficientes o bastante para exportar serão beneficiadas pela política industrial. No caso do modelo de substituição de importações, podem estar sendo protegidas empresas muito ineficientes; no caso do modelo exportador, essa possibilidade é substancialmente menor.

O fato de a estratégia que o novo-desenvolvimentismo representa não ser protecionista não significa que os países devam estar dispos-

---

[19] Ver Diaz-Alejandro, 1981; e Ffrench-Davis, 2003.

tos a uma abertura indiscriminada. Devem negociar pragmaticamente, no âmbito da Organização Mundial do Comércio e dos acordos regionais, aberturas com contrapartida. E, principalmente, não significa que os países devam renunciar a políticas industriais. O espaço para essas políticas foi reduzido pelos acordos altamente desfavoráveis da Rodada Uruguai da OMC, mas ainda há espaço para políticas dessa natureza, que, se pensadas estrategicamente, levando em consideração vantagens comparativas futuras, podem aparecer, na medida em que as empresas apoiadas sejam bem-sucedidas.

O novo-desenvolvimentismo rejeita as idéias equivocadas de crescimento, principalmente as baseadas na demanda e no déficit público, que se tornaram populares nos anos 1960 na América Latina. Esta foi uma das mais graves distorções que o desenvolvimentismo sofreu nas mãos de seus epígonos populistas. As bases teóricas dessa estratégia nacional de desenvolvimento estão na teoria macroeconômica keynesiana e na teoria econômica do desenvolvimento, que, por sua vez, se fundamenta principalmente na teoria econômica clássica. Keynes assinalou a importância da demanda agregada e legitimou o recurso a déficits fiscais em momentos de recessão. Jamais, entretanto, defendeu déficits públicos crônicos. Seu pressuposto foi sempre o de que uma economia nacional equilibrada do ponto de vista fiscal pode, por um breve período, sair do equilíbrio para restabelecer o nível de emprego.[20]

Os notáveis economistas que formularam a estratégia desenvolvimentista, como Furtado, Prebisch e Rangel, eram keynesianos e, na promoção do desenvolvimento, consideravam a administração da demanda agregada uma ferramenta importante. Mas jamais defenderam o populismo econômico dos déficits crônicos. Seus epígonos, porém, o fizeram. Quando Celso Furtado, diante da grave crise do início dos anos 1960, propôs o Plano Trienal (1963), foi considerado por esses seguidores de segunda categoria como tendo sofrido uma "recaída ortodoxa". Na verdade, o que Furtado já pensava, e o novo-desenvolvimentismo defende com firmeza, é o equilíbrio fiscal. Defende-o não por "ortodoxia", mas porque sabe que o Estado é o instrumento de ação coletiva, por excelên-

---
[20] Ver Bresser-Pereira e Dall'Acqua, 1991.

cia, da nação. Ora, se o Estado é tão estratégico, o aparelho de Estado precisa ser forte, sólido, ter capacidade e, por isso mesmo, suas finanças precisam estar equilibradas. Mais do que isso, sua dívida precisa ser pequena e com prazos longos. A pior coisa que pode acontecer a um Estado enquanto organização — o Estado é também uma ordem jurídica — é ficar na mão de credores, sejam eles internos ou externos. Os credores externos são especialmente perigosos, porque a qualquer momento podem se retirar do país com seus capitais. Os internos, porém, transformados em rentistas, e apoiados no sistema financeiro, podem impor ao país políticas econômicas desastrosas, como vem acontecendo no Brasil.

Quadro 1
Antigo e novo-desenvolvimentismo comparados

Nacional-desenvolvimentismo	Novo-desenvolvimentismo
▶ Estado tem papel central em poupança forçada e investimento em empresas	▶ Estado tem papel subsidiário, mas importante em ambas as atividades
▶ Protecionista e pessimista	▶ Exportador e realista
▶ Alguma complacência com inflação	▶ Nenhuma complacência com inflação

Novo-desenvolvimentismo e ortodoxia convencional

Examinemos agora as diferenças entre o novo-desenvolvimentismo e a ortodoxia convencional. A primeira e mais geral das diferenças foi mencionada no último parágrafo da seção anterior. A ortodoxia convencional é fundamentalista de mercado, acredita que "no princípio era o mercado", uma entidade que tudo coordena de forma ótima se for livre; o novo-desenvolvimentismo, não: considera o mercado uma instituição extraordinariamente eficiente para coordenar sistemas econômicos, mas conhece suas limitações. A alocação dos fatores é a tarefa que melhor realiza, mas mesmo aí apresenta problemas. O estímulo ao investimento e à inovação deixa muito a desejar. E, no plano da distribuição de renda, é um mecanismo definitivamente insatisfatório, porque os mercados premiam os mais fortes e os mais capazes. Enquanto a ortodoxia convencional reconhece as falhas do mercado, mas afirma que piores são as falhas do Estado ao tentar supri-las, o novo-desenvolvimentismo rejeita esse pessimismo sobre a capacidade de ação coletiva e quer um Estado forte, não à custa do mercado, mas para que ele seja forte. Se os homens são capazes de construir instituições para regulamentar as ações humanas, inclusive o próprio mercado, não há razão para que não sejam capazes de fortalecer o Estado enquanto aparelho ou organização, tornando seu governo mais legítimo, suas finanças mais sólidas e sua administração mais eficiente, e de fortalecer o Estado enquanto ordem jurídica, tornando suas instituições cada vez mais adequadas às necessidades sociais. A política e a democracia existem exatamente para isso.

Como uma das bases do novo-desenvolvimentismo é a economia política clássica, que, essencialmente, era uma teoria da "riqueza das nações", de Smith, ou da "acumulação de capital", de Marx, as estruturas sociais e as instituições são fundamentais. Além disso, como adota uma perspectiva histórica do desenvolvimento, os ensinamentos institucionalistas da escola histórica alemã e do institucionalismo norte-americano do início do século XX são parte essencial de sua visão do desenvolvimento.[21] Instituições são, portanto, fundamentais, e reformá-las é uma necessidade permanente, na medida em que, nas sociedades complexas e dinâmicas em que vivemos, as atividades econômicas e o mercado precisam ser constantemente rerregulados. O novo-desenvolvimentismo, portanto, é reformista. Já a ortodoxia convencional, baseada na teoria econômica neoclássica, só recentemente se deu conta da importância das instituições, quando surgiu o "novo institucionalismo".

Ao contrário do institucionalismo histórico, que, no plano do desenvolvimento econômico, vê nas instituições pré-capitalistas e nas distorções do capitalismo obstáculos ao desenvolvimento e procura desenvolver instituições que o promovam ativamente, o novo institucionalismo tem uma proposta simplista: basta que as instituições garantam

---

[21] A escola histórica alemã é a escola de Gustav Schmoller, Otto Rank, Max Weber e, correndo por uma trilha diferente, de Friedrich List; a escola institucionalista norte-americana é a escola de Thorstein Veblen, Wesley Mitchell e John R. Commons.

a propriedade e os contratos, ou, mais amplamente, o bom funcionamento dos mercados, que estes promoverão automaticamente o desenvolvimento. No jargão neoliberal, praticado, por exemplo, pelo *The Economist*, um governo é bom no plano econômico se for "reformista" — e reformista significa fazer reformas orientadas para o mercado. Para o novo-desenvolvimentismo, um governo será bom no plano econômico se for "desenvolvimentista" — se promover o desenvolvimento e a distribuição de renda através da adoção de políticas econômicas e de reformas institucionais orientadas, sempre que possível, para o mercado, mas, com freqüência, corrigindo a ação automática desses mercados. Em outras palavras, se contar com uma estratégia nacional de desenvolvimento, porque esta não é outra coisa senão esse conjunto de instituições e de políticas econômicas voltadas para o bom funcionamento dos mercados e para o desenvolvimento.

Para a ortodoxia convencional, as instituições devem se limitar, quase exclusivamente, às normas constitucionais; para o novo-desenvolvimentismo, políticas econômicas e, mais amplamente, regimes de políticas econômicas e monetárias são instituições a serem permanentemente reformadas, corrigidas, no quadro de uma estratégia mais geral. Além das instituições relativamente permanentes, são necessárias políticas industriais. Não são elas que distinguem fundamentalmente o novo-desenvolvimentismo da ortodoxia convencional, porque este usa a política industrial de forma moderada, atuando apenas estrategicamente, quando a empresa que precisa de apoio revela que tem ou terá capacidade de competir internacionalmente. Não é aceitável uma política industrial que acabe se confundindo com o protecionismo.

Muitas das reformas institucionais são comuns ao novo-desenvolvimentismo e à ortodoxia convencional. Mas os objetivos são com freqüência diferentes. Tome-se, por exemplo, a reforma da gestão pública. O novo-desenvolvimentismo a patrocina porque quer um Estado mais capaz e mais eficiente; a ortodoxia convencional, porque vê nele a oportunidade de reduzir a carga tributária. Para o novo-desenvolvimentismo, essa conseqüência pode ser desejável, mas trata-se de uma questão distinta. A carga tributária é uma questão política que depende, principalmente, das funções que as sociedades democráticas atribuem ao Estado e, secundariamente, da eficiência dos serviços públicos. Em outros casos, o problema é de medida. O novo-desenvolvimentismo é favorável a uma economia comercialmente aberta, competitiva, mas não radicaliza a idéia e sabe usar as negociações internacionais para obter contrapartidas, já que os mercados mundiais estão longe de ser livres. Em outros casos ainda, a diferença é de ênfase: tanto o novo-desenvolvimentismo quanto a ortodoxia convencional são favoráveis a mercados de trabalho mais flexíveis, mas o novo-desenvolvimentismo, apoiado em experiências realizadas principalmente no Norte da Europa, não confunde flexibilidade com falta de proteção, enquanto a ortodoxia convencional flexibiliza o trabalho para fragilizar a força de trabalho e viabilizar a baixa de salários.

Para comparar o novo-desenvolvimentismo com a ortodoxia convencional, pode-se distinguir as estratégias de desenvolvimento das de estabilidade macroeconômica, embora as duas estejam intimamente relacionadas. Já vimos que não há desenvolvimento sem estabilidade. Comecemos, portanto, pela comparação das políticas macroeconômicas que resumo no quadro 2. As duas têm como pressuposto a necessidade de estabilidade macroeconômica, mas a ortodoxia convencional acaba resumindo estabilidade como controle da dívida pública e da inflação, enquanto o novo-desenvolvimentismo condiciona essa estabilidade adicionalmente a taxas de juros e de câmbio que garantam, respectivamente, o equilíbrio intertemporal das contas públicas do Estado e das contas externas do Estado-nação. A abordagem da ortodoxia convencional pode ser assim resumida: "Para garantir a estabilidade macroeconômica, o país deve ter um superávit primário que mantenha a relação dívida pública/PIB em nível aceitável para os credores; o banco central deve ter um único mandato, combater a inflação, já que dispõe de um único instrumento, a taxa de juros de curto prazo; dado o desequilíbrio fiscal, essa taxa, que, embora seja o único instrumento, é essencialmente endógena, ou seja, definida pelo mercado, precisa ser alta para combater a inflação; a taxa de câmbio também é endógena e seu equilíbrio será assegurado pelo mercado". O novo-desenvolvimentismo apresenta propostas substancialmente diferentes: o ajuste fiscal não visa a um mero superávit primário, mas a uma poupança pública positiva, e implica não apenas a redução das despesas correntes, mas também da taxa de juros; o banco central, em acordo com o Ministério da Fazenda, não tem apenas um mandato, mas três: controlar a inflação, manter a taxa de câmbio em nível compatível com a estabilidade do balanço de pagamentos e o necessário estímulo aos investimentos voltados para a exportação e, portanto, considerar também o nível de emprego; e não conta com apenas um instrumento — a taxa de juros, contraditoriamente vista como endógena pela ortodoxia convencional —, mas com vários, como a compra de reservas, e isso não sendo suficiente, com o estabelecimento de controles sobre a entrada de capitais para evitar a tendência à manutenção da taxa de câmbio em nível relativamente apreciado existente nos países em desenvolvimento médio. A taxa de juros é um instrumento para combater a inflação, mas pode ser muito mais baixa do que supõe a ortodoxia convencional. A taxa de câmbio deve ser mantida flutuante, mas administrada — não existe taxa de câmbio completamente livre. Nos países ricos em recursos naturais, como são praticamente todos os países latino-americanos, é necessário reconhecer que a taxa de câmbio aprecia artificialmente a moeda e inviabiliza a indústria a tomar as medidas necessárias para a sua neutralização. Essas medidas não devem ser adotadas como no tempo do velho desenvolvimentismo, que impunha um imposto disfarçado sobre as exportações dos bens que davam origem à doença holandesa. Isso era feito estabelecendo-se elevadas tarifas de importação para todos os bens e subsídios à exportação de manufaturados, de forma que a taxa de câmbio efetiva fosse maior do que a taxa de câmbio real recebida pelos exportadores de bens agrícolas e minerais beneficiados por rendas ricardianas. Em vez disso, é necessário estabelecer de forma negociada um imposto sobre as exportações desses bens que mantenha sua produção altamente lucrativa, mas logre deslocar sua curva de oferta para cima de forma que deixem de pressionar a taxa de câmbio para baixo, para um nível sobreapreciado incompatível com a indústria.

Quadro 2
Política macroeconômica comparada

Ortodoxia convencional	Novo-desenvolvimentismo
1. Ajuste fiscal para superávit primário	1. Ajuste fiscal para poupança pública positiva
2. Mandato único para o banco central: inflação	2. Mandato triplo para o banco central: inflação, câmbio e emprego
3. Banco central com um único instrumento: taxa de juros	3. Banco central com dois instrumentos: taxa de juros e compra de reservas ou controle à entrada de capitais
4. Taxa de juros de curto prazo endógena: deve ser alta	4. Taxa de juros de curto prazo exógena: pode e deve ser baixa
5. Taxa de câmbio flutuante e endógena	5. Taxa de câmbio flutuante, mas administrada: neutraliza a doença holandesa

Vejamos, agora, a comparação das estratégias de desenvolvimento econômico que resumo no quadro 3. A abordagem (não se pode chamar de estratégia) da ortodoxia convencional parte da necessidade de reformas institucionais que reduzam o Estado e fortaleçam o mercado; atribui um papel mínimo ao Estado nos investimentos e na política industrial, e não vê qualquer papel para a nação (um conceito ausente); não estabelece prioridade para nenhum setor da economia, pois acha que o mercado resolverá; propõe a abertura da conta de capitais e a política de crescimento com poupança externa. Já o novo-desenvolvimentismo quer reformas institucionais que, além de fortalecer o mercado, também fortaleçam o Estado — só um Estado com um aparelho capaz e com instituições dotadas de legitimidade pode servir de instrumento da sociedade; vê a nação, ou seja, a sociedade nacional, solidária quando se trata de competir internacionalmente, como o agente fundamental do desenvolvimento; considera que a instituição fundamental para esse desenvolvimento não é apenas a garantia da propriedade e dos contratos, mas a existência de uma estratégia nacional de desenvolvimento que estimule os empresários a investir; atribui prioridade às exportações e aos setores econômicos dotados de elevado valor adicionado *per capita*, ou seja, a setores com alta intensidade tecnológica ou de conhecimento; entende que não apenas é possível, mas necessário, crescer com a própria poupança, como fazem todos os países que se desenvolveram — a política de crescimento com poupança externa é mais um fator a causar a apreciação da taxa de câmbio, que deve ser sempre evitada: uma taxa de câmbio competitiva, relativamente depreciada, é condição do crescimento.

Quadro 3
Estratégia de desenvolvimento comparada

Ortodoxia convencional	Novo-desenvolvimentismo
1. Reformas para reduzir o Estado e fortalecer o mercado	1. Reformas para fortalecer o Estado e o mercado
2. Papel mínimo para o Estado no investimento e na política industrial	2. Papel moderado para o Estado no investimento e na política industrial
3. Nenhum papel para a nação: basta garantir propriedade e contratos	3. Uma estratégia nacional de competição é essencial para o desenvolvimento
4. Sem prioridades setoriais — o mercado resolve	4. Prioridade para a exportação e valor adicionado *per capita*
5. Financiar investimento com poupança externa	5. Crescer com investimento e poupança interna
6. Abrir conta de capitais e não controlar câmbio	6. Controlar conta de capitais quando necessário

Com esses dois quadros[22] fica clara não só a crítica à ortodoxia convencional, mas também a existência de uma alternativa novo-desenvolvimentista que, mais do que compatível com a estabilidade macroeconômica, é a única que realmente a garante. Por outro lado, vale assinalar que a política econômica convencional teve como eixo, a partir dos anos 1960, a recomendação de crescimento com poupança externa. Esse é tipicamente um problema de macroeconomia do desenvolvimento, porque embora a teoria econômica neoclássica dê à taxa de câmbio pouca importância e a limite a problemas de curto prazo, ela tem um poderoso efeito de médio prazo sobre os investimentos e o crescimento. Antes disso, o FMI preocupava-se com a taxa de câmbio que nos ciclos populistas se apreciava provocando crise de balanço de pagamentos,[23] levando aquela organização a exigir, além do ajuste

---

[22] Os itens listados nesses dois quadros já foram discutidos em Bresser-Pereira, 2007.
[23] Canitrot, 1991.

fiscal, a desvalorização do câmbio. A partir dos anos 1990, porém, o FMI esqueceu os déficits em conta corrente (afinal eram poupança externa...) e as depreciações cambiais. A hipótese dos déficits gêmeos isentava-o de se preocupar com o déficit em conta corrente: bastava se preocupar com o superávit primário. Durante algum tempo preferiu falar em âncoras cambiais e em dolarização; depois do fracasso dessa estratégia no México, no Brasil e, principalmente, na Argentina, o FMI voltou-se para a plena flutuação do câmbio para resolver todos os problemas externos. O novo-desenvolvimentismo critica fortemente essa perspectiva e quer o controle não apenas das contas públicas do Estado (déficit público), mas também das contas totais da nação (conta corrente); não quer apenas que o Estado esteja pouco endividado e apresente poupança pública positiva; quer também que o Estado-nação tenha contas externas que garantam a segurança e a autonomia nacionais. Quer a administração da taxa de juros e também da taxa de câmbio, ainda que no quadro de um regime de câmbio flutuante, que não chama de "sujo", como o faz a ortodoxia convencional, mas de "administrado".

Conclusão

Quais os resultados das duas políticas? Os resultados da ortodoxia convencional na América Latina são bem conhecidos. Pelo menos desde 1990 a verdade vinda de Washington e Nova York tornou-se hegemônica nessa região, caracterizada pela dependência. Reformas e ajustes de todos os tipos foram realizados, mas não houve desenvolvimento. Os resultados do novo-desenvolvimentismo na América Latina, por sua vez, não podem ser medidos. O Chile o tem usado, mas é um país pequeno, e as políticas que adota estão a meio caminho entre uma e outra estratégia. A Argentina de Kirschner e do ex-ministro da Economia Roberto Lavagna é a única experiência concreta, mas é muito recente para poder ser objeto de uma avaliação definitiva. O novo-desenvolvimentismo, entretanto, está mais que provado, porque não é outro o nome da estratégia que os países dinâmicos da Ásia vêm usando.

Terá o novo-desenvolvimentismo condições de se tornar hegemônico na América Latina como o foi no passado o desenvolvimentismo?

O fracasso da proposta convencional me deixa seguro que sim. A crise da Argentina de 2001 foi um *turning point*: foi o réquiem da ortodoxia convencional. Nenhum país adotou mais fielmente seus preceitos, nenhum presidente de um país dedicou-se mais ao *confidence building* do que Menem. Os resultados foram os que se viram. Por outro lado, o pensamento novo-desenvolvimentista está sendo renovado. Conta com uma nova geração (em relação à minha ou mesmo à de Nakano) de economistas de alta qualidade que estão sendo formados principalmente no Brasil. Na Argentina e no Chile existem também eminentes economistas que se identificam com essa estratégia, como Osvaldo Sunkel, Aldo Ferrer, Ricardo Ffrench-Davis e Roberto Frenkel. Existe aqui, porém, um problema de hegemonia ideológica a ser resolvido. Os países da América Latina só retomarão o desenvolvimento sustentado se seus economistas, seus empresários e sua burocracia de Estado se lembrarem da experiência bem-sucedida do antigo desenvolvimentismo — o nacional-desenvolvimentismo —, e forem capazes de dar um passo à frente. Já fizeram a crítica dos erros cometidos, e já se deram conta dos fatos históricos novos que a tornaram superada. Precisam, agora, reconhecer que a revolução nacional que então estava acontecendo, tendo esse antigo desenvolvimentismo como estratégia nacional, foi interrompida pela grande crise dos anos 1980 e pela onda ideológica neoliberal vinda do Norte. Precisam aprofundar o diagnóstico da quase-estagnação provocada pela ortodoxia convencional. Precisam olhar com atenção para a estratégia nacional de desenvolvimento dos países asiáticos dinâmicos. Precisam participar da grande obra coletiva nacional, que é a formulação do novo-desenvolvimentismo — da nova estratégia nacional de desenvolvimento para seus países. Minha percepção é de que essa tomada de consciência está em pleno processo. O desenvolvimento da América Latina sempre foi "nacional-dependente", porque suas elites sempre foram conflitantes e ambíguas, ora se afirmando como nação, ora cedendo à hegemonia ideológica externa. Esse processo, porém, tem um elemento cíclico, e tudo indica que o tempo do neoliberalismo e da ortodoxia convencional passou, e que novas perspectivas estão se abrindo para a região.

Bibliografia

BERR, Eric; COMBARNOUS, François. The false promises of the (second) Washington consensus: evidences from Latin America and the Caribbean (1990-2003). *Revista de Economia Política*, v. 27, n. 4, p. 525-545, out./dez. 2007.

BRESSER-PEREIRA, Luiz Carlos. A crise da América Latina: Consenso de Washington ou crise fiscal? *Pesquisa e Planejamento Econômico*, v. 21, n. 1, p. 3-23, abr. 1991.

_____. *A crise do Estado*. São Paulo: Nobel, 1992.

_____. A inflação decifrada. *Revista de Economia Política*, v. 16, n. 4, p. 20-35, out. 1996.

_____. Incompetência e *confidence building* por trás de 20 anos de quase-estagnação da América Latina. *Revista de Economia Política*, v. 21, n. 1, p. 141-166, jan. 2001.

_____. Financiamento para o subdesenvolvimento: o Brasil e o segundo Consenso de Washington. In: CASTRO, Ana Célia (Org.). *Desenvolvimento em debate*: painéis do desenvolvimento brasileiro I. Rio de Janeiro: Mauad, BNDES, 2002. v. 2, p. 359-398.

_____. *Desenvolvimento e crise no Brasil:* 1930-2003. 5. ed. São Paulo: Ed. 34, 2003.

_____. O novo-desenvolvimentismo. *Folha de S. Paulo*, 19 set. 2004.

_____. *Macroeconomia da estagnação*. São Paulo: Ed. 34, 2007.

_____; DALL'ACQUA, Fernando. Populismo econômico *versus* Keynes: a reinterpretação do déficit público na América Latina. In: BRESSER-PEREIRA, L. C. (Org.). *Populismo econômico*. São Paulo: Nobel, 1991. p. 191-200.

_____; NAKANO, Yoshiaki. *Inflação e recessão*. São Paulo: Brasiliense, 1984.

_____; _____. Uma estratégia de desenvolvimento com estabilidade. *Revista de Economia Política*, v. 21, n. 3, p. 146-177, 2002.

_____; _____. Crescimento econômico com poupança externa? *Revista de Economia Política*, v. 22, n. 2, p. 3-27, 2003.

CANITROT, Adolfo. A experiência populista de redistribuição de renda. In: BRESSER-PEREIRA, L. C. (Org.) *Populismo econômico*. São Paulo: Nobel, 1991.

CHANG, Ha-Joon. *Chutando a escada*. São Paulo: Unesp, 2002.

DIAZ-ALEJANDRO, Carlos. Southern Cone stabilization plans. In: CLINE, W.; WEINTRAUB, S. (Eds.). *Economic stabilization in developing countries*. Washington: The Brookings Institution, 1981.

FFRENCH-DAVIS, Ricardo. *Entre el neoliberalismo y el crecimiento con equidad*. 3. ed. Santiago de Chile: J. C. Sáes, 2003.

FRENKEL, Roberto. Globalización y crisis financieras en América Latina. *Revista de Economia Política*, v. 23, n. 3, p. 94-111, 2003.

GELLNER, Ernest. *Nations and nationalism*. Ithaca: Cornell University Press, 1983.

_____. O advento do nacionalismo e sua interpretação: os mitos da nação e da classe. In: BALAKRISHNAN, Gopal; ANDERSON, B. (Orgs.). *Um mapa da questão nacional*. São Paulo: Contraponto, 1993. p. 107-134.

RENAN, Ernest. *Qu'est-ce qu'une nation?* [1882]. Paris: Pocket, Agora, 1993.

SACHS, Jeffrey D. Conflito social e políticas populistas na América Latina. *Revista de Economia Política*, v. 10, n. 1, jan. 1990.

SICSÚ, João; PAULA, Luiz Fernando de; RENAUT, Michel (Orgs.). *Novo-desenvolvimentismo*: um projeto nacional de crescimento com eqüidade social. Barueri, SP: Monole, Fundação Konrad Adenauer, 2004.

Uma nova política macroeconômica: algumas proposições a partir de uma visão novo-desenvolvimentista

5

Luiz Fernando de Paula

A economia brasileira, desde o início dos anos 1980, tem sido marcada por um comportamento de *stop-and-go* e por baixo crescimento econômico, sobretudo em comparação com o período 1947-80, quando o Brasil teve um crescimento econômico médio de 7,1% ao ano.[1] O fraco crescimento econômico (média de 2,1% em 1990-2005) veio acompanhado de baixos níveis de investimento, que tendo alcançado taxas de cerca de 21-23% do PIB nos anos 1970, caiu para 18-20% nas décadas de 1990 e de 2000 (com exceção dos anos de 1994 e 1995). Todavia, várias transformações ocorreram na economia brasileira ao longo da década de 1990: privatização de empresas estatais, abertura comercial, abertura da conta de capital do balanço de pagamentos, estabilização de preços etc. Cabe destacar, em particular, o sucesso na estabilização de preços obtida pelo Plano Real, em que pese à emergência de outros desequilíbrios macroeconômicos no período 1994-98, como déficits crescentes em conta corrente.

Desde 1999, o governo brasileiro vem adotando um modelo de política econômica que tem como pilares principais: (a) a adoção de

---

[1] Serra, 1982.

um regime de câmbio flutuante; (b) a adoção de um regime de metas de inflação, o que significou colocar a estabilidade de preços como objetivo principal da política econômica; (c) a manutenção de taxas de juros reais elevadas (mais de 10% ao ano) para propósitos de estabilidade de preços e/ou para evitar a saída de capitais em momento de instabilidade macroeconômica; (d) a existência de uma conta de capital aberta, resultado de um processo gradual e contínuo de liberalização financeira, de modo a integrar o Brasil ao mercado financeiro internacional; (e) a geração de superávits fiscais primários, que têm alcançado patamares de mais de 4% do PIB no governo Lula, sendo vistos como condição necessária para garantir a sustentabilidade da dívida pública doméstica; (f) mais recentemente (a partir do final de 2002), a combinação de câmbio flutuante com taxas de juros reais muito elevadas, além da melhoria na balança comercial, o que resultou numa tendência à sobrevalorização da taxa de câmbio real.

Apesar das importantes melhorias recentes em alguns indicadores macroeconômicos — em particular no que se refere ao setor externo, em boa medida favorecido pela melhoria das condições econômicas mundiais a partir de 2002, o que causou aumento na demanda e nos preços de *commodities* e também na liquidez do mercado financeiro internacional —, o crescimento econômico tem desapontado: a taxa de crescimento média no período 1999-2005 foi de apenas 2,3% ao ano, situando-se bem abaixo da taxa média de crescimento dos países emergentes no período. Diante desse baixo crescimento, é quase consensual a necessidade de baixar as taxas reais de juros, que têm se mantido nos últimos anos acima dos 10% anuais. Tem sido comum que alguns economistas — inclusive do Banco Central do Brasil — sustentem que o patamar possível de crescimento econômico, em função do produto potencial do país[2] e para manter a inflação baixa, deve ficar em torno de 3% ao ano, o que é claramente insuficiente para atender às necessidades da população

---

[2] Para uma avaliação crítica do cálculo do produto potencial feito pelo Banco Central, ver Barbosa, 2005. O autor mostra que há um viés de baixo crescimento no cálculo da estimativa do produto potencial, já que a metodologia tende a extrapolar o passado recente para o futuro, tornando as projeções conservadoras e possivelmente auto-realizáveis sobre a capacidade de crescimento da economia.

brasileira e, como já destacado, está aquém do crescimento médio dos países emergentes.

O desafio atual para os formuladores da política macroeconômica no Brasil é, por um lado, evitar o conservadorismo excessivo, que atrela a política econômica à rigidez de um regime de metas de inflação, e para o qual o crescimento é limitado pelo produto potencial presente (calculado a partir do crescimento do produto pretérito do país), e, de outro, evitar a irresponsabilidade do estímulo ilimitado à demanda agregada, que pode gerar o risco de uma inflação descontrolada. Os formuladores devem, portanto, ter a ousadia necessária à promoção do desenvolvimento de uma economia ainda retardatária, com o cuidado de preservar os ganhos já conquistados em termos de estabilidade de preços.

Este capítulo objetiva discutir alternativas de política econômica para o Brasil que permitam ao país manter um crescimento econômico sustentado e financeiramente estável.[3] Algumas questões subjacentes são também aqui focalizadas: a atual política baseada no regime de metas de inflação como única meta e tendo um único instrumento, a taxa de juros, poderá ser substituída por uma política que preveja um duplo mandato (inflação e emprego) e a adição da taxa de câmbio como instrumento? Nesse caso, será necessário por vezes restringir a abertura da conta de capital?[4] Minha resposta, como será visto no decorrer do capítulo, é afirmativa para as duas questões. Tomei como ponto de partida que o modelo de política econômica atualmente adotado não basta para colocar o país na rota de um crescimento mais elevado e sustentado, e que versões mais "radicais" desse modelo tampouco serão eficazes.

O modelo de política macroeconômica aqui adotado se insere numa visão de estratégia nacional de desenvolvimento denominada novo-desenvolvimentista,[5] que tem as seguintes características: (a) preconiza uma ação complementar entre Estado e mercado, cabendo ao Estado arbitrar e estimular a concorrência e mesmo influir na determi-

---

[3] Evidentemente, boas políticas macroeconômicas não bastam para promover o desenvolvimento econômico, embora constituam elementos essenciais de uma estratégia bem-sucedida.
[4] Essas questões foram colocadas pelos organizadores do III Fórum de Economia da FGV-SP.
[5] A expressão "novo-desenvolvimentismo" foi primeiro proposta por Bresser Pereira (2003, cap. 20) e por mim explorada em Sicsú, Paula e Michel, 2005 e 2006.

nação das variáveis econômicas relevantes, como desemprego e distribuição de renda; (b) defende, ao contrário do que preconiza a "ideologia globalizante", um Estado forte, capaz no plano político, regulatório e distributivo, além de financeiramente sólido; (c) defende a adoção de políticas macroeconômicas redutoras de incertezas que são inerentes ao mundo globalizado, com especial atenção ao problema da vulnerabilidade externa; (d) utiliza o conceito mais amplo de estabilidade macroeconômica, que busca compatibilizar crescimento econômico com estabilidade de preços, em vez de mera estabilidade de preços; (e) sustenta a necessidade de uma transformação produtiva que dê sustentação a uma competitividade internacional autêntica, apoiada na incorporação de progresso técnico e em práticas gerenciais inovadoras, sendo para tanto necessários o fortalecimento da base empresarial do país e a adoção de uma política industrial voltada para a melhoria da competitividade das exportações de maior valor agregado.[6]

Novo-desenvolvimentismo: estabilidade macroeconômica

A política econômica, na perspectiva novo-desenvolvimentista aqui proposta, relaciona-se com a adoção de um conjunto de medidas, que visam a aumentar a demanda agregada de modo a criar um ambiente estável, que estimule os empresários a realizar novos investimentos — uma vez que os níveis de emprego e utilização da capacidade produtiva dependem em boa medida dos determinantes da demanda agregada, principalmente da decisão de investimento dos empresários. A expansão da economia ocorre quando os empresários são levados a acreditar que a demanda por seus produtos não só se sustentará em níveis elevados, mas também ultrapassará a capacidade produtiva existente; ou seja, é a expectativa de uma demanda superior à capacidade produtiva que estimula os empresários a investir em nova capacidade. Nesse

---

[6] Explorei cada um desses pontos em Sicsú, Paula e Michel, 2006. Não é pretensão deste capítulo explorar todos os aspectos relacionados à estratégia novo-desenvolvimentista, já que o foco aqui é a política macroeconômica.

contexto, a política econômica deve procurar afetar o investimento privado global, criando um ambiente seguro, que estimule escolhas mais arriscadas, mas que rendam lucros e gerem empregos, em vez da simples acumulação de ativos líquidos. A boa política é aquela que cria um contexto favorável ao *animal spirits* empresarial, induzindo os agentes a expandirem a produção e a investirem em ativos de capital, dando origem a investimento novo.[7]

Contudo, o objetivo da política econômica deve ser amplo: ela deve estar voltada para a *estabilidade macroeconômica*, um conceito mais abrangente do que o da mera estabilidade de preços.[8] Ou seja, deve procurar também reduzir as incertezas relativas à demanda futura que são inerentes aos negócios na economia. Nessa perspectiva, é importante controlar a inflação, na medida em que a inflação persistente e elevada gera distorções na economia (torna mais imprevisível o horizonte de decisões de mais longo prazo), mas não se deve exagerar, para não pôr em risco os objetivos de estabilidade e crescimento do produto e do emprego.[9] Assim, a política econômica deve incluir entre seus objetivos minimizar ou evitar maiores contrações econômicas, devido aos altos custos econômico-sociais das desacelerações.

A estabilidade de preços e o aumento do produto e do emprego são compatíveis nessa visão e, para tanto, o governo deve fazer uso de um instrumental variado de política econômica com objetivos múltiplos, e não utilizar apenas a política monetária voltada exclusivamente para o controle da inflação. Portanto, não faz sentido que o banco central tenha um único mandato: a preservação da estabilidade de preços. A perspectiva novo-desenvolvimentista sustenta que, para se atingir múltiplos objetivos de política, como crescimento econômico e estabilidade de preços, é necessária uma maior coordenação das políticas fiscal, monetária, cambial, salarial etc., devendo-se avaliar os impactos conjuntos da

---

[7] Carvalho, 1999.
[8] Stiglitz, 1999.
[9] Segundo Stiglitz (1999:99), "o foco único sobre a inflação não somente distorce as políticas econômicas — evitando que a economia alcance seu potencial pleno de crescimento — como também conduz a arranjos institucionais que reduzem a flexibilidade econômica sem obter os importantes benefícios de crescimento".

adoção das políticas sobre os objetivos como um todo. Assim, a coordenação de políticas é fundamental para se atingir a *estabilidade macroeconômica*, devendo as políticas macroeconômicas — cambial, monetária e fiscal — ser fortemente interconectadas e, ao mesmo tempo, formuladas e implementadas de forma coerente.

Acrescente-se ainda que o uso da poupança externa como suporte a uma estratégia de crescimento deve ser limitado, uma vez que evidências recentes de países em desenvolvimento mostram que, a longo prazo, não há uma correlação clara entre poupança externa e aumento da taxa de investimento, já que a maior parte da poupança externa normalmente é canalizada para o consumo, não resultando em aumento da capacidade produtiva em setores *tradables*. Em um processo de abertura da conta de capitais que resulte em forte ingresso de recursos externos, a intensa apreciação cambial direciona os gastos dos agentes domésticos para bens de consumo importados, em função do aumento artificial dos salários, ao mesmo tempo em que diminui a produção nacional voltada para a exportação.[10] Em conseqüência, os países em desenvolvimento podem enfrentar restrições externas ao crescimento, já que a dívida contratada é utilizada para financiar sobretudo o consumo, que não gera retorno suficiente para saldá-la.[11] Portanto, a longo prazo é desejável que os saldos em conta corrente estejam em equilíbrio, uma vez que um país não pode tomar empréstimos indefinidamente, dada a restrição da insolvência.[12]

---

[10] Bresser-Pereira (2004) sustenta que o nível do câmbio real determina a composição do gasto agregado da economia: enquanto um câmbio real mais depreciado significa um salário real mais baixo, que estimula as exportações e os investimentos no setor de comercializáveis e inibe as importações e o consumo, um câmbio mais apreciado produz o inverso, ou seja, um salário real mais elevado, que estimula as importações e o consumo e inibe as exportações e os investimentos no setor de comercializáveis. Como resultado, câmbios reais relativamente depreciados estariam associados a altos níveis de poupança doméstica e exportações, e câmbios reais relativamente apreciados, a altos níveis de consumo e baixos níveis de poupança doméstica e investimento. Ver ainda Gala, 2006.
[11] A forma de financiamento do balanço de pagamentos também é importante, devendo-se evitar fluxos de capital de portfólio e dívida de curto prazo, que podem gerar custos associados à alta volatilidade dos fluxos de capitais, sem gerar benefícios de difusão de conhecimento.
[12] Bresser-Pereira e Nakano, 2004.

O equilíbrio no balanço de pagamentos requer a manutenção de um superávit significativo na balança comercial, para o que é necessária uma taxa de câmbio subvalorizada, isto é, orientada sempre que possível para o ajustamento da conta corrente e para a diminuição da dependência dos capitais externos. Williamson (2003) denomina a perspectiva que enfatiza a importância de *manter uma taxa de câmbio real* para promover a lucratividade das atividades dos setores comercializáveis (*tradables*) e estimular as firmas a investirem e expandirem a produção e o emprego nesses setores de "abordagem da estratégia de desenvolvimento", que atribui à expansão desses setores a geração de externalidades favoráveis à modernização e ao crescimento de outros setores da economia.[13]

A estratégia de manter a taxa de câmbio real e estável a médio e longo prazos deve ser acompanhada de políticas industriais ativas, voltadas para o estímulo das exportações e para a substituição das importações de insumos que tenham peso na pauta de importações do país, de modo a reduzir os efeitos do câmbio sobre o nível dos preços domésticos. Tais políticas são particularmente importantes em função da necessidade de se realizar uma mudança estrutural na base produtiva do país, com vistas a alterar a pauta das exportações na direção de produtos de maior elasticidade-renda.[14] Por sua vez, a substituição de importações em alguns segmentos mais dinâmicos da indústria pode se tornar neces-

---

[13] Estudo recente — Hausmann, Pritchett e Rodrik, 2004 —, ao analisar períodos de rápida aceleração do crescimento econômico (isto é, crescimento sustentado por pelo menos oito anos) desde os anos 1950, concluiu que tais acelerações tendem a ser correlacionadas a investimento e comércio, e também a *depreciações na taxa de câmbio real*. Frenkel (2004), ao analisar a relação entre taxa de câmbio real e desemprego na Argentina, Brasil, Chile e México entre 1980 e 2003, concluiu que há uma forte correlação negativa entre essas duas variáveis num *lag* de dois anos.

[14] A necessidade de incluir cada vez mais produtos exportados de alta elasticidade-renda é explicada na literatura pelo que ficou conhecido como a Lei de Thirlwall, que estabelece relação entre a taxa de crescimento dos países e a razão entre as elasticidades-renda de suas importações e exportações. A baixa elasticidade-renda dos produtos de menor valor agregado exportados por países em desenvolvimento, comparada à maior elasticidade-renda das importações produzidas pelos países desenvolvidos, gera déficits de caráter estrutural no balanço de pagamentos dos primeiros, o que acaba resultando numa restrição ao crescimento econômico dos países em desenvolvimento. Desse modo, em uma economia aberta, o maior constrangimento ao crescimento da demanda — e, portanto, do desempenho econômico — é, normalmente, seu balanço de pagamentos. Ver, entre outros, Thirlwall, 2002.

sária devido à alta elasticidade-renda das importações do país, o que faz com que estas aumentem significativamente em períodos de crescimento econômico continuado.[15]

Uma estratégia novo-desenvolvimentista deve buscar formas de reduzir a vulnerabilidade externa da economia, de modo a evitar os efeitos de choques externos — causados por mudanças no mercado, inclusive as decorrentes de "comportamento de manada" — sobre a taxa de câmbio. Afinal, vários estudos mostram os efeitos nefastos que a excessiva volatilidade da taxa de câmbio, em países em desenvolvimento, exerce sobre decisões de investimento, inflação, dívida pública etc.[16] Nos países em desenvolvimento, a volatilidade cambial em geral é bem maior do que nos países desenvolvidos, possuidores de moedas fortes e conversíveis, devido ao reduzido tamanho dos mercados financeiros desses países com relação aos fluxos de capitais de curto prazo que neles ingressam.[17] James Tobin (1978:153, grifos meus), já preocupado com os efeitos da instabilidade dos fluxos de capitais, colocou bem a questão: "Creio que o problema básico hoje não é o regime cambial, seja fixo ou flutuante. O debate sobre regimes obscurece *o problema essencial*, que é *a excessiva mobilidade internacional* (...) *do capital financeiro privado*".

Nessa perspectiva, a conversibilidade da conta de capital (do balanço de pagamentos), se precipitada, pode comprometer o desenvolvi-

---

[15] Holland e Canuto (2001) estimaram, no período 1950-2000, para as 10 maiores economias da América Latina que, para cada 1% de crescimento do PIB, as importações cresceram entre 2% e 4,5%, indicando uma forte restrição externa ao crescimento dessas economias. Deve-se acrescentar que há farta literatura empírica comprovando a Lei de Thirlwall na experiência de vários países emergentes.

[16] Ver, entre outros, Guérin e Lahrèche-Révil, 2003; e IMF, 2003.

[17] Grenville (2000) assinala que a experiência geral com regimes de taxa de câmbio flutuante revela que a substituição de regimes de câmbio fixo por flutuante tem produzido maior variabilidade, e que os ditos fundamentos econômicos não podem explicar o comportamento da taxa de câmbio no horizonte de curto e médio prazos. Segundo ele, os problemas de volatilidade cambial são mais sérios quando se trata de países emergentes, uma vez que: (a) não têm uma experiência histórica de taxas de câmbio determinadas pelo mercado; (b) há poucos especuladores estabilizadores *à la* Friedman atuando no mercado de câmbio, ou seja, há uma ausência de *players* desejosos de atuar em posições cambiais contrárias à da média do mercado, além de estes mercados serem propensos a exibir uma mentalidade de manada (*herd behavior*); e (c) apresentam fluxos de capitais muito maiores e mais voláteis em relação ao tamanho dos mercados de capitais domésticos.

mento do sistema financeiro doméstico de um país em desenvolvimento, em função, justamente, da maior instabilidade macroeconômica gerada pela volatilidade dos fluxos de capitais externos. Assim, a estabilidade macroeconômica e o desenvolvimento de longo prazo requerem a existência de mercados financeiros saudáveis.[18] Daí a necessidade de se redesenhar o esquema regulatório do sistema financeiro: o fortalecimento da regulação e da supervisão financeira é fundamental para assegurar a estabilidade do sistema financeiro. Igualmente importante é o estabelecimento de políticas que permitam ao governo enfrentar problemas relacionados com a volatilidade dos fluxos de capitais em mercados financeiros/cambiais pouco densos, estando aí incluídas medidas de redução da vulnerabilidade externa, política de formação de reservas cambiais, regulação dos fluxos de capitais etc. Tais medidas são importantes em função da impossibilidade de manejar o câmbio — na presença de liberdade dos fluxos de capitais — e ao mesmo tempo ter autonomia na definição da taxa de juros de curto prazo. Ou seja, na ausência de regulação dos fluxos de capitais, a política cambial não pode operar de forma independente da política monetária, de acordo com a chamada "trindade impossível".[19] Assim, *ceteris paribus*, quanto maior o desejo da autoridade monetária de utilizar o câmbio como instrumento de política econômica, maior a necessidade de regulação dos fluxos de capitais.[20]

Portanto, para evitar os problemas relacionados a um afluxo significativo de capitais para um país — em particular de capitais voláteis de curto prazo —, que advêm de conjunturas expansionistas e de uma

---

[18] Eichengreen e Leglang (2002:2) sugerem, a partir de um estudo empírico, que os países atualmente desenvolvidos primeiro desenvolveram seu mercado financeiro doméstico, com conversibilidade restrita da conta de capital, para depois liberalizarem essa conta: "é mais provável que [o impacto da liberalização da conta de capital sobre o crescimento] seja positivo quando os mercados financeiros domésticos são bem desenvolvidos e regulados e a operação do sistema financeiro internacional é suave e estável. E é mais provável ser negativo quando os mercados financeiros, doméstico e internacional, estão sujeitos a crises".
[19] "Trindade impossível" significa que as autoridades econômicas não podem atingir simultaneamente três objetivos: taxa de câmbio fixa, conversibilidade livre entre a moeda do país e outras moedas, e política monetária autônoma.
[20] China e Índia são exemplos de países que controlam o fluxo de capitais e têm flexibilidade no manejo das políticas cambial, monetária e fiscal. Ver, a respeito, Ferrari Filho e Paula, 2006.

maior estabilidade no cenário internacional, pode ser necessário adotar uma regulação de natureza preventiva sobre os fluxos de capitais que atenue esse afluxo de curto prazo e ao mesmo tempo atraia capitais de maturidade mais longa.[21] A adoção de técnicas de gerenciamento de fluxos de capitais[22] — como, por exemplo, tributar o ingresso de capitais e estabelecer prazos mínimos de permanência do capital (a chamada "quarentena") — deve ser vista como um instrumento para viabilizar políticas econômicas mais autônomas e criar um ambiente macroeconômico mais estável, que favoreça a retomada dos investimentos produtivos.[23] Isso pode permitir que os países, individualmente, passem a perseguir uma política econômica mais autônoma, mantendo, ao mesmo tempo, uma taxa de câmbio mais estável.

É importante destacar que a regulação dos fluxos de capitais (incluindo regulações prudenciais) não deve ser usada como instrumento permanente para cobrir políticas econômicas inconsistentes, devendo, ao contrário, ser coerente e consistente com os objetivos gerais do regime de política econômica, que, por sua vez, são parte integrante de uma

---

[21] Como já afirmei em Paula (2002:439): "Controles de capitais são usados para diferentes propósitos, entre os quais se destacam: (a) manter a estabilidade da taxa de câmbio, reduzindo as pressões sobre esta; (b) discriminar entre fluxos desejáveis e indesejáveis de capitais; (c) permitir a implementação de políticas monetárias domésticas autônomas (neste caso, se os controles são efetivos, os fluxos de capitais tornam-se menos sensíveis às taxas de juros, o que permite que as autoridades se voltem para objetivos econômicos domésticos); e (d) preservar a estabilidade monetária e financeira em face de fluxos persistentes de capital (inclusive para deter saídas de capitais em contexto de crise do balanço de pagamentos)".

[22] Segundo Epstein, Grabel e Jomo (2003), as técnicas de gerenciamento dos fluxos de capitais incluem tanto controles *stricto sensu* sobre o capital, ou seja, medidas que afetam o volume, a composição e/ou a alocação dos fluxos de capitais privados internacionais, como regulamentações financeiras prudenciais, que podem incluir a limitação (ou a monitoração) das oportunidades dos residentes de tomarem empréstimos externos e fortes restrições à capacidade dos bancos de terem posições em moedas estrangeiras.

[23] Segundo Johnston e Tamirisa (1998:13-14, grifos meus), a regulamentação dos fluxos de capitais pode ser usada como um dos instrumentos para viabilizar políticas econômicas que procurem compatibilizar o equilíbrio interno com o equilíbrio externo: "na essência, usam-se controles de capitais na tentativa de reconciliar o uso de taxas de juros e taxas de câmbio para *perseguir simultaneamente objetivos, pelo menos parcialmente inconsistentes, de equilíbrio interno e externo*". É interessante destacar que a análise de algumas experiências recentes de adoção de regulamentação sobre fluxos de capitais mostra que tal adoção não é uma opção de natureza ideológica, mas pragmática. Ver, a respeito, Modenesi e Modenesi, 2006.

visão econômica nacional. Em outras palavras, a regulação dos fluxos de capitais, quando bem-sucedida, e bons fundamentos tendem a se retroalimentar.[24]

A alternativa ortodoxo-conservadora: uma avaliação crítica

A alternativa ortodoxo-conservadora, embora favorável à manutenção do modelo de política econômica adotado desde 1999 — composto do tripé câmbio flutuante, regime de metas de inflação e superávits primários (além da livre conversibilidade da conta de capital) —, tem diferido em alguns aspectos da política econômica do governo Lula, como veremos a seguir. A principal diferença está relacionada com a magnitude do ajuste fiscal ou, mais especificamente, do superávit primário, que durante o governo Lula (2003-06) situou-se entre 4,25% e 4,83% do PIB. A visão ortodoxo-conservadora defende, além do recrudescimento da política fiscal, o aprofundamento no processo de liberalização comercial.

Cabe destacar que o conjunto de políticas é justificado pelo diagnóstico feito dos problemas atuais da economia brasileira, relacionados, sobretudo, às altas taxas de juros.[25] Em particular, as elevadas taxas de juros no Brasil são explicadas pelo tamanho da dívida pública (superior a 50% do PIB), com uma proporção elevada de títulos públicos indexados à Selic e pela existência de um baixo volume de crédito livre (apenas 30% do PIB) para o setor privado. Com relação ao aumento do crédito para o setor privado, fundamental para a sustentação de taxas de crescimento elevadas, é necessário um sistema jurídico que permita a execução de garantias, eliminando assim as fontes de *moral hazard*, que são as maiores responsáveis pelos elevados *spreads* bancários no país, e também o desenvolvimento de um mercado secundário

---

[24] Tais regulações, para serem bem-sucedidas, devem em geral ter alcance abrangente e ser impostas com firmeza, para evitar a redenominação artificial de operações com o fim específico de evitar as restrições existentes. Para uma análise mais ampla dessas experiências, ver Ariyoshi et al., 2000; e Epstein, Grabel e Jomo, 2003.
[25] A análise e as proposições que se seguem estão baseadas em Pastore e Pinotti, 2005 e 2006.

ativo para títulos emitidos com taxas fixas de juros, o que também contribuiria para a redução dos *spreads*.

Nessa visão, a origem do problema está relacionada principalmente com a questão fiscal. Isto porque uma crise de confiança no governo ou um choque externo afetariam a economia brasileira, dada a existência de uma situação de desequilíbrio fiscal, causada, como visto acima, por uma dívida pública elevada (e parcialmente indexada à taxa Selic e/ou à taxa de câmbio) ou mesmo pela suspeita de que o governo abandonaria a meta de superávits fiscais primários. Tal situação provocaria uma contração da demanda por títulos brasileiros, o que, no mercado secundário, não só elevaria os prêmios de risco como reduziria a demanda por títulos novos, diminuindo o ingresso de capitais e depreciando assim a taxa de câmbio. A depreciação cambial teria um duplo efeito: (a) direto, pois o aumento da inflação requer um movimento compensatório de elevação da taxa de juros; e (b) indireto, decorrente dos efeitos da taxa de juros e do menor crescimento econômico sobre a relação dívida pública/PIB, elevando-a, o que, por sua vez, ajudaria a aprofundar a crise de confiança. Para truncar essa seqüência de eventos é necessária a geração de superávits fiscais suficientemente elevados para garantir a queda da relação dívida/PIB.[26] Ou seja, a consolidação do quadro fiscal seria a condição necessária e suficiente para "vacinar" a economia brasileira contra a ocorrência de crises de confiança e/ou choques externos.

A consolidação fiscal deveria ser feita mediante o aumento do superávit primário (sobretudo pelo lado da despesa) e uma mudança concomitante na composição desse superávit, diminuindo-se os gastos correntes (através principalmente da diminuição dos gastos com previdência, salários e custeio) e, não, aumentando-se as receitas via impostos. A elevação dos superávits primários resultaria na redução da relação dívida pública/PIB e dos prêmios de risco e abriria espaço para taxas de juros menores. Concomitantemente, diminuiria o custo marginal das intervenções do Banco Central no mercado de câmbio (acúmulo de reservas) e reduziria a força que produz a valorização cambial representada pelo diferencial entre as taxas de juros interna e externa.

---

[26] Pastore e Pinotti, 2005:118.

Outro ponto defendido pela visão ortodoxo-liberal é a liberalização das importações (via redução de tarifas), de modo a permitir o aumento das importações dos bens de capitais e matérias-primas necessários para alavancar o crescimento econômico, dada a escassez crônica de capital no Brasil. Nesse caso, a absorção de poupanças externas, com déficits nas contas correntes, justificar-se-ia em função da elevação da taxa global de poupanças da economia. A maior integração comercial, inclusive mediante rebaixas unilaterais de tarifas, traria benefícios e contribuiria para atenuar uma valorização cambial excessiva que prejudicasse as exportações. Um dos pressupostos dessa medida é que a formação bruta de capital fixo é dependente das importações, que por sua vez são muito sensíveis ao câmbio real (por exemplo, uma depreciação cambial eleva o preço relativo dos produtos importados, reduzindo sua demanda), havendo forte correlação positiva entre as importações e a formação bruta de capital fixo. Ademais, como câmbios reais mais depreciados só tornam as exportações mais competitivas com a redução da relação câmbio/salários, a promoção das exportações, nesse caso, se faz à custa dos assalariados, que vêem os salários reais diminuírem.

Há algumas questões críticas nessa abordagem. Em primeiro lugar, o diagnóstico de que as crises externas que afetam a economia brasileira resultam de uma situação de desequilíbrio fiscal é parcial, uma vez que, na realidade, tal desequilíbrio resulta da forma de operação do atual regime de política econômica, em que o funcionamento de um regime de metas de inflação com conta de capitais aberta faz com que situações de fuga de capitais externos, ao resultarem em um movimento de desvalorização cambial, obriguem o Banco Central a elevar a taxa de juros. A elevação desta última, por sua vez, tem impacto sobre a dívida pública, o que por sua vez obriga o governo a gerar maiores superávits primários para manter um certo "equilíbrio" na situação fiscal.[27] Em outras palavras: o modo de integração internacional da economia brasileira tem resultado freqüentemente em situações de instabilidade da taxa de

---

[27] Dada a rigidez dos gastos públicos, em função da existência de gastos obrigatórios (educação, saúde, fundo contra pobreza etc.), a única opção do governo para gerar superávits primários é combinar aumentos de receita, via elevação da arrecadação de impostos, com diminuição de investimentos públicos.

câmbio e da taxa de juros, o que acaba por restringir o grau de liberdade da política fiscal no Brasil.[28] Assim, o montante de superávit primário necessário para estabilizar a relação dívida pública/PIB é determinado parcialmente pelos movimentos da taxa de juros e da taxa de câmbio, em função de seus efeitos sobre a dívida pública e o PIB. Portanto, dado o compromisso do governo federal com as avaliações de sustentabilidade da dívida pública, a política fiscal torna-se, na realidade, um resíduo da política monetária. As crises externas, por sua vez, estão relacionadas principalmente com o grau de vulnerabilidade externa da economia brasileira, o grau de abertura da conta de capitais, que facilita o movimento de especulação cambial e/ou de contágios relacionados ou não a situações de deterioração nos fundamentos econômicos — questões que não são abordadas na visão ortodoxo-liberal. Note-se que há outras formas de "truncar a seqüência de eventos", como, por exemplo, a adoção de políticas que visem deliberadamente a reduzir a vulnerabilidade externa do país,[29] como a política de formação de reservas cambiais, a introdução de alguns mecanismos de regulação sobre fluxos de capitais etc.

Em segundo lugar, a interpretação de que os *spreads* bancários são elevados no Brasil em função das dificuldades judiciais de execução das garantias tem que ser devidamente relativizada, pois estudos recentes[30] mostram que os fatores macroeconômicos são importantes na explicação da determinação do *spread* bancário. Em particular, destacam-se o elevado nível da taxa de juros (Selic), que serve de piso para as demais taxas; a volatilidade da taxa de juros, que eleva o risco ligado a essa taxa enfrentado pelos bancos e aumenta seu grau de aversão a ele; e a produção industrial, cujo baixo crescimento amplia o nível de inadimplência dos empréstimos e reduz a demanda por crédito, diminuindo as economias de escala que poderiam ser obtidas nas operações de empréstimos. Portanto, a incerteza no ambiente macroeconômico que envolve os bancos é uma importante causa dos elevados *spreads* e altas taxas de empréstimos no Brasil. Se isso é verdade, a adoção de

---

[28] Para uma análise recente da situação fiscal brasileira, ver Lopreato, 2006.
[29] Entende-se aqui vulnerabilidade externa como o grau de exposição de um país a choques externos.
[30] Afanasieff, Lhacer e Nakane, 2002; e Oreiro et al., 2006.

políticas macroeconômicas consistentes, que criem condições para um crescimento econômico sustentável e financeiramente estável, pode ter um efeito positivo em reduzir os *spreads* bancários no Brasil. Sem isso, medidas de natureza microeconômica visando à diminuição do *spread* poderão, mais uma vez, se revelar inócuas.[31] Além disso, como boa parte do portfólio de aplicações dos bancos no Brasil é composta de títulos indexados à taxa Selic, uma aplicação que combina alta liquidez com rentabilidade, estes passam a embutir um elevado prêmio de risco nas taxas de suas operações bancárias, sendo essas taxas particularmente elevadas nas modalidades de crédito em que os bancos podem exercer seu poder de monopólio, como cheque especial e conta garantida.[32] Portanto, além da implementação de uma política econômica efetivamente estabilizadora, é necessário equacionar o problema da dívida pública no Brasil para criar condições para que o crédito possa deslanchar no país.

Em terceiro lugar, a visão de que uma maior liberalização de importações serve de alavanca ao crescimento econômico, ao permitir o aumento das importações de bens de capitais e matérias-primas, e de que, conseqüentemente, a absorção de poupança externa é desejável deve ser devidamente avaliada. Antes de mais nada, essa visão presume como dado um determinado padrão de especialização produtiva da economia brasileira em que, *grosso modo*, o Brasil é exportador de *commodities* e importador de bens de maior valor agregado, como bens de capitais. O problema é que esse padrão de especialização brasileiro é relativamente perverso, dada a necessidade de importar bens de capital com maior conteúdo tecnológico e ainda a reduzida participação das exportações brasileiras nos setores dinâmicos do comércio internacional. Esse padrão de especialização impõe uma restrição externa ao crescimento econômico, já que a baixa elasticidade-renda dos produtos de menor

---

[31] Nas palavras de dois estudiosos dos determinantes do *spread* bancário (ver Saunders e Schumacher, 2000): "se uma significativa proporção das margens dos bancos em um certo país é determinada pela volatilidade da taxa de juros em vez do comportamento monopolístico dos bancos, a atenção da política pública deve ser mais bem focada nas políticas macroeconômicas como instrumentos para reduzir o custo dos serviços de intermediação".
[32] Paula e Alves Jr., 2003.

valor agregado exportados, comparada com a maior elasticidade-renda das importações de bens de maior conteúdo tecnológico, pode acabar gerando um déficit estrutural no balanço de pagamentos.[33] No caso brasileiro, o rompimento da restrição externa só será possível quando a obtenção de superávits comerciais não se der à custa da compressão da absorção doméstica. Assim, a obtenção recorrente de saldos comerciais expressivos é o mecanismo mais efetivo de conciliação de crescimento econômico com equilíbrio de contas externas.[34] Ademais, como já visto, a absorção de poupança externa em países emergentes como o Brasil acaba se revelando problemática, em função de problemas de solvência externa a longo prazo.

Uma visão alternativa à analisada acima é a defendida por Arida, Bacha e Lara-Resende (2003), segundo a qual o elevado nível da taxa de juros no Brasil é conseqüência das distorções advindas do quadro institucional/jurídico brasileiro, ou seja, das incertezas associadas ao estabelecimento de contratos na jurisdição brasileira ("incerteza jurisdicional"). Portanto, a remoção dessas incertezas contribuiria tanto para permitir a formação de um mercado financeiro mais robusto no Brasil, quanto para criar condições para a redução das taxas de juros (básica e de empréstimos bancários), fortalecendo e permitindo um melhor funcionamento do tripé de política econômica vigente. Exemplos de tais incertezas são as dificuldades de cobrança de créditos em liquidação judicial na justiça brasileira, por conta da morosidade e da dificuldade de execução das garantias, o que faz com que o prêmio de risco embutido na taxa de empréstimos se eleve; e ainda a relativa inconversibilidade do real, na medida em que controles de capitais virtuais impõem pressões sobre o prêmio de risco-país, com conseqüências adversas para as taxas

---

[33] A taxa de crescimento sustentável de um país é aquela que uma nação pode sustentar sem incorrer em problemas no balanço de pagamentos, e depende do crescimento da renda mundial (z) e das elasticidades-renda por importações (π) e por exportações (ε), como mostra YB = $\varepsilon z/\pi$. Reportei-me de novo à Lei de Thirlwall (ver nota 14), fartamente documentada em trabalhos empíricos, inclusive numa análise mais de longo prazo da economia brasileira. Ver, por exemplo, Nakagashi, 2003.

[34] Note-se que o crescimento recente das exportações no Brasil se deve principalmente a uma conjuntura internacional amplamente favorável às *commodities* e que dificilmente se sustentará a longo prazo.

de juros domésticas.[35] A plena conversibilidade da conta de capitais eliminaria o risco de conversibilidade, permitindo uma queda substancial do risco-país e, por conseguinte, promovendo uma redução significativa na taxa de juros doméstica.

Os argumentos defendidos por esses autores acabaram se revelando frágeis, por falta de sustentação teórica mais elaborada e, sobretudo, pela ausência de evidências empíricas. Gonçalves, Holland e Spacov (2005), utilizando dados em painel para uma amostra de 50 países em 1996-2002, testaram se a incerteza jurisdicional e a inconversibilidade da conta de capitais explicam as taxas de juros entre os diferentes países, e os resultados não foram significativos. Economias com piores instituições não apresentam necessariamente taxas de juros tão elevadas quanto as do Brasil, concluíram os autores.

Oreiro, Paula e Silva (2004), por sua vez, avaliaram o argumento de Arida e Bacha de que as restrições administrativas às transações com moeda estrangeira aumentam as taxas de juros interna e externa devido ao efeito destas sobre o prêmio de risco-país. Testes econométricos — com base em análise de regressão e testes de co-integração — mostraram que: (a) a conversibilidade da conta de capital, tal como medida pelo índice de controle de capitais de Cardoso e Goldfajn (1998), tem efeito estatístico irrelevante sobre o prêmio de risco-país, ou seja, não há uma relação direta robusta entre mudanças nos controles administrativos à conversibilidade da moeda nacional e a variação do prêmio de risco-país; e (b) embora o efeito da conversibilidade da conta de capital sobre o prêmio de risco no Brasil não seja estatisticamente relevante, os resultados obtidos pelos autores parecem sugerir que o efeito se daria no sentido oposto ao defendido por Arida e Bacha, ou seja, um aumento no nível dos controles de capitais na economia brasileira reduziria o prêmio de risco.

Já Ono e outros (2006), utilizando um modelo de vetores autorregressivos (VAR) com o objetivo de avaliar a relação entre controles de capitais, taxa de câmbio e taxa de juros, mostraram que: (a) a taxa de juros responde negativamente a controles de capitais, ou seja, um aumento nesses controles gera redução na taxa de juros; (b) a taxa

---

[35] Ver ainda Arida, 2003a e 2003b; e Bacha, 2003.

de câmbio não responde a variações no índice de controles de capitais, não havendo assim evidências que justifiquem a idéia de que os controles de capitais produzam ou acentuem a volatilidade da taxa de câmbio.[36]

Uma alternativa novo-desenvolvimentista[37]

O imbróglio macroeconômico: taxas de juros elevadas

A alternativa novo-desenvolvimentista sugerida nesta seção é coerente com a abordagem de estabilidade macroeconômica feita na segunda seção, evidentemente respeitando as especificidades da situação econômica brasileira. Como se sabe, atualmente, uma das questões centrais do contexto macroeconômico brasileiro são as elevadas taxas de juros reais, que em geral têm se situado acima de 10% ao ano, sendo incompatíveis com taxas de crescimento econômico sustentável e financeiramente estável.[38] Num contexto de operação de um regime de metas de inflação acoplado a um regime de flutuação cambial,[39] há uma forte relação entre a política monetária e a política cambial: a volatilidade excessiva da taxa de câmbio (gráfico 1) gera problemas de gerenciamento da política macroeconômica, além de afetar negativamente as decisões empresariais de

---

[36] Este último argumento é defendido em Arida, 2004.
[37] Esta seção beneficiou-se de discussões e trabalhos sobre o tema feitos com Fernando Cardim de Carvalho, João Sicsú e José Luís Oreiro, aos quais isento das opiniões aqui emitidas. Ver, por exemplo, Sicsú, Paula e Michel, 2005; Oreiro e Paula, 2007; e Carvalho, Sicsú e Paula, 2005.
[38] Altas taxas de juros implicam: (a) um constrangimento ao crescimento econômico, devido ao encarecimento do preço do crédito (via taxas de empréstimo) e aos impactos negativos das taxas de juros elevadas sobre as expectativas empresariais de longo prazo (investimento); e (b) um aumento na dívida pública, em boa parte formada por títulos indexados à taxa de juros Selic.
[39] Segundo Hoff e Souza (2006), em tempos mais tranqüilos, o Banco Central não intervém no mercado de câmbio, de forma que o comportamento da taxa de câmbio é similar ao de um regime de flutuação pura. Mas em períodos de maior instabilidade cambial ou em que a taxa de câmbio está longe de sua média histórica, o Banco Central tende a intervir direta ou indiretamente (usando a taxa de juros) no mercado cambial, situação mais semelhante a uma flutuação suja.

investimento. De modo geral, a política monetária praticada no Brasil tem sido endógena: o Banco Central eleva a taxa de juros para mitigar os efeitos da volatilidade da taxa de câmbio, embora recentemente o BC venha elevando de forma mais autônoma a taxa de juros, o que tem resultado em apreciação da taxa de câmbio e queda da inflação.

Gráfico 1
Volatilidade da taxa de câmbio no Brasil

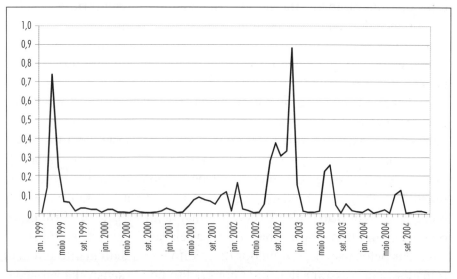

Nota: Baseado em dados do Banco Central. A volatilidade da taxa de câmbio foi calculada usando-se um modelo Garch (*Generalized autoregressive conditional heteroskedasticity*), não-linear, utilizado para calcular a volatilidade de séries temporais.

A política de juros praticada pelo Banco Central sobrecarrega a política monetária, por ser utilizada para perseguir múltiplos objetivos, tais como: controlar o nível de demanda agregada, a fim de coibir aumentos de preços, em uma estratégia monetária de perseguição de metas inflacionárias; influenciar a taxa de câmbio, de forma a controlar em alguma medida as pressões sobre a taxa de câmbio nominal, evitando assim pressões de inflação de custos, transmitidas seja pelo preço dos importados, seja pelo ajuste das tarifas públicas indexadas ao dólar norte-americano; atrair capital externo para financiar o balanço de pagamentos; estimular os investidores internos a adquirirem títulos da dívida pública.

Outros fatores contribuem para elevar as taxas de juros, por diminuírem a eficácia da política monetária. Primeiro, há o problema de que a taxa de juros que remunera os títulos da dívida pública seja a mesma com que o BC opera no mercado de reservas bancárias. Isso ocorre porque cerca de 50% da dívida pública federal em poder do público são corrigidos diariamente pela taxa Selic. Desse modo, uma elevação na taxa Selic, ao aumentar a remuneração dos títulos públicos utilizados na composição das carteiras dos fundos de investimento, torna os detentores da riqueza financeira mais ricos, gerando um efeito riqueza sobre a poupança dos agentes econômicos. Isso faz com que o efeito de uma elevação da taxa de juros sobre a demanda agregada da economia seja pouco efetivo, o que exige taxas de juros maiores do que o necessário em condições normais.[40]

Segundo, há o problema da baixa relação crédito/PIB no Brasil, que, embora tenha crescido recentemente, ainda se encontra em patamares de cerca de 30%, quando o normal em países desenvolvidos é mais de 70%. Isso faz com que o canal do crédito da política monetária seja pouco efetivo. Como os títulos públicos proporcionam aos bancos no Brasil liquidez e rentabilidade, estes podem determinar em que termos oferecerão crédito ao setor privado (normalmente crédito de curto prazo ou com algum tipo de garantia). Dadas as elevadas taxas de empréstimo cobradas pelos bancos, o tomador de crédito é freqüentemente um mau tomador, sendo assim a demanda por crédito pouco sensível a variações moderadas nas taxas de empréstimo.

Há, por fim, a questão do peso dos preços administrados — derivados de petróleo, tarifa de energia elétrica, telefonia, planos de saúde etc. — no índice de preços ao consumidor amplo (IPCA), que é de cerca de 30%. Esses preços caracterizam-se por serem insensíveis a mudanças nas taxas de juros; conseqüentemente, o BC é obrigado a elevar a taxa de juros a patamares mais altos para gerar efeitos sobre os preços livres que compensem a rigidez dos preços administrados.

---

[40] Nakano, 2005. Isso faz também com que a curva de juros da economia tenha uma inclinação em relação à dos demais países, já que, no Brasil, a taxa de curto prazo é mais elevada do que a de longo prazo. Desse modo, os estímulos da política monetária não são transmitidos aos segmentos de mais longo prazo do mercado financeiro, contribuindo também para reduzir a eficácia da política monetária.

Uma nova política macroeconômica

Uma estratégia alternativa para o crescimento sustentado e financeiramente estável da economia brasileira passa principalmente por um esforço sistemático e planejado de diminuição da vulnerabilidade externa e da dependência em relação a capitais estrangeiros. Uma estratégia desse tipo deve procurar compatibilizar equilíbrio interno (condições de sustentabilidade da dívida pública e inflação sob controle) com equilíbrio externo (balanço de pagamentos equilibrado e redução da vulnerabilidade externa).

O principal desafio para uma política macroeconômica alternativa à adotada atualmente é a *criação de condições para a redução da taxa de juros*, o que permitiria romper o círculo de ferro que hoje conecta as altas taxas de juros, o serviço da dívida pública, as metas de superávit primário, o investimento público deprimido, o elevado *spread* bancário e o baixo crescimento econômico. Como vimos, em um contexto definido pela coexistência de um regime de câmbio flutuante com um regime de metas de inflação, em condições de liberalização da conta de capital, há uma forte relação entre a política monetária e a política cambial: a volatilidade excessiva da taxa de câmbio gera problemas de gerenciamento da política macroeconômica, além de afetar negativamente as decisões de investimento. Uma política macroeconômica que resulte em redução da volatilidade da taxa de câmbio e da taxa de juros terá efeito positivo tanto sobre o crescimento econômico — uma vez que as decisões de investimento e de produção são estimuladas pela melhoria do ambiente econômico e pela própria política macroeconômica —, quanto sobre a manutenção da estabilidade de preços, dado o importante papel da taxa de câmbio na criação de pressões inflacionárias na economia brasileira.

A redução da taxa de juros de curto prazo seria possível mediante a adoção de um conjunto de medidas: (a) desmantelamento dos mecanismos de indexação da economia ainda existentes; (b) combinação de política de formação de reservas cambiais com regulação dos fluxos de capitais, o que permitiria uma maior estabilidade da taxa de câmbio nominal;[41] (c) adoção de restrições aos fluxos de capitais, o que permitiria um maior grau de autonomia da política monetária; (d) melhoria da situação fiscal, proporcionada por um esforço de geração de superávits fiscais, combinados com juros mais baixos e maior crescimento econômico. Acrescente-se ainda que o governo deve procurar criar condições para separar a formação da taxa de juros no mercado de reservas bancárias do mercado de títulos públicos, já que a taxa Selic, determinada pelo Banco Central, é utilizada tanto para fazer política monetária no mercado aberto quanto para remunerar diariamente os títulos públicos pós-fixados (LFTs), o que acaba não permitindo que as condições do mercado de dívida pública — por exemplo, uma queda do risco-país — reflitam em suas próprias taxas de juros.

A regulação dos fluxos de capitais, tal como proposta mais adiante, dará um maior grau de autonomia à política monetária, restringindo as oportunidades de arbitragem entre taxas de juros domésticas e externas que neutralizam políticas monetárias independentes em condições de liberdade irrestrita de movimentos de capitais. Em particular, a introdução de restrições a saídas abruptas de capitais de residentes evitaria que a redução na taxa de juros doméstica desse origem a um movimento de fuga de capitais do país que possa forçar sua reversão. A redução do nível e da volatilidade da taxa básica de juros contribuiria também para reduzir o *spread* bancário no Brasil, um dos mais elevados do mundo, permitindo aumentar a relação crédito/PIB no país, que ainda é uma das mais baixas verificadas entre países de nível de desenvolvimento similar. Portanto, como a incerteza no ambiente macroeconômico que envolve os bancos é uma importante causa dos elevados *spreads* no Brasil, a adoção de políticas macroeconômicas consistentes que criem condições para um crescimento econômico sustentável e financeiramente

---

[41] Rodrik (2006) salienta que o *spread* entre rendimento das reservas e custo de tomar empréstimos (que resultem na aquisição de reservas cambiais) gera perdas de renda para os países em desenvolvimento, perdas que, segundo ele, chegam a cerca de 1% do PIB. Sugere então que tais países utilizem políticas que reduzam as obrigações externas de curto prazo, de modo a obter o mesmo nível de liquidez, mas com a vantagem de incorrer em custos menores em termos de acumulação de reservas.

estável deverá ter um efeito positivo na redução das taxas de juros sobre empréstimos no país. É importante enfatizar que a redução da taxa de juros não deve comprometer seu papel de instrumento de sintonização da demanda agregada e, portanto, seu papel no combate à inflação *por excesso de demanda*. A política de juros funciona fundamentalmente pela sinalização que variações na taxa de juros dão a respeito da postura da autoridade monetária.

A sustentabilidade da dívida pública, dado o elevado nível dessa dívida no Brasil (51% do PIB em dezembro de 2005) e sua composição (predominância de títulos indexados), é fundamental para assegurar condições de equilíbrio fiscal no longo prazo, o que, por sua vez, é condição necessária para melhorar o risco-país e permitir a adoção de políticas fiscais anticíclicas no Brasil. Incertezas quanto à trajetória futura da dívida podem levar a um aumento do risco de crédito nessa classe de papéis e resultar, no limite, em uma fuga para outros ativos, inclusive externos.

Para manter o estoque da dívida dentro de limites seguros, compatíveis com uma redução generalizada nas taxas de juros e com o desenvolvimento de um mercado de empréstimos e de títulos privados necessário à retomada do crescimento econômico, é preciso adotar algumas medidas que permitam alcançar o equilíbrio orçamentário. A redução da taxa de juros, por si, já deve reduzir significativamente o desequilíbrio orçamentário do setor público. A combinação de redução da taxa de juros real com maior crescimento econômico pode permitir a manutenção de um superávit primário moderado a longo prazo e, ao mesmo tempo, garantir uma redução substantiva na relação dívida pública/PIB.[42] Re-

---

[42] Considere que a relação dívida pública/PIB é determinada por $s^* = [(r-g)/(1+g)]b$, em que r é a taxa real de juros, g é a taxa de crescimento do PIB real, b é o superávit primário como proporção do PIB. Uma simples simulação numérica ilustra a questão. Considerando que a sustentabilidade da dívida pública depende basicamente do comportamento da relação dívida pública/PIB no momento anterior ($bt-1$), do crescimento do PIB real (g), do nível da taxa de juros reais (r) e do superávit primário (s), ou seja, $b_t = \left[\frac{1+r}{1+g}\right] b_{t-1} - s_t$, pode-se estimar que, para $bt-1 = 52\%$, $g = 5\%$, $r = 6\%$ e $s = 3\%$, a relação dívida pública/PIB, tudo o mais constante, cairia de 52% em 2006 para 32% em 2014, isto é, haveria a manutenção de um superávit primário médio de 3% do PIB no período (Oreiro e Paula, 2007). Evidente-

duções na taxa de juros e no serviço da dívida, contudo, podem não ser suficientes para se atingir o equilíbrio fiscal. Dadas as necessidades presentes de provisão de bens públicos para a população e de realização de investimentos, especialmente em obras de infra-estrutura, alguma medida de austeridade com relação aos gastos correntes (pessoal e custeio) será provavelmente inevitável.

A redução e uma maior estabilidade na taxa de juros contribuiriam sobremaneira tanto para alongar a maturidade quanto para alterar o perfil da dívida pública, ao estimularem uma demanda maior por títulos públicos com taxas de juros prefixadas e de maturidade mais longa. A mudança no perfil da dívida pública é fundamental para melhorar o desempenho da política monetária no Brasil, seja para diminuir os impactos imediatos de mudanças na taxa de juros sobre a dívida pública, seja por permitir a construção de uma *curva de rendimentos* da taxa de juros, essencial ao desenvolvimento de um mercado para títulos privados.

O equilíbrio fiscal deve ser uma meta de longo prazo. No curto prazo, é necessário dar ao governo flexibilidade suficiente para gerar déficits orçamentários que lhe permitam deter eventuais movimentos de desaceleração da economia. A implementação de políticas fiscais anticíclicas torna-se particularmente necessária no Brasil, dada a baixa efetividade dos chamados "estabilizadores fiscais automáticos", em função, por exemplo, da eficácia limitada de programas de bem-estar social e de combate ao desemprego.

A mais longo prazo, são necessárias reformas institucionais para que se possa garantir que a desejada flexibilidade da política fiscal não degenere pura e simplesmente em indisciplina fiscal. A compatibilização das duas prioridades poderia ser obtida pela preparação de dois orçamentos:[43] (a) um *orçamento ordinário*, relacionado

---

mente, este é um simples exercício de projeção numérica, que depende do comportamento de variáveis que não podem ser totalmente controladas (o PIB, por exemplo), mas serve para ilustrar que, de acordo com o comportamento do PIB e da taxa de juros, é possível alcançar uma relação dívida pública/PIB cadente, mesmo com patamares moderados de superávit primário.

[43] Para um aprofundamento, ver Kregel, 1994/1995.

com as despesas correntes, ou seja, com o exercício das funções básicas e permanentes da administração pública; e (b) um *orçamento de capital*, relacionado com as despesas de investimento público. O orçamento ordinário deveria estar, em princípio, sempre em equilíbrio, para garantir a provisão normal de bens públicos sem pressões inflacionárias sobre os mercados de títulos, ou ser mesmo superavitário, podendo o excedente ser transferido para o orçamento de capital, no caso de haver projetos de investimento de vulto que demandem recursos em grande escala que possam, assim, ameaçar a estabilidade de preços. Já o orçamento de capital poderia estar transitoriamente em desequilíbrio, devendo ser ajustado em função de variações no nível da demanda agregada, a fim de se evitar o risco de flutuações maiores nos investimentos privados. Déficits públicos em momentos de desaceleração econômica — que normalmente vem acompanhada de queda na arrecadação de tributos e aumento na demanda por gastos sociais — seriam compensados no momento seguinte, quando a economia crescesse, pela geração de um superávit fiscal, de modo a permitir que o orçamento público tendesse ao equilíbrio num horizonte temporal mais dilatado. A trajetória dos investimentos públicos, portanto, deveria ser estabelecida de acordo com a necessidade de sustentar a demanda agregada, servindo para compensar mudanças cíclicas nos gastos com investimento.

Essa divisão no orçamento fiscal se justifica considerando-se que os investimentos públicos têm um efeito importante na economia, tanto do ponto de vista da melhoria ou incremento da infra-estrutura econômica e social, quanto em função dos seus efeitos multiplicadores de renda, que são maiores do que no caso dos gastos associados ao orçamento ordinário. O aumento do investimento público gera externalidades positivas para o setor privado, uma vez que acarreta aumento de lucros, o que, por sua vez, acaba por estimular a elevação dos gastos com investimento das empresas. Ao mesmo tempo, gera um aumento na demanda agregada que resulta do conhecido *multiplicador de gastos do governo*.

Uma proposta a ser considerada no sentido acima foi feita recentemente por Silva e Pires (2006), que sugeriram uma mudança na prática da política fiscal adotada no Brasil: uma meta fiscal que exclua os investimentos públicos do cálculo do superávit primário, isto é, uma troca do conceito de superávit primário pelo de "poupança em conta corrente do governo", o que permitiria ao governo aumentar os investimentos públicos. Simulações feitas pelos autores, construídas a partir de relações obtidas em funções de resposta a impulso, mostram que a trajetória de sustentabilidade da relação dívida/PIB é similar tanto no uso do conceito de superávit primário quanto na utilização do conceito de poupança em conta corrente do governo.[44] Num cenário em que a taxa de juros real é de 10% ao ano, os efeitos da adoção dos dois conceitos de metas fiscais seriam semelhantes para a redução da relação dívida pública/PIB, mas, no caso de uma taxa de 12% ao ano, a trajetória da dívida pública seria insustentável tanto com a manutenção do atual superávit primário (4,25% do PIB), quanto com a adoção da meta de poupança em conta corrente. Por exemplo, um cenário de taxa real de juros de 8,7% nos próximos 10 anos, com elevação dos investimentos públicos de 3,4% do PIB (média de 1999-2005) para 5% e crescimento do PIB de 3,7% resultaria em uma redução da dívida pública/PIB de 50,6% para 47,7%. Como importante corolário, tal mudança permitiria reduzir de forma mais acelerada a taxa de juros real e, conseqüentemente, elevar a taxa de expansão da economia (também por conta de maiores investimentos públicos).

No que se refere à questão da inflação, faz-se necessário adotar uma política pragmática de combate a ela, considerando-se que a inflação brasileira no período recente foi predominantemente uma *inflação de custos e inercial*, causada principalmente pelo efeito da grande desvalorização da taxa nominal de câmbio ocorrida no segundo semestre de 2002, a qual foi repassada para os preços domésticos por meio do chamado efeito *pass-through*, processo que acabou sendo propagado pelos mecanismos de indexação dos preços administrados (energia elétrica, telefonia etc.). Em

---

[44] Delfim Netto (2006) sustenta também que uma pequena redução do superávit primário aplicada como investimento produziria um ganho de produtividade dos investimentos privados que aumentaria o crescimento do PIB e manteria (ou mesmo reduziria) a relação dívida líquida/PIB, a despeito do menor superávit primário.

outras palavras, o Brasil teve uma combinação de inflação importada[45] com inflação de preços administrados. Nessas condições, a utilização de uma política de elevação de juros provocou freqüentemente um resfriamento geral da economia que atingiu *todos* os setores, resultando em altas taxas de desemprego e baixas taxas de investimento.

Como mostra o gráfico 2, os índices de preços no Brasil acompanham, com alguma defasagem, o movimento da taxa de câmbio. Em outras palavras, a elevação ou diminuição da inflação no Brasil resulta, em boa medida, da depreciação ou apreciação cambial. Portanto, a taxa de câmbio é uma variável-chave para se entender o movimento da inflação no Brasil.[46] Em particular, em momentos de saídas mais significativas de capitais do país, o Banco Central é obrigado a responder à maior depreciação cambial elevando a taxa de juros para evitar o aumento da inflação. No caso do IGP-DI, dada sua maior sensibilidade à taxa de câmbio (já que é composto em 60% pelo índice de preços no atacado), a influência do câmbio é ainda mais marcante do que no IPCA. O IPCA — o índice oficial da inflação — é influenciado direta e indiretamente pela taxa de câmbio: diretamente, pelo efeito causado pela apreciação ou depreciação cambial sobre os custos de produção das empresas (em função do barateamento ou encarecimento dos bens importados); e indiretamente via IGP, já que esse índice é usado como referência para reajustar alguns preços administrados, como o da energia elétrica.

---

[45] Inflação importada é a importada do exterior, ou seja, aquela cuja influência sobre a trajetória de preços domésticos depende da variação dos preços internacionais e da variação do valor da taxa de câmbio. Quanto maior o grau de abertura da economia, maior a inflação importada potencial.

[46] Em países emergentes com economias abertas e com elevado grau de liberalização financeira, a taxa de câmbio constitui um importante mecanismo de transmissão de política monetária. A relação entre taxa de câmbio e inflação se dá de duas maneiras: (a) direta: uma mudança na taxa de câmbio influencia diretamente os preços, em moeda doméstica, dos bens de consumo final importados; (b) indireta: uma mudança na taxa câmbio altera não só os preços relativos entre bens domésticos e importados na economia, modificando a demanda agregada dos bens domésticos, como também os preços, em moeda nacional, dos insumos importados. Ver a respeito, Ho e McCauley, 2003.

Gráfico 2
Desvio da taxa de câmbio e índices de preços

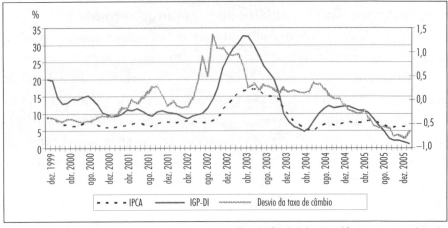

Nota: Baseado em dados do Banco Central do Brasil. O desvio da taxa de câmbio foi calculado como a diferença entre a taxa de câmbio nominal e sua linha de tendência.

Nesse contexto, defende-se a adoção de uma política antiinflacionária pragmática para o Brasil em que se busque utilizar um instrumento específico para cada causa inflacionária, de modo a evitar os efeitos deletérios e freqüentemente exagerados da política de juros elevados. Ou seja, deve-se procurar atacar a causa do problema e não tentar sufocar o aparecimento do sintoma, que é a elevação de preços. No caso brasileiro, deve-se rever os contratos relativos a serviços de utilidade pública, de modo a diminuir a propagação dos choques inflacionários, por exemplo, mediante índices de reajuste representativos dos custos e da produtividade do setor. Concomitantemente, deve-se procurar separar a formação da taxa de juros no mercado de reservas bancárias do mercado de títulos públicos, já que a taxa Selic, determinada pelo BC, é utilizada tanto para fazer política monetária no mercado aberto quanto para remunerar diariamente os títulos públicos pós-fixados (LFTs), o que acaba não permitindo que as condições do mercado de dívida pública (por exemplo, a absorção de uma queda do risco-país) se reflitam em suas próprias taxas de juros. Portanto, a utilização de medidas e instrumentos variados de combate à inflação pode reduzir o peso da taxa de juros na repressão às pressões inflacionárias.

No que se refere à política cambial, sugere-se a adoção de uma espécie de "câmbio flutuante administrado", isto é, um câmbio que tenha como meta a orientação da trajetória temporal da taxa de câmbio, buscando uma certa estabilidade da taxa de câmbio real, com vistas à competitividade de longo prazo das exportações, mas mantenha uma certa flexibilidade no movimento da taxa de câmbio nominal de curto prazo em relação a choques. Essa flexibilidade pode ser útil na absorção de choques externos e também inibir fluxos de capitais de curto prazo, por servir como uma lembrança constante de que a volatilidade cambial pode compensar qualquer vantagem relacionada a taxa de juros nos empréstimos externos.[47] Provavelmente seria melhor evitar o anúncio e o comprometimento com regras ou sinais implícitos nas intervenções do BC no mercado de câmbio, mas sinalizando, para permitir a formação de expectativas dos agentes, um compromisso com a estabilidade da taxa de câmbio real.[48]

O regime cambial mais adequado às condições e demandas da economia brasileira parece ser o de *zonas-alvo*, já que este permite uma certa flexibilidade à autoridade monetária para decidir quando intervir, uma vez que não há compromisso formal com pisos e tetos de câmbio, como em um sistema de bandas cambiais. Esse regime possibilita, em momentos excepcionais, em que a incerteza quanto à trajetória futura da taxa de câmbio atinge também a própria autoridade monetária, simplesmente substituir o regime cambial vigente por uma forma de flutuação suja, em que se tenta amenizar flutuações sem necessariamente se comprometer com alguma posição específica até que o quadro geral clareie o suficiente para permitir a tomada de uma nova decisão de política. A definição da zona-alvo e de seu comportamento de período para período depende da definição dos objetivos a serem alcançados via comércio exterior e contexto macroeconômico.

Ao contrário do que muitos afirmam, regimes de câmbio flutuante também são vulneráveis a movimentos especulativos, porque tornam as taxas de câmbio excessivamente voláteis, prejudicando o funcionamento do comércio exterior e ameaçando a solvência daqueles que emitem débitos denominados em moeda estrangeira. O excesso de volatilidade

---

[47] Grenville, 2000:59.
[48] Frenkel, 2004.

tem sido um traço marcante do comportamento da taxa de câmbio no Brasil desde a adoção do câmbio flutuante em 1999, dado o cenário de liberalização da conta de capitais. A redução da volatilidade cambial tornaria o regime de câmbio adotado atualmente no país mais estável e mais responsivo a transações cambiais referidas a operações reais de comércio de bens e serviços. Assim, a flutuação cambial cumpriria mais adequadamente seu papel de modificar preços relativos de bens comercializáveis e não-comercializáveis, permitindo uma alocação mais eficiente dos recursos produtivos do país. Por outro lado, a regulação dos movimentos de capitais seria uma condição no caso de uma alteração do regime cambial na direção proposta acima, a fim de reduzir a probabilidade de montagem de ataques especulativos contra a política cambial em vigor (ao contrário do ocorrido em 1998/99) e preservar uma maior autonomia da política monetária.

A regulação da conta de capitais, ao coibir a livre movimentação de capitais para dentro ou para fora do país, poderia ser utilizada como instrumento para reduzir a volatilidade e permitir ao BC intervir no mercado de câmbio, de acordo com os propósitos da política cambial. As medidas regulatórias propostas com esse intuito não exigiriam mudanças na legislação existente. A legislação brasileira sobre movimentação de capitais apóia-se, desde a década de 1960, no princípio de que o direito de saída do capital depende de sua prévia entrada no país. Desse modo, não se assegura o *direito* de saída a residentes no Brasil. A concessão de facilidades para a livre movimentação do capital promovida pelo Banco Central é vista por muitos como abuso de poder, o que seria corrigido pela restauração do princípio que orienta a legislação brasileira. Nesse sentido, propõe-se aqui dois conjuntos de medidas de regulação dos movimentos de capitais.

No que se refere às *restrições à entrada de capitais de não-residentes no país*, propõe-se a adoção de medidas que dificultem a entrada de capitais externos com características indesejáveis do ponto de vista macroeconômico, ou seja, fluxos de capitais de natureza mais volátil. Investimentos em portfólio, atraídos pela possibilidade de arbitragem entre taxas de juros domésticas e internacionais, erodem a capacidade da autoridade monetária de implementar políticas monetárias mais autônomas e de acordo com os objetivos domésticos. A entrada excessiva de recursos financeiros externos cria pressões à valorização da moeda doméstica, prejudicando o desempenho das exportações líquidas do país. Esses riscos são geralmente criados sem proporcionar uma contrapartida positiva para o crescimento econômico, já que tais capitais pouco contribuem para o financiamento da atividade produtiva ou do investimento, além de gerar riscos de colapso cambial no caso de retorno abrupto a seus mercados de origem ou a quaisquer outros, em função de contágios, pânico e comportamentos de manada.

A tecnologia de controle desses movimentos é conhecida, sendo ampla a experiência internacional com os atualmente chamados "controles à chilena". Tal tipo de controle é o mais simples e, reconhecidamente, o mais difícil de evitar através de operações financeiras mais complexas, como a imposição de depósitos compulsórios não-remunerados proporcionais às entradas de capitais de não-residentes de qualquer natureza.[49] O impacto desse controle pode ser calibrado de acordo com as necessidades da gestão macroeconômica, tanto pela fixação da taxa de recolhimento quanto pela duração do período em que o depósito permanece indisponível. Esse instrumento é eficaz para desencorajar a entrada de capitais de curta duração, como os investimentos em carteira atraídos pela possibilidade de arbitragem de taxas de juros, e não afeta significativamente a entrada de capitais por modalidades mais atraentes, como o investimento direto estrangeiro, ou mesmo o investimento financeiro de longo prazo.

A eficácia dessas restrições é tanto maior quanto mais abrangente for sua incidência, de modo a evitar uma redenominação artificial de operações com o fim específico de evitar as restrições vigentes. A existência de exceções incentivaria, naturalmente, a criação de esquemas em que as características de uma modalidade de investimento que se quer isentar do depósito compulsório pudessem ser reproduzidas através de operações financeiras estruturadas (por exemplo, de derivativos), que

---

[49] Magud e Reihart (2006:26), após revisarem mais de 30 *papers* relativos à avaliação da efetividade de controles de capitais, afirmaram: "controles de capitais sobre a entrada parecem tornar a política monetária mais independente, alterar a composição do fluxo de capitais e reduzir as pressões sobre a taxa de câmbio real (embora essa evidência seja mais controversa), [mas] não parecem reduzir o volume dos fluxos líquidos".

estendessem o privilégio a outras modalidades. Por isso, é recomendável extrema cautela na consideração de eventuais privilégios ou isenções.[50]

Quanto às *restrições à saída de capitais de residentes no país*, trata-se de restaurar parcialmente o conjunto de restrições ao investimento financeiro no exterior feito por residentes, praticado extensivamente no Brasil até os anos 1990. A tecnologia para tanto é conhecida no país, tendo sido abandonada no processo de liberalização da chamada CC5.[51] Essas contas foram extintas recentemente, no contexto do processo de flexibilização da saída de investimentos financeiros de residentes, o que, paradoxalmente, facilita também um processo de reimposição de restrições. A definição de uma lista de operações de remessas de capitais não-permitidas a residentes incorporaria essas restrições. A restrição poderia ser absoluta ou parcial, impedindo certas modalidades de saída, ou, alternativamente, impondo-lhes um teto em valor, ou fazendo incidir sobre as operações de remessa um imposto, cuja alíquota poderia ser progressiva. Operações consideradas de interesse para o país, como a realização de investimentos no exterior por empresas exportadoras ou a construção de plantas no exterior por empresas brasileiras com capacidade de transnacionalização, poderiam ficar isentas dessas restrições. Note-se, como já assinalado, que a restrição à saída de capitais de residentes obedece ao espírito da legislação brasileira, que não reconhece ao capital gerado no país qualquer direito assegurado de saída. A permissão de saída, nos termos e volumes adequados à economia nacional, é um privilégio, não um direito. Desse modo, não se violaria qualquer direito contratual implícito do investidor não-residente.

---

[50] Duas linhas de atividade, no entanto, podem requerer o estudo de um tratamento especial: entradas de capitais de curto prazo para financiamento de atividades do comércio exterior e entradas para a realização de operações de *hedge* em moeda estrangeira para exportadores. Poderiam ser concebidos regimes especiais, como a possibilidade de definir um regime *off-shore* para essas modalidades, isolando-as do mercado doméstico e impedindo, assim, sua conversão em reais para aplicação no país.

[51] As contas CC5 foram criadas durante os anos 1960 para permitir que não-residentes convertessem dólares em moeda doméstica. Em 1992, o Banco Central permitiu que tal conta fosse operada mais livremente por instituições financeiras estrangeiras como resultado da aquisição e venda de moedas estrangeiras. Essa exceção na prática criou um canal privilegiado para a saída de capitais de residentes e não-residentes durante períodos de contágio e especulação cambial no Brasil.

Por fim, alguns mecanismos complementares poderiam ser adotados no caso de residentes para diminuir a vulnerabilidade externa da economia brasileira e processos especulativos. Em primeiro lugar, para desestimular as empresas brasileiras de captar recursos no exterior e/ou para melhorar a qualidade desses recursos, apenas as empresas brasileiras com boa avaliação de risco por parte das agências internacionais de *rating* poderiam fazer emissões de títulos no exterior, respeitando uma maturidade mínima a ser estabelecida pelo Banco Central, que também definiria o *rating* mínimo para a captação de recursos no exterior, de acordo com as circunstâncias.[52] Adicionalmente, poderiam ser instituídas restrições ao endividamento externo de empresas privadas de operação doméstica, a fim de evitar o descasamento cambial destas, em função do recebimento de receitas em reais e de despesas financeiras em moeda estrangeira. Assim, só se permitiria o endividamento externo a empresas com acesso ao *hedge* natural representado em moeda estrangeira, ou seja, apenas essas teriam acesso a débitos em moeda estrangeira, e na proporção média em que suas receitas fossem obtidas em mercados externos. Em segundo lugar, a autoridade monetária poderia limitar a exposição dos bancos ao risco cambial, obrigando-os a estabelecer uma determinada relação capital próprio/posições de carteira em dólar (ativo dos bancos), sendo essa relação "calibrada" pelo Banco Central em função do próprio comportamento dos fluxos de capitais externos para o país, e aumentada particularmente em momentos críticos de especulação.

Conclusão

Este capítulo procurou avaliar algumas alternativas de política macroeconômica que visam a criar condições para o crescimento econômico sustentado do país. Para tanto, buscou avaliar criticamente as alternativas ortodoxo-conservadoras e apresentar uma alternativa que denominei de "novo-desenvolvimentista" em termos de políticas

---

[52] Como o *rating* é definido pelas agências internacionais e não pelo Banco Central, trata-se de um critério impessoal de exclusão de acesso ao mercado internacional de capitais.

macroeconômicas, que visam criar condições para a redução da taxa de juros doméstica e, ao mesmo tempo, interferir na trajetória da taxa de câmbio, de modo a alcançar o simultâneo equilíbrio externo e interno da economia brasileira. Resumidamente, este trabalho propõe adotar: (a) um regime de câmbio flutuante administrado, de modo a permitir que o BC tenha ao mesmo tempo flexibilidade e capacidade de influenciar a taxa de câmbio; (b) uma regulação provisória sobre os fluxos de capitais, para evitar a excessiva volatilidade da taxa de câmbio e aumentar a autonomia da política monetária; (c) uma política antiinflacionária mais ampla, mediante o uso de outros instrumentos, além da política de juros; (d) uma política fiscal que procure compatibilizar a sustentabilidade da dívida pública com a retomada dos investimentos públicos.

Partindo do pressuposto de que o crescimento do produto e do emprego depende em boa medida da demanda efetiva da economia, torna-se necessário um novo *mix* de políticas macroeconômicas que crie o ambiente de estabilidade econômica necessário para estimular as decisões de investimentos dos empresários, como visto anteriormente. A estratégia aqui esboçada permitiria uma maior coordenação das políticas macroeconômicas, uma vez que proporcionaria maior grau de liberdade para a política monetária, abrindo espaço para o estabelecimento de taxas de juros reais mais compatíveis com a retomada sustentada do crescimento econômico, em conjunto com uma política fiscal mais ativa a longo prazo.

Entendo que as escolhas de política econômica se dão em termos de *trade-offs*, escolhas ou trocas que têm que ser devidamente avaliadas pelos *policymakers* em função dos objetivos que se almeja alcançar. Com efeito, a estratégia adotada pelo atual governo e defendida em variantes mais "radicais" — de manutenção do sistema de metas de inflação (o que impõe a utilização da taxa de juros como instrumento básico de combate à inflação) e de um regime de taxas de câmbio flutuantes com conta capital aberta, em um contexto de elevada dívida interna e externa — não é isenta de custos e riscos. Nesse contexto, torna-se necessário suscitar o debate acerca de alternativas de política econômica para o Brasil. Este trabalho é uma tentativa de contribuir para esse debate.

Bibliografia

AFANASIEFF, T. S.; LHACER, P. M.; NAKANE, M. I. The determinants of bank interest spread in Brazil. *Money Affairs*, v. 15, n. 2, p. 183-207, 2002.

ARIDA, P. Ainda a conversibilidade. *Revista de Economia Política*, v. 23, n. 3, p. 135-142, 2003a.

_____. Por uma moeda plenamente conversível. *Revista de Economia Política*, v. 23, n. 3, p. 151-154, 2003b.

_____. *Aspectos macroeconômicos da conversibilidade*: uma discussão do caso brasileiro. 2004. ms.

_____; BACHA, E.; LARA-RESENDE, A. *High interest rates in Brazil*: conjectures on the jurisdictional uncertainty. 2003. ms.

ARIYOSHI, A. et al. *Capital controls:* country experiences with their use and liberalization. Washington, DC: IMF, 2000. (Occasional Paper, 190).

BACHA, E. Reflexões pós-cepalinas sobre inflação e crise externa. *Revista de Economia Política*, v. 23, n. 3, p. 143-150, 2003.

BARBOSA, N. *Estimating potential output*: a survey of the alternative methods and their applications to Brazil. Rio de Janeiro: Ipea, 2005. (Texto para Discussão, 1.092).

BRESSER-PEREIRA, L. C. *Desenvolvimento e crise no Brasil*. 5. ed. São Paulo: Ed. 34, 2003.

_____. Brazil's quasi-stagnation and the growth *cum* foreign savings strategy. *International Journal of Political Economy*, v. 32, n. 3, p. 76-102, 2004.

_____; NAKANO, Y. Crescimento econômico com poupança externa? In: FERRARI FILHO, F.; Paula, L. F. (Orgs.). *Globalização financeira:* ensaios de macroeconomia aberta. Petrópolis: Vozes, 2004.

CARDOSO, E.; GOLDFAJN, I. Capital flows to Brazil: the endogeneity of capital controls. *IMF Staff Papers*, v. 45, n. 1, p. 161-202, 1998.

CARVALHO, F. Políticas econômicas para economias monetárias. In: LIMA, G. T.; SICSÚ, J.; PAULA, L. F. (Orgs.). *Macroeconomia moderna:* Keynes e a economia contemporânea. Rio de Janeiro: Campus, 1999.

_____; SICSÚ, J.; PAULA, L. F. *Regime de câmbio e financiamento do crescimento econômico*. Rio de Janeiro: IE/UFRJ, 2005. (Relatório de Pesquisa BNDES).

DELFIM NETTO, A. A transação entre superávit e PPI. *Valor Econômico*, 30 maio 2006.

EICHENGREEN, B.; LEGLAND, D. *Capital account liberalization and growth: was Mr. Mahathir right?* 2002. (NBER Working Paper Series, 9.427).

EPSTEIN, G.; GRABEL, I.; JOMO, K. *Capital management techniques in developing countries*. Political Economy Research Institute, 2003. (Working Paper Series, 56).

FERRARI FILHO, F.; PAULA, L. F. Regime cambial, conversibilidade da conta de capital e *performance* econômica: a experiência recente de Brasil, Rússia, Índia e China. In: SICSÚ, J.; FERRARI FILHO, F. (Orgs.). *Câmbio e controles de capitais*: avaliando a eficiência de modelos macroeconômicos. Rio de Janeiro: Campus, 2006.

FRENKEL, R. *Real exchange rate and employment*: Argentina, Brazil, Chile and México. 2004. ms.

GALA, P. *Política cambial e macroeconomia do desenvolvimento*. 2006. Tese (Doutorado) — FGV/Eaesp, São Paulo, 2006.

GONÇALVES, F.; HOLLAND, M.; SPACOV, A. *Can jurisdictional uncertainty and capital controls explains the high level of real interest rate in Brazil?* Evidence from panel data. 2005. ms.

GRENVILLE, S. Exchange rate regimes for emerging markets. *Reserve Bank of Australia Bulletin*, p. 53-63. Nov. 2000.

GUÉRIN, J.-L.; LAHRÈCHE-RÈVIL, A. *Exchange rate volatility and investment*. 2003. ms.

HAUSMANN, R.; PRITCHETT, L.; RODRIK, D. *Growth accelerations*. June 2004. (NBER Working Paper Series, 10.566).

HO, C.; McCAULEY, R. *Living with flexible exchange rates:* issues and recent experience in inflation targeting emerging market economies. Feb. 2003. (BIS Working Papers, 130.)

HOFF, C. R.; SOUZA, F. E. P. *O regime cambial brasileiro*: sete anos de flutuação. Disponível em: <www.ie.ufrj.br/conjuntura/artigos_academicos/index.php>. Acesso em: 2006.

HOLLAND, M.; CANUTO, O. Macroeconomic interdependence and exchange rates in Latin America. In: INTERNATIONAL CONFERENCE ON INTERNATIONAL FINANCIAL ARCHITECTURE, 2001, Rio de Janeiro. *Proceedings...* Rio de Janeiro, 2001.

IMF (International Monetary Fund). Public debt in emerging markets: is it too high? In: *World economic outlook.* Washington: IMF, Sept. 2003.

JOHNSTON, R.; TAMIRISA, N. *Why do countries use capital controls?* Washington: IMF, 1998. (IMF Working Paper WP/98/181).

KREGEL, J. The viability of economic policy and the priorities of economic policy. *Journal of Post Keynesian Economics*, v. 17, n. 2, p. 261-277, 1994/1995.

LOPREATO, F. L. Política fiscal: mudanças e perspectivas. In: *Política econômica em foco.* Campinas: IE/Unicamp, 2006.

MAGUD, N.; REIHART, C. *Capital controls:* an evaluation. 2006. (NBER Working Paper Series, 11.973).

MODENESI, A.; MODENESI, R. Controles de capitais e instabilidade financeira: uma abordagem pós-keynesiana. In: SICSÚ, J.; FERRARI FILHO, F. *Câmbio e controles de capitais:* avaliando a eficiência de modelos macroeconômicos. Rio de Janeiro: Campus, 2006.

NAKAGASHI, L. *Crescimento com restrição no Brasil:* uma abordagem com diferentes elasticidades. Cedeplar, jun. 2003. (Texto para Discussão, 203).

NAKANO, Y. O regime monetário, a dívida pública e a alta taxa de juros. *Conjuntura Econômica*, v. 59, n. 11, p. 10-12, 2005.

ONO, F. et al. Uma avaliação empírica da proposta de conversibilidade do real. In: SICSÚ, J.; FERRARI FILHO, F. (Orgs.). *Câmbio e controles de capitais:* avaliando a eficiência de modelos macroeconômicos. Rio de Janeiro: Campus, 2006.

OREIRO, J. L.; PAULA, L. F. Strategy for economic growth in Brazil: a post-Keynesian approach. In: ARESTIS, P.; BADDELEY, M.; McCOMBIE, J. (Eds.). *Economic growth:* new directions in theory and policy. Cheltenham: Edward Elgar, 2007.

_____; _____; SILVA, G. J. Por uma moeda parcialmente conversível: uma crítica a Arida e Bacha. *Revista de Economia Política*, v. 24, n. 2, p. 223-237, 2004.

OREIRO, J. L. et al. Determinantes macroeconômicos do *spread* bancário no Brasil: teoria e evidência recente. *Economia Aplicada*, v. 10, n. 4, out./dez. 2006.

PAULA, L. F. Controle de capitais: lições para o Brasil. In: BENECKE, D.; NASCIMENTO, R. (Orgs.). *Opções de política econômica para o Brasil*. Rio de Janeiro: Konrad Adenauer, 2002.

_____; ALVES JR., A. J. Banking behavior and the Brazilian economy after the Real Plan: a post-Keynesian approach. *Banca Nazionale del Lavoro Quarterly Review*, n. 227, p. 337-365, 2003.

PAULA, L. F.; OREIRO, J. L.; SILVA, G. J. C. Fluxos e controle de capitais no Brasil: avaliação e proposta de política. In: SICSÚ, J.; OREIRO, J. L.; PAULA, L. F. (Orgs.). *Agenda Brasil:* políticas econômicas para o crescimento com estabilidade de preços. Barueri: Manole, 2003.

PASTORE, A. C.; PINOTTI, M. C. As condições macroeconômicas: política fiscal e balanço de pagamentos. In: VELLOSO, J. P. dos Reis. *O desafio da China e Índia:* a resposta do Brasil. Rio de Janeiro: José Olympio, 2005.

_____; _____. O que nos impede de crescer? *Valor Econômico*, 2 maio 2006. Especial: Rumos da Economia, p. F8.

RODRIK, D. *The social cost of foreign exchange reserves*. Jan. 2006. (NBER Working Paper, 11.952).

SAUNDERS, A.; SCHUMACHER, L. The determinants of bank interest rate margins: an international study. *Journal of International Money and Finance*, v. 19, p. 813-832, 2000.

SERRA, J. Ciclos e mudanças estruturais na economia brasileira do pós-guerra. In: BELLUZZO, L. G.; COUTINHO, R. (Org.). *Desenvolvimento capitalista no Brasil:* ensaios sobre a crise. São Paulo: Brasiliense, 1982.

SICSÚ, J.; OREIRO, J. L.; PAULA, L. F. (Orgs.). *Agenda Brasil:* políticas econômicas para o crescimento com estabilidade de preços. Barueri: Manole, 2003.

_____; PAULA, L. F.; MICHEL, R. (Orgs.). *Novo-desenvolvimentismo:* um projeto nacional de crescimento com eqüidade social. Barueri: Manole; Rio de Janeiro: Fundação Konrad Adenauer, 2005.

_____; _____; _____. Por que um novo-desenvolvimentismo? *Revista de Economia Política*, 2006.

SILVA, A. M.; PIRES, M. C. *Dívida pública, poupança em conta corrente do governo e superávit primário:* uma análise de sustentabilidade. Rio de Janeiro: Ipea, jun. 2006. (Texto para Discussão, 1.196).

STIGLITZ, J. More instruments and broader goals: moving toward the post-Washington consensus. *Revista de Economia Política*, v. 19, n. 1, p. 94-120, jan./mar. 1999.

_____. Capital market liberalization, economic growth, and instability. *World Development*, v. 28, n. 6, p. 1075-1086, 2000.

THIRLWALL, A. P. *The nature of economic growth.* Cheltenham, UK: Edward Elgar, 2002.

TOBIN, J. A proposal for international monetary reform. *Eastern Economic Journal*, v. 4, p. 153-159, 1978.

WILLIAMSON, J. *Exchange rate policy and development.* New York: Columbia University, 2003.

Câmbio e crescimento na América Latina   6

Mauricio Mesquita Moreira

Poucos temas têm a capacidade de demonstrar os limites da economia enquanto ciência como o da escolha de regimes cambiais. As convicções dos economistas nessa área parecem ser tão fortes quanto efêmeras, particularmente quando envolvem implicações sobre o crescimento e o desenvolvimento. Nos últimos 100 anos, o consenso sobre o regime ideal freqüentemente oscilou entre regimes de câmbio fixo e flutuante, passando por uma gama crescente de regimes intermediários.[1]

A América Latina participou intensamente desse "experimento" e pôde constatar em primeira mão — talvez mais que qualquer outra região no mundo — que os consensos nessa área são vistos como robustos e eternos até que ocorra a primeira crise cambial. A década de 1990 foi particularmente prolífica na produção de "consensos cambiais", cujos prazos de validade parecem ter se encurtado de forma drástica. A região começou a década sob forte influência dos argumentos em prol de regimes de câmbio fixo e a terminou convencida das vantagens do câmbio flutuante.

Esse início de milênio parece confirmar que o debate continua vivo e o consenso em prol do câmbio flutuante, pelo menos na sua ver-

---

[1] Bordo 2003.

são mais radical, já começa a sofrer questionamentos a partir da "descoberta" de que, nesse regime, o câmbio flutua e em ambas as direções! A argumentação de Edwards (2006:1), por exemplo, sobre a situação do Chile é bastante ilustrativa da natureza desses questionamentos:

> Que el Banco Central no participe en forma sistemática en el mercado cambiario no significa que no deba hacerlo nunca. Hay variadas circunstancias cuando, en el corto plazo, las fuerzas puntuales del mercado mueven al tipo de cambio en una dirección incorrecta. Esto es, justamente, lo que ha sucedido en Chile durante el último tiempo.

Este capítulo não tem a pretensão de resolver essa ciclotimia do debate cambial, mas tenta se aproveitar dela para fazer uma avaliação pragmática dos dilemas e angústias que acompanham esta última descoberta acerca do câmbio flutuante. Uma forma positiva e, alguns diriam, condescendente de ler essa "infidelidade cambial" crônica dos economistas é argumentar que ela na verdade reflete o fato de que não existe um regime cambial ótimo que seja independente dos fundamentos macroeconômicos e das condições históricas e institucionais dos países que o adotam.

Nesse sentido, o que se procura argumentar é, primeiro, que a recente desilusão com o câmbio flutuante reflete uma mudança importante desses fundamentos, mudança essa que está relacionada com a emergência de países como China e Índia, com apetites desmesurados pelos recursos naturais da região. Segundo, que o desconforto com o câmbio flutuante é plenamente justificável do ponto de vista das implicações sobre o crescimento, mas que a viabilidade de alternativas como a que se convencionou chamar de "flutuante administrado" depende, entre outras coisas, de uma situação fiscal robusta, uma precondição que ainda não está ao alcance da maioria dos países da América Latina.

As lições cambiais do passado recente

As duas últimas décadas, como se sabe, foram prolíficas em crises cambiais no mundo tanto desenvolvido quanto em desenvolvimento — por exemplo, o sistema monetário europeu em 1992/93, o México em

1994/95, o Leste asiático em 1997, a Rússia em 1998, o Equador e o Brasil em 1999, a Turquia em 2000/01 e a Argentina em 2001/02. Essas crises ajudaram a produzir o que se convencionou chamar de visão bipolar dos regimes cambiais, que ainda hoje domina o debate, embora em uma versão mais atenuada.

Essa visão argumenta que os regimes intermediários de câmbio — ou seja, os que envolvem algum tipo de indexação a uma determinada moeda ou cesta de moedas, mas com algum grau de flexibilidade dado por uma banda de flutuação — foram os principais responsáveis pelas crises cambiais do passado recente. Esses regimes, também conhecidos como *soft pegs* ou pela sigla em inglês BBC (*basket, band and crawl*), teriam prometido o impossível, isto é, conciliar o controle da taxa de câmbio com políticas monetárias ativas em um contexto de ampla mobilidade de capitais. Essa tentativa de violação da "trindade impossível" da macroeconomia aberta teria levado a acentuadas apreciações cambiais, seguidas de ataques especulativos motivados pela falta de compromissos críveis dos governos com relação à defesa do regime cambial.[2]

A influência dessa visão sobre os formuladores de política fica evidente quando se examina, nos gráficos 1 e 2, a evolução recente dos regimes cambiais no mundo e nos países emergentes, respectivamente. Houve claramente um movimento mundial de abandono dos regimes intermediários em direção a dois regimes extremos, isto é, regimes cambiais fixos, envolvendo caixas de conversão ou moeda comum/dolarização, ou regimes de câmbio flutuante. É evidente, no entanto, a maior popularidade da segunda opção. Com relação aos países emergentes, pode-se observar uma fuga ainda mais acentuada para os extremos, também marcada pela maior popularidade do regime de câmbio flutuante.

Se esses números confirmam a influência da visão bipolar, revelam também um mundo com muito mais assimetrias e nuances do que essa visão poderia sugerir. Como notado anteriormente, a preferência revelada pelo câmbio flutuante é gritante e parece refletir, por um lado, o desastre enfrentado por regimes de câmbio fixo como o da Argentina, onde nem mesmo a caixa de conversão e as garantias constitucionais foram

---

[2] Ver, por exemplo, Summers, 2000; Fischer, 2001; e Williamson, 2004.

capazes de evitar uma crise cambial de grandes proporções. E, por outro, as vantagens percebidas do câmbio flutuante, em especial no mundo emergente, em termos de absorção de choques reais (leia-se, por exemplo, termos de troca) em um contexto de salários nominais rígidos.

Gráfico 1
Evolução dos regimes cambiais no mundo: 1991, 1999 e 2005

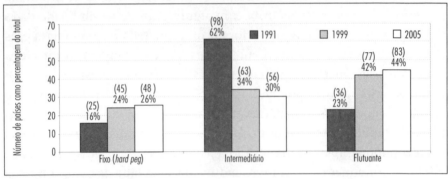

Fonte: FMI.
Nota: Número de países entre parênteses.

Gráfico 2
**Evolução dos regimes cambiais nos países emergentes:
1991, 1999 e 2005**

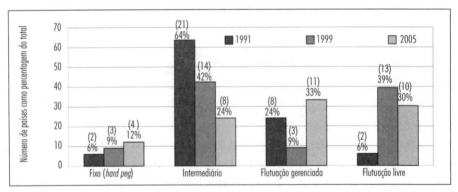

Fonte: FMI.
Nota: Número de países entre parênteses.

Analistas como Calvo e Reinhart (2002) questionam o real significado dessa adesão em massa ao câmbio flutuante, argumentando que ela é mais de forma do que de conteúdo. Os países, apesar de anunciarem oficialmente suas adesões ao câmbio flutuante, continuariam a intervir no mercado cambial, em especial por temores ligados à inflação e à saúde do sistema financeiro. Na prática, argumentam, seria difícil distinguir essa nova safra de regimes flutuantes dos regimes BBC. Se, por um lado, é verdade que os novos regimes são flutuantes *ma non tropo*, por outro, não há como negar que, nesses regimes, a taxa de câmbio assume um papel muito mais pronunciado no ajuste do balanço de pagamentos do que na opção BBC. O papel mais marcante do câmbio, por sua vez, faz com que esses regimes: (a) convivam com movimentos muito mais acentuados das taxas de câmbio nominal e real; (b) comportem maiores graus de liberdade à política monetária; e (c) sejam menos vulneráveis à especulação e ao endividamento externo.

A questão central no que diz respeito a essa nova onda de regimes flutuantes não parece ser as diferenças com relação ao BBC, mas, sim, sua sustentabilidade, em particular em sua versão mais pura, não-intervencionista. A pergunta-chave, portanto, é: chegamos ao fim da história no que concerne à escolha de regimes cambiais ou essa adesão é mais uma das paixões cambiais fugazes dos economistas e seus governos, refletindo o ambiente macroeconômico e institucional do momento?

Há razões para acreditar que a resposta esteja mais perto da segunda do que da primeira opção, em particular no que diz respeito aos países emergentes. O gráfico 2, por exemplo, mostra que, nos últimos cinco anos, houve um movimento importante na categoria dos regimes flutuantes em direção à flutuação gerenciada, isto é, regimes em que o governo anuncia que vai intervir, mas não revela a regra, em contraposição aos regimes de flutuação livre, nos quais não há o objetivo declarado de intervir, a não ser para reduzir a volatilidade. É possível argumentar que esse movimento pró-intervenção revelaria um desconforto desses países com as desvantagens da flutuação livre, constituindo-se, portanto, em um prenúncio do fim da "lua-de-mel" com o câmbio flutuante. Mas de onde viria esse desconforto?

A desvantagem mais conhecida do regime de câmbio flutuante está estreitamente relacionada com sua principal vantagem — a capacidade de amortecer choques externos via política monetária. Como apontam Calvo e Mishkin (2003), essa mesma característica dá aos governos grande poder discricionário na condução da política monetária, o que obviamente pode levar a problemas inflacionários, como bem mostra a história da América Latina. É pouco provável, no entanto, que essa desvantagem esteja por trás do atual aparente desconforto com o câmbio flutuante. As experiências de países como Brasil, Chile, México e Coréia do Sul mostram que arcabouços institucionais como os regimes de meta de inflação podem servir como âncoras nominais efetivas e, portanto, impor disciplina à política monetária, apesar da flutuação do câmbio.

É mais provável que o fim da lua-de-mel venha por outro canal menos discutido, que, em particular na América Latina, foi completamente ofuscado pelas preocupações com a inflação. Trata-se da desvantagem associada à maior volatilidade cambial em economias cujas firmas sofrem restrições severas de acesso a crédito e a mecanismos efetivos de *hedge* cambial. Essa desvantagem tem algumas peculiaridades importantes: (a) ao contrário daquela associada ao descontrole inflacionário, não está relacionada à gerência de curto prazo das economias e, sim, às suas perspectivas de crescimento de longo prazo; (b) afeta particularmente economias como as latino-americanas, mais dependentes de exportações de *commodities* cujos preços são notoriamente instáveis; e (c) tem seus custos realçados pelo atual padrão de crescimento da economia mundial, marcado pela emergência de economias como China e Índia, com forte escassez relativa de recursos naturais.

O caso latino americano: problema ou solução?

O exame mais detalhado do caso latino-americano ajuda a esclarecer esses pontos. Como se sabe, o debate sobre regime cambiais na região, pelo menos nas duas últimas décadas, esteve sempre muito ligado ao tema da estabilização. Foi o combate à inflação que motivou a adoção de *soft pegs* no Chile, no México, no Brasil e na Argentina, só para citar os mais notórios, e o abandono desses regimes foi marcado, sem exceção, por enormes apreciações cambiais e substanciais déficits em conta corrente, seguidos de ataques especulativos e crises cambiais. O consenso em torno dos regimes flutuantes foi forjado como subproduto dessas crises e reforçado pelo êxito do já mencionado regime de metas de inflação.

Passados poucos anos dessa experiência, no entanto, a região se vê novamente às voltas com apreciações cambiais. O gráfico 3 mostra, por exemplo, que, desde 2002, os maiores países da região vêm sofrendo fortes apreciações nominais de suas moedas. As exceções foram Argentina e México, por diferentes razões. O primeiro porque passou a intervir fortemente no câmbio e o segundo porque o peso já havia se apreciado cerca de 70% em termos reais desde a crise de 1995 e, após 2002, passou a sofrer as conseqüências da desaceleração da economia norte-americana.

Gráfico 3
Taxa de câmbio normal para países selecionados da América Latina: 2002-06 (1º sem. 2002=100)

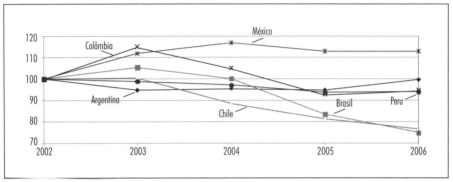

Fonte: IFS/FMI.

Esses movimentos de apreciação, no entanto, ao contrário das experiências anteriores, não parecem ser resultado de inconsistências entre o regime cambial e as políticas monetária e fiscal. São movimentos que parecem estar fortemente ancorados em mudanças nos fundamentos macroeconômicos, sobretudo nas condições externas. Como se pode verificar no gráfico 4, as contas externas da região sofreram um ajuste dramático na virada do milênio, passando a apresentar substanciais superávits tanto na balança comercial quanto em conta corrente.

Por trás desse ajuste figura, por um lado, a própria adoção do câmbio flutuante, que desencadeou uma série de maxidesvalorizações na região; por outro, um choque positivo nos termos de troca (um ganho de 13,2% entre 2002 e 2005, segundo a Cepal), alimentado por uma alta substancial dos preços das *commodities* (gráfico 5). Essa alta reflete não só uma aceleração da demanda mundial, mas também uma mudança importante na sua composição. A participação crescente de economias como a China e a Índia faz com que essa demanda seja cada vez mais intensiva em recursos naturais, o que sugere mudanças mais permanentes do que um simples ciclo de preços de *commodities*.[3] Algumas das projeções existentes, guardada obviamente a necessária cautela quanto à confiabilidade, apontam nessa direção, prevendo um pico nos preços das *commodities* entre 2006 e 2008, seguido de uma queda, que não chega, porém, a eliminar os ganhos obtidos após 2002.[4]

Gráfico 4
Balança comercial e conta corrente da América Latina: 1996-2006*
(US$ bilhões)

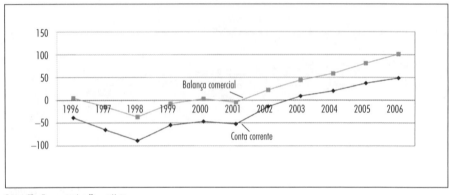

Fonte: The Economist Intelligent Unit.
* Previsão.

Diante desse quadro pode-se argumentar que a apreciação cambial pós-2002 nada mais é do que o próprio mecanismo de ajuste do balanço de pagamentos em ação e, por conseguinte, não constitui por si só um problema de política econômica. Os déficits em conta corrente e o endividamento externo acumulados na era do câmbio BBC levaram a uma desvalorização cambial significativa, que, associada ao crescimento do comércio mundial e ao choque positivo nos termos de troca, produziu uma melhora considerável na situação externa, o que, por sua vez, acionou novamente o dispositivo de ajuste, isto é, a apreciação do câmbio. Não há

---

[3] Para uma discussão mais detalhada do impacto da emergência da China na América Latina, ver IDB, 2006; e Moreira (no prelo).
[4] The Economist Intelligent Unit, 2006.

dúvida de que o fluxo de capitais parece ter contribuído para a apreciação cambial, em particular em países como o Brasil, mas, ao que parece, esse fator somente reforçou um movimento que já vinha do lado real da economia.[5] Por que então o desconforto com o câmbio flutuante?

Gráfico 5
Índices de preços de *commodities*: 1994-2005
(1995 = 100)

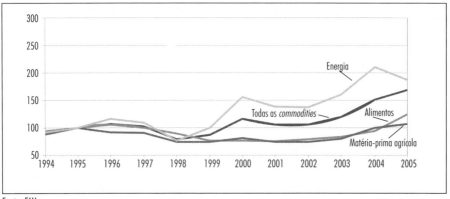

Fonte: FMI.

Volatilidade cambial e crescimento: além da estabilidade

Como sugerido anteriormente, esse desconforto só pode ser entendido como uma preocupação legítima na medida em que se desloca o foco da gerência de curto prazo e da estabilidade macroeconômica para as implicações sobre o crescimento de longo prazo. A posição tradicional dos economistas com respeito à relação entre regime de câmbio e crescimento tem sido a de negá-la. Tal comportamento se baseia em pelo menos dois argumentos: sob o pressuposto da neutralidade monetária, a taxa de câmbio real é uma variável endógena no longo prazo e, portanto, não pode ser afetada pelas escolhas de regimes cambiais; o desempenho macroeconômico dos regimes cambiais dependeria menos das suas características próprias e mais das insti-

---

[5] Paiva (2006) apresenta fortes evidências que apóiam essa argumentação no caso do Brasil.

tuições que o apóiam, particularmente daquelas relacionadas com a política fiscal e monetária.[6]

Esse ceticismo, no entanto, vem sendo questionado recentemente em bases tanto empíricas quanto teóricas. Não há dúvida de que são questionamentos ainda incipientes e de que o debate ainda está longe de ser conclusivo, mas são iniciativas que têm o mérito de levantar questões que estão muito próximas das preocupações que afligem pelo menos parte dos analistas e governos da região. Levy-Yeyati e Sturzenegger (2003), por exemplo, deram uma das primeiras contribuições nessa direção, encontrando evidências de que a escolha de regimes cambiais seria relevante para o crescimento dos países em desenvolvimento, mas irrelevante para os países desenvolvidos. O regime pró-crescimento seria o flutuante, graças a sua capacidade de absorver choques reais, muito embora os autores não expliquem por que o efeito estabilizador do câmbio afetaria também a tendência e não simplesmente o nível de produção.

Se as novas contribuições ao debate tivessem ficado por aqui, ter-se-ia mais uma razão para ignorar as queixas contra o regime flutuante. No entanto, novos aportes sugiram e o de Aghion e outros (2006), por exemplo, parece dar um passo adiante na discussão ao basear suas conclusões em um arcabouço teórico e empírico mais sólido. Os autores apresentam evidências robustas de que: (a) a relação entre regime de câmbio e crescimento é mediada pelo grau de desenvolvimento financeiro dos países; (b) a volatilidade cambial tem impacto negativo sobre o crescimento da produtividade — principal motor do crescimento — em países com baixo grau relativo de desenvolvimento financeiro; e (c) a volatilidade da taxa de câmbio é maior sob o regime de câmbio flexível. Trocando em miúdos, apresentam evidências de que, em países com reduzido desenvolvimento financeiro (medido pela relação crédito/PIB), o crescimento tende a ser maior sob regimes de câmbio fixo, uma conclusão oposta à de Levy-Yeyati e Sturzenegger e que desafia o quase consenso em torno do câmbio flutuante.

A justificativa teórica é clara e está relacionada com a incapacidade das firmas nesses países de protegerem seus investimentos, em parti-

---
[6] Ver Calvo e Mishkin, 2003.

cular suas inovações, da volatilidade da taxa de câmbio em um contexto de salários nominais rígidos. O exemplo que utilizam para explicar o mecanismo é particularmente revelador:

> *Suppose that the borrowing capacity of firms is proportional to their current earnings, with a higher multiplier reflecting a higher degree of financial development in the economy. Suppose in addition that the nominal wage is preset and cannot be adjusted to variations in the nominal exchange rate. Then, following an exchange rate appreciation, firms currents earnings are reduced, and so is the ability to borrow in order to survive idiosyncratic liquidity shocks and thereby innovate in the longer term.*[7]

As implicações para a América Latina são claras. Em primeiro lugar, resta pouca dúvida de que o grau de desenvolvimento financeiro relativo da região é baixo, mesmo em países como o Chile. A relação crédito para o setor privado/PIB para Chile, Brasil e México em 2005 era de 66%, 41% e 18%, respectivamente, enquanto os mesmos dados para China, Coréia do Sul e Estados Unidos eram 114%, 100% e 260%, respectivamente, segundo os *world development indicators*. O baixo desenvolvimento financeiro se soma à rigidez dos salários nominais — vide experiência Argentina pré-2002 — para formar um ambiente em que as firmas locais, em particular as pequenas e médias, têm sérias dificuldades para financiar choques de liquidez como esses produzidos por acentuadas apreciações cambiais. Essas dificuldades incluem a inexistência de um mercado de *hedge* cambial de médio e longo prazos, o que poderia neutralizar ou, pelo menos, diminuir os efeitos nocivos da volatilidade cambial sobre as perspectivas de investimento e inovação das firmas.

Dessa perspectiva não fica difícil entender por que ciclos pronunciados de apreciação cambial como esse pelo qual passa a região desde 2002 causam tanto desconforto no setor real da economia, ainda que não tanto entre os economistas. Ciclos prolongados de apreciação cambial estariam comprometendo a capacidade dessas economias de inovar e, por que não, de diversificar seus investimentos e suas exportações

---

[7] Levy-Yeyati e Sturzenegger, 2003:4.

para setores não diretamente relacionados com a exploração de recursos naturais, ainda que esses ciclos possam ser entendidos como parte do ajuste do balanço de pagamentos e, portanto, consistentes com os fundamentos macro.

Em outras palavras, a contribuição de Aghion e outros (2006) pode ser vista como uma versão mais sofisticada do argumento sobre a doença holandesa[8] e, nesse sentido, como uma justificativa teórica e empírica para o aparente desconforto com o câmbio flutuante. O argumento seria então que esse regime, dados o seu maior grau de volatilidade e o baixo grau desenvolvimento financeiro da América Latina, deixaria os países mais expostos aos efeitos negativos da volatilidade cambial sobre o crescimento.

É possível também argumentar que esse maior grau de vulnerabilidade assume no momento atual maior gravidade, na medida em que as economias se ajustam não só a um temporário superávit das contas externas, gerado por desvalorizações cambiais bem-sucedidas, mas também a uma mudança estrutural da demanda mundial, gerada pelo "choque asiático". Ou seja, não estaríamos diante apenas de um prolongado ciclo de apreciação, mas também de um ajuste em direção a um nível de câmbio de equilíbrio consideravelmente mais apreciado por conta da maior demanda pelos recursos naturais da região. O que ocorre, então, com aquelas atividades que não participam diretamente do *boom* das *commodities* e sobre as quais repousam as esperanças de diversificação e inovação da região? Como vão se financiar? Como vão continuar inovando?

A ameaça que o choque asiático traz em termos de concentração e especialização da região em recursos naturais é mais que uma hipótese teórica. É um movimento que já se vê, com mais ou menos intensidade, em vários países da região, e que se vê refletido fielmente, por exemplo, na composição do comércio bilateral entre a América Latina e a China.[9] É importante ter claro que a apreciação cambial é apenas um dos canais pelos quais esse choque se propaga. Pode-se dizer que dois efeitos con-

---
[8] Corden, 1984.
[9] IDB, 2006. Para uma discussão do caso chileno, ver Moreira e Blyde, 2006.

tribuem para reduzir o retorno relativo dos bens comercializáveis não-intensivos em recursos naturais (um choque de liquidez *à la* Aghion e outros): (a) o efeito demanda, isto é, a maior procura por recursos naturais que acaba por apreciar o câmbio; e (b) o efeito competição, ou seja, a pressão para a baixa dos preços dos produtos manufaturados em geral, provocada pelas enormes vantagens competitivas de países como a China em termos de produtividade, custo de mão-de-obra, escala e agressividade da ação do Estado.[10] Obviamente, o efeito (a) potencializa o efeito (b).

Poder-se-ia argumentar que a especialização da América Latina em recursos naturais, longe de ser um problema, seria uma conseqüência desejável, já que estaria em linha com suas vantagens comparativas e, além disso, ofereceria um grande potencial de inovações intensivas em conhecimento.[11] Este não é o lugar para se fazer uma longa discussão sobre a chamada "maldição dos recursos naturais", mas os riscos desse tipo de especialização em termos de *rent-seeking*, estagnação tecnológica, baixo crescimento da produtividade e baixa geração de empregos estão muito bem documentados na literatura e, de fato, na história da região.[12] Ignorá-los parece ser uma temeridade.

Entretanto, ainda que se trabalhe dentro de um espectro de atividades intensivas em recursos naturais, o risco de concentração é grande em um pequeno número de produtos, e altos os níveis de concentração, em recursos naturais ou não, algo que a maioria dos economistas vêem como prejudicial ao crescimento. Pelo menos três tipos de argumentos apontam para os benefícios da diversificação. O mais intuitivo e, provavelmente, o mais sólido é o chamado efeito portfólio. Ou seja, a diversificação produtiva ajuda a proteger os países de choques setoriais e de suas conseqüências em termos de renda e crescimento. O segundo argumento é baseado na hipótese de que os consumidores têm preferência pela variedade e de que, portanto, os países mais diversificados

---

[10] Moreira, no prelo.
[11] Ver, por exemplo, De Ferranti et al., 2002.
[12] Ver, por exemplo, Moreira (no prelo) e Gylfason (2004) para uma breve resenha dessa literatura.

têm maior potencial de exportação e crescimento.[13] Os termos de troca estão no centro do terceiro argumento, ou seja, os países que expandem suas exportações com base em um número limitado de produtos arriscam reduzir o preço desses produtos, deteriorando os seus termos de troca.[14] Finalmente, o quarto argumento baseia-se em uma relação entre diversificação das exportações e crescimento que teria como canais os ganhos de produtividade originários do aprendizado via exportação ou uma melhor alocação de recursos.[15]

Parece claro, portanto, que mesmo que não se esteja de acordo com a "maldição", existem razões suficientes para que os governos e os economistas da região se preocupem com os riscos de uma concentração excessiva, impulsionada pela combinação explosiva de um choque asiático com câmbio flutuante. De fato, não seria pouco provável um cenário em que a flutuação gerasse concentração, que por sua vez gerasse mais volatilidade dos termos de troca e, por conseguinte, da taxa de câmbio. O resultado final, seguindo o arcabouço proposto por Aghion e outros (2006), seria mais volatilidade e menos crescimento em uma região que não tem primado exatamente por seu dinamismo.

É esse tipo de risco que parece estar por trás da preocupação insuspeita de Edwards (2006:1) com o impacto do câmbio flutuante no crescimento do Chile, um país que há muito abandonou qualquer ambição de diversificação fora do chamado cone de recursos naturais. Como ele coloca de forma eloqüente:

> *Los precios de nuestras exportaciones han subido fuertemente en los mercados mundiales. Ello ha producido una sobreabundancia de divisas, presionando el tipo de cambio hacia abajo. Pero, como todos los expertos reconocen, este aumento en los precios de las exportaciones es temporal, y tenderá a revertirse durante los próximos 12 a 24 meses. Cuando ello suceda las presiones sobre el tipo de cambio disminuirán, y éste volverá a subir. El problema, sin embargo, es que durante los meses en que el tipo de cambio está excesivamente bajo, mu-*

---

[13] Ver, por exemplo, Funke e Ruhwedel, 2001.
[14] Ver, por exemplo, Hummels e Klenow, 2002.
[15] Ver, por exemplo, Feenstra e Kee, 2004.

chas empresas exportadoras — especialmente las pequeñas y medianas — sufren pérdidas irreparables, y se ven forzadas a salir del mercado. Esto significa un costo real enorme para el país, en términos de menores exportaciones, menores inversiones y menor empleo. Es un costo que debe evitarse, a través de políticas activas como las que anunció recientemente el Banco Central.

Os dilemas do presente

Infelizmente, é mais fácil identificar os problemas para o crescimento criados por um regime de câmbio flutuante em uma região com baixo desenvolvimento financeiro, salários nominais rígidos e enfrentando um forte choque asiático do que apontar as soluções. Como tudo em economia, não há almoço grátis nem soluções sem custos. Como sugerido pela discussão na primeira seção, já há um movimento entre os governos, inclusive na América Latina, de transitar em direção a um tipo de solução que, embora seja classificada pelo FMI de "câmbio flutuante administrado", parece ter as mesmas vantagens e desvantagens dos *soft pegs* ou BBC.

Em tese, o câmbio flutuante administrado teria a vantagem de o governo não anunciar qualquer regra ou meta para a taxa de câmbio, o que evitaria ataques especulativos ou mesmo movimentos de indexação que poderiam levar à inércia inflacionária. Na prática, no entanto, se o governo está realmente comprometido em evitar grandes flutuações na taxa de câmbio, como a onda de apreciação que hoje enfrenta a América Latina, é praticamente impossível evitar que o "mercado" identifique em um curto espaço de tempo qual o nível, ou mesmo a faixa, de taxa de câmbio com que o governo está trabalhando. Além disso, mesmo que isso fosse possível, uma das principais motivações da intervenção é exatamente reduzir o grau de incerteza no setor real da economia e, portanto, dar às firmas um horizonte mais estável de investimento. Ao negar essa "informação", o governo não estaria sendo efetivo em reduzir, pelo menos em parte, os custos da volatilidade.

O câmbio flutuante administrado também enfrenta os mesmos custos e dificuldades de intervenção que os regimes intermediários do passado. Para que o processo de intervenção não leve a pressões inflacionárias, o Estado é forçado a esterilizar o aumento de liquidez resultante da compra de moeda estrangeira, o que normalmente implica um custo fiscal não desprezível, resultante da diferença entre a remuneração das reservas e o custo da dívida doméstica. Na maioria dos países da região, em particular no Brasil, esse custo é demasiadamente elevado para ser sustentável mesmo em um curto horizonte de tempo.

Mesmo que se deixem essas (inevitáveis) considerações de custo de lado, a experiência mostra que o processo de esterilização nunca é perfeito, em especial em ambientes com mobilidade de capitais — por exemplo, uma eventual subida dos juros por conta do maior volume de emissões de títulos do governo pode acabar atraindo mais capitais externos —, o que em geral leva ao acúmulo de pressões inflacionárias, como mostram as experiências do Brasil pré-real, do Chile de meados dos anos 1980 até fins dos anos 1990 e da Argentina pós-2002.[16] Esse problema é particularmente grave em um contexto de políticas fiscais passivas (ou pelo menos não suficientemente ativas), que em geral ainda predominam na região. Para colocar a questão de outra maneira, o câmbio flutuante administrado está submetido às mesmas disciplinas e *trade-offs* da "trindade impossível", que tantas dificuldades criaram para os BBCs.

Uma opção para aliviar esses *trade-offs* que aparece de forma recorrente no debate e que já vem sendo implementada por países da região como Argentina e Colômbia[17] são os controles de capitais. Uma primeira consideração com relação a essa opção diz respeito ao fato de que, ao contrário das apreciações das décadas de 1980 e 1990, a atual tem sua dinâmica derivada principalmente da conta de comércio e não da conta de capital. Logo, ainda que se admita que um controle de capitais efetivo facilite a administração do câmbio, o grosso das dificuldades referentes ao custo da esterilização e à sua eficácia não tende a desaparecer.

---

[16] Para uma defesa da estratégia argentina, ver Dias-Bonilla, 2006. Para uma discussão não formal dos problemas da esterilização, ver Montiel, 2003.
[17] Ver IMF, 2006.

Um segundo ponto está relacionado à eficácia desses controles. Nessa questão, o máximo que se pode afirmar é que as evidências são inconclusivas. Magud e Reinhart (2006:21), por exemplo, resumem assim um conjunto de evidências extraídas de mais de 30 estudos empíricos sobre o tema:

> In sum, capital controls on inflows seem to: make monetary policy more independent; alter the composition of capital flows; reduce real exchange rate pressures (although the evidence is more controversial). Capital control on inflows, however, seems not to reduce the volume of net flows (hence the current account balance). As to capital outflows, there is Malaysia... and there is everybody else. In Malaysia controls reduce outflows, and may give room for more independent monetary policy. There is little evidence of "success" in other countries attempting to control outflows, either in terms of altering the volume or regaining monetary police independence.

Como se pode perceber, há evidências para todos os gostos.[18] No que diz respeito à entrada de capitais, o fluxo mais diretamente ligado ao controle da apreciação cambial, as evidências levam, por exemplo, a duas conclusões contraditórias: os controles ajudariam a reduzir a pressão sobre a taxa de câmbio real, mas ao mesmo tempo não seriam capazes de reduzir a entrada líquida de capitais. Tamanha indefinição sugere que se deve tratar essa opção com muita cautela, em especial porque também não se sabe muito bem quais os custos microeconômicos desses controles. No caso da América Latina, por exemplo, as restrições podem dificultar ainda mais o acesso ao crédito para as empresas inovadoras, com as já discutidas conseqüências negativas sobre o crescimento.

Uma evidência circunstancial, mas que ajuda a ilustrar as dificuldades práticas de se impor controles efetivos em uma era de transações em tempo real, é o caso chinês. A China, como se sabe, tem um Estado dotado de controles e penalidades draconianos, cujo alcance chega ao fluxo de capitais. O governo adota desde 1994 um *soft peg* clássico, cujas intervenções, apesar da esterilização maciça, vêm gerando pres-

---

[18] Sobre a eficácia dos controles no Chile, ver Edwards e Rigobon, 2005.

sões inflacionárias crescentes, administradas graças ao uso generalizado de controles administrativos. Para evitar o agravamento dessas pressões, o governo tem buscado controlar rigorosamente a entrada de capitais. No entanto, a entrada de capitais de portfólio em 2004, por exemplo, chegou a 6% do PIB, e os fluxos "não autorizados" (contabilizados como erros e omissões) teriam chegado a 1,6% do PIB![19]

Em suma, a alternativa que vem se apresentando às mazelas do câmbio flutuante trazem de volta os velhos desafios do passado sem que se tenha hoje uma resposta clara de como enfrentá-los. Sem essa resposta, abandonar o *status quo* passa ser uma aventura cujos resultados podem não só não resolver o problema, mas agravá-lo. O gráfico 6, por exemplo, mostra que a volatilidade da taxa de câmbio real na região no período pré-1990, quando os regimes intermediários mais flexíveis predominavam, era mais alta do que no período mais recente (2001-05), quando a flutuação livre passou a predominar. É claro que os fundamentos macroeconômicos da região hoje são mais sólidos do que no período pré-1990 e que, portanto, as possibilidades de êxito dos regimes administrados seriam maiores. Mas é preciso também ter em conta que, se os problemas levantados acima, que são implícitos à administração do regime, não forem de alguma forma equacionados, o próprio regime cambial poder ser uma fonte importante de deterioração dos fundamentos, como foi no passado, contribuindo, por exemplo, para o agravamento da situação fiscal por conta dos custos de esterilização.

A comparação com o Leste asiático, também no gráfico 6, pode ser lida como uma perspectiva mais otimista para a solução desse dilema cambial. É inegável que a experiência desses países com uma variedade de regimes de câmbios administrados foi muito mais bem-sucedida na redução da volatilidade da taxa de câmbio real do que a latino-americana, não obstante a crise de 1997. As razões para essa diferença de desempenho são certamente complexas e envolvem fatores cujas especificidades política, institucional e, por que não, histórica dificultam a obtenção de lições relevantes. Mas não parece ser uma mera coincidência que os fundamentos macroeconômicos do Leste asiático, em particular os fundamentos fiscais, sejam historicamente superiores aos da América Latina.

---

[19] Obstfeld, 2006.

Uma situação fiscal sistematicamente robusta tende a estar associada a custos mais baixos de esterilização, na medida em que é menos provável que a taxa de juros doméstica seja pressionada pela rolagem de uma dívida pública elevada. Além disso, a solidez fiscal permite que o governo pratique uma política fiscal anticíclica e que, portanto, possa controlar de forma mais eficaz as pressões inflacionárias advindas do processo de esterilização. Se não resolve todos os problemas e se não explica totalmente o caso asiático, esse tipo de hipótese e argumentação dá uma pista importante sobre como começar a trabalhar para superar o dilema cambial que vive hoje a região. Por exemplo, parece pouco provável que experimentos como esse do câmbio "flutuante administrado" sejam bem-sucedidos sem que tenham como suporte uma situação fiscal consolidada.

Conclusões como essas podem ser ao mesmo tempo uma fonte de desânimo e de empolgação para a América Latina. Desânimo, porque, à exceção do Chile, os países da região parecem ainda distantes de cumprir essa precondição, apesar dos progressos dos últimos anos. E entusiasmo porque apontam um caminho promissor em termos de construir um regime cambial que atenda melhor aos objetivos de crescimento da América Latina.

Gráfico 6
Volatilidade da taxa de câmbio real — América Latina e Ásia*, países selecionados: 1983-2005

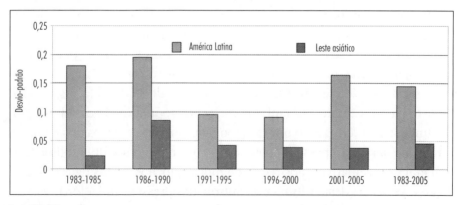

Fonte: FMI-IFS.
* América Latina inclui Brasil, Argentina, México e Chile; Leste asiático inclui Taiwan, Cingapura e China.

Conclusões

Este capítulo parte do pressuposto de que não existe um regime cambial ótimo, que seja independente dos fundamentos macroeconômicos e das condições históricas e institucionais dos países, para analisar o atual desconforto na América Latina com o câmbio flutuante. As principais conclusões são:

- a deterioração do consenso em torno do câmbio flutuante está associada a uma mudança importante nos fundamentos das economias latino-americanas, mudança essa relacionada à emergência de países como China e Índia, com apetites desmesurados pelos recursos naturais da região;
- a insatisfação com o câmbio flutuante, ao contrário do que afirmam alguns, não pode ser sumariamente descartada como "choro de exportadores e industriais". Na realidade, a combinação de um regime de câmbio flutuante "puro" com um forte choque asiático tem produzido uma volatilidade cambial que pode comprometer seriamente as perspectivas de crescimento da região;
- o dano ao crescimento viria principalmente pela inviabilização de firmas e projetos de investimentos inovadores, atingidos pela combinação de salários nominais rígidos com um choque de liquidez promovido pela apreciação cambial, cujo poder de destruição é ampliado pela falta de acesso a crédito. Dessa destruição resultaria um crescimento menor da produtividade e uma tendência acentuada à especialização produtiva, que, se levada ao limite, agravaria ainda mais a volatilidade cambial e suas conseqüências negativas sobre o crescimento;
- apesar da gravidade da situação, não existem alternativas fáceis ou sem custo para o câmbio flutuante. A crescente popularidade da "flutuação administrada" envolve o mesmo tipo de problemas e riscos dos regimes intermediários do passado, sobretudo com relação à vulnerabilidade a ataques especulativos, aos riscos de indexação, aos custos da esterilização e à eficácia desta última no controle das pressões inflacionárias;
- a opção por controles de capitais poderia aliviar os *trade-offs* da flutuação administrada, sobretudo quanto à eficácia da esterilização, mas é preciso ficar claro que a pressão pela valorização parte fundamental-

mente da conta de comércio e não da conta de capitais. Além disso, existe um grande ponto de interrogação quanto à eficácia desses controles em uma era de transações em tempo real;
- a experiência asiática sugere que, apesar das dificuldades, a flutuação administrada não é necessariamente uma meta impossível. Parece claro, no entanto, que uma das principais precondições para o seu êxito depende de uma situação fiscal robusta, que permita reduzir o custo da esterilização e dê condições aos governos de perseguir políticas fiscais anticíclicas. Infelizmente, são poucos, no momento, os países latino-americanos que têm condição de preencher esse requisito.

Bibliografia

AGHION, Phillipe et al. *Exchange rate volatility and productivity growth:* the role of financial development. 2006. (NBER Working Paper, 12.117).

BORDO, Michael D. *Exchange rate regime choice in historical perspective.* Apr. 2003. (NBER Working Paper, 9.654).

CALVO, Guillermo A.; MISHKIN, Frederic. *The mirage of exchange rate regimes for emerging market countries.* National Bureau of Economic Research, June 2003. (Working Paper, 9.808).

_____; REINHART, Carmen M. Fear of floating. *Quarterly Journal of Economics*, v. 117, n. 2, p. 379-408, 2002.

CORDEN, Max. Booming sector and Dutch disease economics: survey and consolidation. *Oxford Economic Papers*, v. 36, n. 3, p. 359-380, 1984.

DE FERRANTI, D. et al. *From natural resources to the knowledge economy; trade and job quality.* Washington, DC: Oxford University Press, World Bank, 2002.

DIAS-BONILLA, Eugenio. *Argentina:* growth and macroeconomic conditions. Washington, DC: Inter-American Development Bank, 2006.

THE ECONOMIST INTELLIGENT UNIT. *Global report.* London, Oct. 2006.

EDWARDS, Sebastian. Un dólar bajo es malo para el Chile. *La Tercera*, Santiago, 15 jan. 2006.

_____; RIGOBON, Roberto. *Capital controls, exchange rate volatility and external vulnerability*. June 2005. (NBER Working Paper, 14.434).

FEENSTRA, Robert C.; KEE, Hiau Looi. *Export variety and country productivity*. 2004. (NBER Working Papers, 10.830).

FISCHER, Stanley. Distinguished lecture on economics in government — exchange rate regimes: is the bipolar view correct? *Journal of Economics Perspectives*, v. 15, n. 2, p. 3-24, 2001.

FUNKE, Michael; RUHWEDEL, Ralf. Export variety and export performance: empirical evidence from East Asia. *Journal of Asian Economics*, Elsevier, v. 12, n. 4, p. 493-505, 2001.

GYLFASON, T. *Natural resources and economic growth*: from dependence to diversification. 2004. (Texto para Discussão CEPR, 4.804).

HUMMELS, David; KLENOW, Peter. *The variety and quality of a nation's trade*. 2002. (NBER Working Papers, 8.712).

IDB (Inter-American Development Bank). *The emergence of China; opportunities and challenges for Latin America and the Caribbean*. Cambridge: Harvard University Press, 2006.

IMF (International Monetary Fund). *Annual report on exchange arrangements and restrictions*. Washington, DC: IMF, 2006.

LEVY-YEYATI, E.; STURZENEGGER, F. To float or to fix: evidence on the impact of exchange rate regimes on growth. *America Economic Review*, vol. 93, n. 4, p. 1173-93, set., 2003.

MAGUD, Nicholas E.; REINHART, Carmen M. *Capital controls*: myth and reality. A portfolio balance approach to capital controls. Jan. 2006. (NBER Working Papers, 11.973).

MOREIRA, Mauricio Mesquita. Fear of China: is there a future for manufacturing in Latin America? *World Development*, no prelo.

_____; BLYDE, Juan. *Chile integration strategy*: is there room for improvement? Washington, DC: IDB, 2006. (BID/Intal/ITD Working Paper, 21).

MONTIEL, Peter. *Macroeconomics in emerging markets*. Cambridge: Cambridge University Press, 2003.

OBSTFELD, Maurice. *The Renminbi's dollar peg at the crossroads.* Berkeley: University of California, 2006. (Center for International and Development Research Text for Discussion).

PAIVA, Claudio. *External adjustment and equilibrium exchange rate in Brazil.* Washington, DC: IMF, 2006. (IMF Working Paper, WP/06/221).

SUMMERS, Lawrence H. International financial crises: causes, prevention and cures. *American Economic Review,* v. 90, n. 2, p. 1-16, May 2000.

WILLIAMSON, John. The choice of exchange rate regime: the relevance of international experience to China's decision. In: CONFERENCE ON EXCHANGE RATE, Sept. 2004, Beijing. *Proceedings...* Beijing: Central University of Finance and Economics, 2004.

Política cambial: América Latina e Ásia 7

Paulo Gala

As crises financeiras dos anos 1990, iniciadas com a ruptura do sistema monetário europeu em 1992 e concluídas com a crise da Argentina já em 2001, deram origem a vários debates sobre a questão da administração cambial. A desregulamentação dos mercados financeiros nos últimos anos e a decorrente transformação da taxa de câmbio num ativo financeiro tornaram as discussões ainda mais complexas. Várias frentes de pesquisa florescem na literatura que trata do tema, desde a discussão sobre mercados financeiros e a formação da taxa de câmbio no curtíssimo prazo até os possíveis efeitos que um câmbio real competitivo pode ter em trajetórias de desenvolvimento econômico. Segundo alguns autores, ao exercer impactos em processos de aumento de produtividade e investimento, o nível da taxa de câmbio real pode se tornar uma variável-chave para a promoção do crescimento. Muitos têm se referido, portanto, à competitividade da taxa de câmbio e à política cambial como uma importante "ferramenta" a ser utilizada por governos em estratégias de desenvolvimento.

Além de evitar crises no balanço de pagamentos, um câmbio relativamente desvalorizado pode fornecer estímulos para aumentos de investimento e poupança, impactando o processo de acumulação de capital,[1] e ainda contribuir para inovações tecnológicas e *industrial upgrading* a partir do estímulo à produção de manufaturas para exportação.[2] Num importante trabalho sobre o tema, Williamson (2003) propõe um *development approach* para a política cambial, ressaltando a importância da utilização do câmbio como ferramenta para a promoção do desenvolvimento. Um câmbio competitivo seria importante para o desenvolvimento econômico, pois estimularia a indústria de exportações de bens não-tradicionais, especialmente as manufaturas. Ao tornar rentável a produção de outros bens que não *commodities* para o mercado mundial, um câmbio "estimulante" seria capaz de desencadear dinâmicas de desenvolvimento, evitando o conhecido problema da "doença holandesa". Países ricos em recursos naturais teriam dificuldades para desenvolver uma indústria exportadora de manufaturas, por causa do excesso de fluxos de divisas e apreciações cambiais decorrentes das exportações de *commodities*.

Ao criticarem a estratégia de crescimento com poupança externa sugerida pela teoria convencional, Bresser-Pereira e Nakano (2003) levantam importantes questões relacionadas com a administração estratégica da taxa cambial e ignoradas pela maioria da literatura sobre o tema. Os autores questionam os argumentos favoráveis à abertura da conta de capitais, ressaltando que o mercado não é capaz de fornecer os estímulos de preços relativos necessários para que a absorção de poupança externa seja utilizada de forma adequada. Num processo de abertura da conta de capitais, com forte ingresso de recursos externos, o que se observa é uma intensa apreciação cambial, que direciona o gasto dos agentes internos para bens de consumo importados. O aumento artificial dos salários decorrente da valorização cambial provoca o aumento do consumo no país que importa capital, trazendo problemas de solvência em períodos posteriores. A ausência de oportunidades de investimento lucrativas, somada a altas taxas de juros, também contribui para isso. A dívida contratada é utilizada para financiar um consumo que não gera o

---

[1] Ver Bresser-Pereira, 2006:3.
[2] Ver Williamson, 2003.

retorno suficiente para saldá-la. O aumento do passivo externo cria uma dinâmica de dívida insustentável e, freqüentemente, o resultado desses ciclos de endividamento é uma crise no balanço de pagamentos, sem acréscimos no estoque de capital.

Nesse tipo de análise, a questão dos fluxos de capital passa para segundo plano e a política cambial para primeiro. O que importa nessa linha de raciocínio não é o regime escolhido pelo Banco Central, se fixo ou flutuante, ou ainda a liberdade de fluxos de capital, mas o nível relativo do câmbio real. Fluxos positivos de capital podem levar a uma apreciação cambial excessiva, que reduz o investimento na produção de bens comercializáveis para exportação. A variação do preço dos bens comercializáveis induz uma mudança na composição do gasto agregado. Com preços de comercializáveis baratos em moeda local e ausência de oportunidades lucrativas de inversão, o consumo doméstico aumenta e o nível de produção cai. O aumento do valor do salário real leva a um aumento do gasto nacional com o consumo de importados e a uma redução da produção nacional para exportação. A poupança doméstica e as exportações caem. No sentido inverso, uma redução do salário real reduz o gasto doméstico com o consumo de importados e aumenta a produção doméstica de exportações.

De acordo com essa argumentação, o nível do câmbio real determina a composição do gasto agregado da economia. Um câmbio real mais depreciado significa, tudo o mais constante, um salário real mais baixo, que estimula as exportações e os investimentos no setor de comercializáveis e inibe as importações e o consumo. Uma apreciação cambial produz o inverso. O nível do câmbio real determina a poupança, o consumo e o investimento domésticos como proporção do PIB. Câmbios reais relativamente depreciados estariam associados a altos níveis de poupança doméstica e a exportações em termos agregados. Câmbios reais relativamente apreciados estariam associados a altos níveis de consumo e a baixos níveis de poupança doméstica e investimento.

Ao tratar da política cambial em países em desenvolvimento, Bresser-Pereira (2006) destaca esse papel, por vezes esquecido, da taxa de câmbio. Seguindo uma abordagem kaleckiana, argumenta que a sobrevalorização cambial aumenta os salários reais de forma artificial, estimulando acréscimos de consumo. A redução de preços dos bens comercializáveis estimula a importação de bens de consumo, reduzindo a poupança agregada. Chama ainda a atenção para essa importante lacuna na explicação de processos de desenvolvimento ao destacar a estratégia asiática:

> the literature on savings and consumption normally does not acknowledge this fact, but it is central for the process of development, in so far as savings set a limit to capital accumulation. Asian high savings rates are certainly a cultural phenomenon, but they also respond to the strategic use that policymakers do of the exchange rate, keeping it relatively depreciated.[3]

Existe também, hoje, uma importante literatura econométrica, que procura relacionar taxas de crescimento econômico com administração cambial e níveis de taxa de câmbio real. Em trabalhos sobre o tema, Cavallo, Cottani e Khan (1990), Dollar (1992) e Razin e Collins (1997) encontram uma relação negativa entre desalinhamento cambial e crescimento econômico para uma longa série de países no período 1970-90; quanto mais depreciada a taxa de câmbio, maiores as taxas de crescimento. Benaroya e Janci (1999) apresentam evidências para países em desenvolvimento nos anos 1990 que confirmam os resultados de Dollar (1992). Acemoglu, Simon e James (2002) encontraram evidências semelhantes entre câmbio real e crescimento. Num trabalho sobre instituições, políticas macroeconômicas e crescimento, realizado com 96 países no período 1970-97, não conseguiram descartar o efeito do câmbio real em variações da taxa de crescimento *per capita* dos países ao longo do tempo. Fajnzylber, Loayza e Calderón (2002) chegaram a resultados parecidos ao estudarem o crescimento comparado das economias latino-americanas e de outros países no período 1960-99.

Um tema recorrente em toda essa literatura é a relativa depreciação das moedas asiáticas quando comparadas às moedas latino-americanas e africanas no período 1970-99. Nos diversos estudos citados, o resultado foi uma maior depreciação para a Ásia, o que parece constituir

---
[3] Bresser-Pereira, 2006:3.

um padrão de comportamento dos níveis de taxa de câmbio real para essa região. Nos casos africano e latino-americano, o padrão parece ser o oposto. Ciclos de apreciação são constantes, e vários estudos empíricos sobre a América Latina apontam nesse sentido. De acordo com esses resultados, um dos temas centrais para o entendimento do sucesso dos países asiáticos em comparação com o relativo fracasso dos latino-americanos e africanos nos últimos 20 anos seria, além dos já conhecidos fatores presentes na literatura de crescimento econômico, a condução das políticas cambiais e a evolução das posições dos câmbios reais: relativa depreciação na Ásia e relativa apreciação na América Latina e na África.

Com o objetivo de contribuir para essa discussão, este capítulo compara a evolução dos níveis de taxas de câmbio real para países da Ásia e da América Latina no período 1970-99. Discute aspectos do manejo cambial de alguns países dessas duas regiões e apresenta a evolução das taxas de câmbio real em relação ao dólar norte-americano para uma amostra de 20 países a partir da base de Easterly (2005) e da construção de um índice de distorção cambial. A seção a seguir apresenta alguns ciclos de apreciação na América Latina nos anos 1970, 1980 e 1990, concentrando-se nos conhecidos casos de populismo cambial dos anos 1970 e 1980 e nos aspectos da política cambial dos três principais planos de estabilização da América Latina nos anos 1990: México, Argentina e Brasil.

Populismo e âncoras cambiais na América Latina

A partir da crise da dívida de início dos anos 1980, o padrão de crescimento dos países latino-americanos se distanciou de seu registro histórico. Países como Brasil e México, que exibiam altas taxas de crescimento *per capita* até então, entraram num ciclo de *stop and go* que persiste até hoje. A Argentina apresentava, em 1999, o mesmo nível de renda *per capita* de 1980 em termos reais. Com a exceção do Chile, o desempenho dos países da América Latina nos anos 1980 e 1990, apesar de alguma recuperação na última década, ficou muito aquém de seu desempenho nos anos 1970. Nesse período mais recente de crescimento cíclico e inflação fora de controle, dois elementos são comuns à maioria dos países latino-americanos: episódios de populismo econômico e planos de estabilização. Com efeito, os países da América Latina são conhecidos por sua longa tradição de populismo econômico, que em geral traz em seu bojo descontroles orçamentários e ciclos de apreciação cambial com recorrentes crises no balanço de pagamentos e processos inflacionários crônicos.

O conceito de populismo econômico tem definição distinta do tradicional conceito de populismo da ciência política, associado à idéia de líderes carismáticos que governam junto ao povo, sem a intermediação de partidos políticos. Governos que praticam déficits orçamentários como conseqüência de aumentos salariais acima da produtividade do trabalho, ou ainda, como observam Bresser-Pereira e Nakano (2003:16), que promovem apreciações cambiais com o intuito de aumentar os salários reais, estariam incorrendo em populismo econômico. Melhoram o bem-estar dos trabalhadores no curto prazo, com vistas ao ciclo político, sem levar em consideração as conseqüências de longo prazo de tais políticas. Crises de balanço de pagamentos, insolvência fiscal e aceleração inflacionária costumam acompanhar esses ciclos. A perda de bem-estar decorrente das crises oriundas dos ciclos populistas acaba por superar em muito o ganho transitório do que ficou conhecido nessa literatura como "distributivismo ingênuo". O aumento artificial dos salários reais provoca fortes desequilíbrios internos e externos, que prejudicam ainda mais a já problemática situação dos trabalhadores.[4]

Na primeira fase do programa populista, as restrições macroeconômicas permitem expansão de gastos e endividamento externo, já que, em geral, planos desse tipo são implantados após situações recessivas ou de ajustamento. A expansão da demanda no curto prazo, com o decorrente aumento de emprego e salários, aumenta a credibilidade das autoridades e estimula a manutenção do programa. A economia atinge então pontos de estrangulamento. Déficits públicos, déficits externos e aumento da inflação sinalizam a gravidade do problema. O ajuste é postergado devido ao seu alto custo social. A escassez generalizada de produtos, a aceleração extrema da inflação e a defasagem cambial estimulam fugas

---

[4] Canitrot, 1991.

de capital. O programa entra em colapso e uma grande desvalorização cambial se segue como conseqüência do ajustamento. Na seqüência, um plano de estabilização ortodoxo impõe grandes custos sociais, com reduções consideráveis nos salários reais. As conseqüências negativas do ciclo populista tendem a se perpetuar, com redução de investimentos e emprego. Muitas vezes as desvalorizações são acompanhadas de medidas de controle cambial que acabam também por estimular o surgimento de mercados paralelos de divisas.

Sachs (1991) analisa três ciclos de populismo econômico na América Latina no período 1970-90. O Chile no período 1970-73, o Brasil em 1985-87 e o Peru em 1985-87. Segundo o autor, em todos esses períodos podem-se observar as características acima elencadas: descontrole do orçamento, apreciação cambial, crise no balanço de pagamentos e descontrole da inflação. Em todos os ciclos observa-se um crescimento acelerado do PIB num primeiro momento, seguido de fortes ajustes recessivos. A taxa de câmbio aprecia-se, aumentando a probabilidade de crises no balanço de pagamentos. Salvador Allende, no período 1971-73, José Sarney, entre 1985 e 1987, e Alan Garcia, de 1985 a 1988, teriam todos, ao seu modo, praticado o tipo de política econômica descrita acima. Sachs (1991:126) vai além e identifica no populismo econômico uma das causas fundamentais das inflações crônicas latino-americanas: "o populismo econômico ajuda a explicar o fato de que, em 1987, havia nada menos do que cinco países latino-americanos (Argentina, Brasil, México, Nicarágua e Peru) com taxas de inflação de três dígitos".

Bresser-Pereira (1991:111) chama a atenção, especificamente, para o populismo cambial presente nos casos de populismo econômico mais gerais. Ao apreciar o câmbio real, o governo aumenta os salários reais de forma artificial, dada a redução do preço dos bens comercializáveis. O aumento dos salários reais tem como conseqüência um acréscimo do consumo agregado, voltado para bens importados. Como a melhoria dos salários não decorre de aumentos de produtividade, o acréscimo de consumo, especialmente de bens importados, é financiado com endividamento externo. Os excessivos déficits comerciais e o agravamento das contas externas resultam numa crise no balanço de pagamentos. Bresser-Pereira e Nakano (2003:16) descrevem em termos estilizados os episódios do ciclo populista: "a administração populista aumenta os salários nominais, aumenta os gastos do Estado e fixa a taxa de câmbio. Em breve, a taxa de câmbio fica sobrevalorizada, a taxa de inflação decai, os salários reais aumentam, o consumo e as importações disparam e as exportações declinam".

A administração do câmbio nominal foi também amplamente utilizada ao longo do século XX como instrumento de controle inflacionário. No caso das âncoras cambiais, a fixação do preço dos bens comercializáveis na moeda local, mediante congelamento do câmbio nominal, introduz forte pressão baixista no nível geral de preços. No caso das *tablitas* ou indexação de preços via administração do câmbio nominal, a prática de desvalorizações nominais menores do que o aumento de preços tem como principal função coordenar as expectativas inflacionárias. Quanto maior a penetração de bens importados no tecido econômico e, portanto, maior a presença relativa de bens comercializáveis na economia, maior a eficácia do controle da inflação por meio da administração do câmbio. O tradicional efeito colateral desse tipo de estratégia diz respeito à apreciação e, no limite, à sobrevalorização do câmbio real. Admitindo-se que os processos inflacionários vêm acompanhados por inércia, um congelamento nominal do câmbio ou uma redução no ritmo das desvalorizações nominais são usualmente acompanhados de apreciação real, devido a aumentos residuais de preços. O efeito é tanto mais intenso quanto maior for o aumento de preço dos bens não-comercializáveis não expostos à concorrência de bens importados.

O controle da inflação via administração cambial depende quase que exclusivamente da redução de preços dos bens comercializáveis. Programas de estabilização baseados nessa estratégia terão sucesso se conseguirem reduzir os preços dos bens não-comercializáveis a partir do controle dos preços dos comercializáveis. Quanto maior a inércia de preços no setor de não-comercializáveis, maior a probabilidade de ocorrência de desalinhamentos cambiais e de crises no balanço de pagamentos. Dependendo da intensidade da apreciação real, pode ser desencadeado um ciclo de aumento de consumo nas linhas do populismo cambial, resultando em grandes crises externas.[5]

---

[5] Ver Dornbusch, 2002:251.

Os principais ciclos de apreciação da América Latina nos anos 1990 estão associados a três grandes programas de estabilização: México (1987), Argentina (1991) e Brasil (1994). A utilização da ancoragem cambial, entre outras medidas, nos três planos trouxe como conseqüência negativa uma apreciação cambial que acabou resultando em três grandes crises externas: México, em 1994; Brasil, em 1999, e Argentina, em 2001. O programa de estabilização chileno iniciado no final dos anos 1970 também guarda semelhanças com esses casos. A partir de sua implantação, observou-se uma considerável apreciação do peso chileno em relação à cesta de moedas de seus principais parceiros, o que, somado a outros fatores, terminou numa grande crise em 1982. Os quatro ciclos foram muito parecidos com os episódios de populismo cambial já elencados. Inicialmente, observou-se crescimento nos quatro países. Os salários reais aumentaram, o consumo cresceu, o endividamento externo se agravou e, finalmente, o balanço de pagamentos entrou em colapso, seguido de forte depreciação cambial. Todos os ciclos foram acompanhados de crescente apreciação cambial até o momento da crise.

Outro bom exemplo de sobrevalorização cambial decorrente de programas de controle inflacionário são os planos de estabilização do Cone Sul — Argentina e Uruguai, além do Chile — no final dos anos 1970. Ao fixar uma taxa de desvalorização cambial menor do que o ritmo de aumento dos preços na tentativa de coordenar as expectativas inflacionárias, os planos de estabilização latino-americanos acabaram por criar fortes passivos externos, que resultaram, na maioria das vezes, em crises de balanço de pagamentos. Nos termos de Carlos Díaz-Alejandro (1991:92): "contar com uma taxa de desvalorização declinante e preanunciada da taxa de câmbio como instrumento-chave para baixar a inflação também parece ser excessivamente arriscado. Uma inflação persistente nos preços dos bens que não são objeto de comércio internacional pode levar a sobrevalorização".

Entre os muitos autores que trataram do assunto, Dornbusch, Goldfajn e Valdes (1995) analisam três casos de significante apreciação real nos últimos 20 anos na América Latina, decorrentes de planos de estabilização de preços: México (1978-82), Chile (1978-82) e México (1990-94). No caso mexicano, ressaltam as semelhanças do que teriam sido dois grandes ciclos de apreciação resultantes em grandes crises de balanço de pagamentos em 1982 e 1994. Ao compararem o desempenho chileno com o mexicano depois da crise da dívida, Dornbusch, Goldfajn e Valdes (1995:259) dão grande ênfase à política cambial competitiva praticada pelo Chile como um dos principais fatores responsáveis por seu sucesso, comparado ao relativo fracasso mexicano. Os autores analisam também, brevemente, os casos de apreciação cambial no Brasil e na Argentina nos anos 1990. E já à época alertavam para os riscos de uma crise cambial nos dois países e recomendavam uma depreciação para o caso brasileiro e uma estratégia de manutenção da caixa de conversão argentina até que uma deflação fosse capaz de corrigir a apreciação da moeda.[6] Os autores ressaltavam ainda dois episódios anteriores de apreciação nesses países que teriam sido corrigidos sem crises cambiais: Brasil (1987-90), no período pré-Collor, com uma apreciação real da ordem de 54%, e Argentina de Martínez de Hoz entre 1979 e 1980, com uma apreciação de aproximadamente 60%.

O Chile se destacou como um bom exemplo de política cambial na América Latina após a crise de 1982. Ffrench-Davis (2004), por exemplo, analisou a evolução da política cambial chilena num trabalho que trata de três décadas de política econômica em seu país. Ao estudar a influência das duas grandes reformas comerciais dos anos 1970 e 1980 no desempenho exportador chileno, destaca a importância da depreciação relativa do câmbio real após a crise da dívida externa. Nos anos 1970 e início dos 1980, a moeda chilena passou por dois grandes ciclos de apreciação em relação aos seus principais parceiros comerciais, resultantes do período populista da primeira metade da década e dos esforços de estabilização da segunda metade. Apesar da abertura comercial e de políticas com vistas a melhorar o desempenho do setor externo, o estímulo exportador foi fortemente prejudicado pelo comportamento da taxa de câmbio. Na segunda reforma comercial dos anos 1980, a desvalorização real do câmbio contribuiu fortemente para o impulso exportador. Desde então, o Banco Central chileno passou a adotar uma postura mais intervencionista no mercado cambial, a fim de evitar apreciações.[7] Mon-

---

[6] Dornbusch, Goldfajn e Valdes, 1995:262-263.
[7] Ffrench-Davis, 2004:205.

tiel (2003:427) também chama a atenção para essa trajetória da política cambial chilena, destacando sua superioridade em relação ao episódio mexicano de início dos anos 1990. Cardoso (2003) destaca a proximidade entre a condução cambial na Coréia do Sul e no Chile. Num trabalho em que analisa o desempenho macroeconômico brasileiro em perspectiva internacional, Cardoso também chama a atenção para a importância da manutenção de um câmbio competitivo nas estratégias de desenvolvimento da Coréia do Sul e do Chile, mais recentemente.

Todas as crises dos anos 1990 na América Latina estão associadas a problemas de apreciação cambial. Palma (2003) identifica três rotas para crises financeiras em países em desenvolvimento desde a crise da dívida de 1982. Na primeira, representada principalmente pelas experiências de liberalização financeira e estabilização chilenas (1975-82), mexicanas (1987-94) e argentinas (1990-2000), houve grande aumento de crédito para o setor privado, sobrevalorização cambial, bolhas nos mercados de ativos e um *boom* de consumo de importados. Na segunda rota, seguida pelo Brasil entre 1994 e 1998, a tentativa de se evitar os erros cometidos na primeira acabou por criar um novo caminho para a crise. A esterilização dos fluxos de capital, somada à prática de altas taxas de juros para evitar um *boom* de consumo e à dificuldade de controlar os gastos públicos, acabou por colocar a dinâmica da dívida pública em trajetória insustentável. Na terceira rota, representada pelo caso da Coréia do Sul em 1988-96, a queda no preço dos componentes eletrônicos no mercado internacional e a entrada da forte concorrência chinesa levaram à queda nas margens de lucro das empresas coreanas, que passaram a buscar financiamento no endividamento externo.

Malásia e Tailândia teriam sofrido, no período 1988-96, uma combinação da primeira com a terceira rota, na medida em que também sofreram com a queda de lucros resultante das condições do mercado internacional de eletrônicos, passaram por um *boom* no mercado de ativos, mas não apresentaram sinais de aumento de consumo. No caso brasileiro, pode-se observar algumas características da primeira rota na sobrevalorização cambial e no aumento do consumo agregado. Em todas as rotas, foram os grandes déficits em conta corrente, associados a *sudden stops* de financiamento, que, em última análise, levaram às crises. No caso asiático, os déficits estavam primordialmente associados ao financiamento de investimentos, e nos casos latino-americanos, ao financiamento de consumo com intensas apreciações do câmbio real. Com a exceção do Brasil, que teve um importante componente de endividamento público, todas as outras rotas levaram a uma crise a partir do endividamento privado de empresas e consumidores.

As sobrevalorizações resultantes dos programas de estabilização inflacionária em muito se assemelham aos episódios de populismo econômico. A fixação da taxa de câmbio nominal ou a redução do ritmo de desvalorizações, associados à inércia nos preços dos bens não-comercializáveis, acabam gerando resultados parecidos com os dos programas populistas. Ambos produzem excessivos aumentos de preços dos bens não-comercializáveis em relação aos comercializáveis, resultando em desalinhamento do câmbio real. A queda das exportações e o aumento das importações provocam o aumento do endividamento externo e, no limite, crises.

A seção a seguir concentra-se nos países asiáticos, com destaque para a estratégia de *export-led growth* seguida principalmente por Taiwan, Coréia do Sul, Hong Kong e Cingapura desde os anos 1970, por Indonésia, Malásia e Tailândia a partir da década de 1980 e, mais recentemente, pela China.

Crescimento liderado pelas exportações na Ásia

As oito principais economias asiáticas — Japão, Coréia do Sul, Taiwan, Cingapura, Hong Kong, Indonésia, Malásia e Tailândia — cresceram em termos *per capita* a uma taxa de 5,5% ao ano no período 1965-90. Nos anos 1990, mesmo com a crise de 1997, a taxa média de crescimento *per capita* desses países, com a exceção do Japão, manteve-se alta e acima dos níveis latino-americanos. Mais recentemente, China e Índia vêm apresentando níveis e padrões de crescimento semelhantes ao modelo asiático. A controvérsia sobre as causas do sucesso dessa experiência, especialmente para o primeiro grupo de economias, persiste até hoje. O debate gira principalmente em torno do papel da intervenção do Estado no processo de desenvolvimento desses países. O grupo ligado ao Banco Mundial ressalta a importância das *market-friendly polices* como estratégia por trás do sucesso dessas economias e assinala, de modo um tanto contraditório, o problema do *crony capitalism* como uma das principais causas da crise asiática de 1997. Os críticos, entre os quais se destacam Amsden (1989), Wade (1990), Rodrik (1994) e Chang (2003), ressaltam a importância da intervenção estatal bem conduzida como fator responsável pelo sucesso asiático e localizam na liberalização financeira dos anos 1990 uma das principais causas da crise de 1997.

Um dos pontos de convergência nesse debate parece se encontrar no reconhecimento da importância da estabilidade macroeconômica para o crescimento, especialmente no que diz respeito a austeridade fiscal e competitividade da taxa de câmbio. Rodrik (1994:37), por exemplo, critica o que chama de postura do fetichismo exportador adotada pelo Banco Mundial no relatório de 1993, mas reconhece a importância da prática de câmbios competitivos no processo de desenvolvimento asiático. Como destaca John Williamson (1999:331), ao analisar a condução da política cambial na Ásia:

> *the first point that has to be acknowledged is that East Asian countries have for some years managed their exchange rates far better than other groups of developing countries. They have not crucified their economies by misconceived attempts to use the exchange rate as a nominal anchor. They have not allowed their currencies to become so overvalued, either by keeping their exchanges rates fixed in the face of differential inflation or by allowing them to float up too much, as to jeopardize export growth.*

O Banco Mundial é explícito a esse respeito. Em seu relatório de 1993, destaca a importância das políticas cambiais nesse processo. A prática de taxas de câmbio reais relativamente desvalorizadas teria estimulado a formação de um dinâmico setor de produção de bens comercializáveis, o que contribuiu para a acumulação de capital e para a inovação tecnológica nesses países. Esse teria sido um dos pilares do modelo de *export-led growth* asiático. Muitos governos da região teriam utilizado a política cambial para atenuar os efeitos de liberalizações comerciais para os produtores de bens substitutivos de importações. Alguns teriam ido além, utilizando deliberadamente a relativa desvalorização do câmbio real como forma de estímulo ao setor exportador. Nesses casos, a política cambial, em conjunto com as políticas fiscal e monetária, teria se integrado numa estratégia geral de *export-led growth*: "*Taiwan, China, is the most notable example of this, but Korea and Indonesia also deliberately undervalued their currencies to boost exports*".[8]

O relatório destaca três casos de forte intervenção cambial com vistas à manutenção da competitividade externa. Os grandes superávits de conta corrente de Taiwan no período 1984-87 — com média de 16% do PIB e um pico de 20% em 1986 — resultaram de grandes esforços do governo para manter a moeda desvalorizada. Uma apreciação da moeda anularia rapidamente esse resultado de conta corrente, prejudicando a estratégia de *export-led growth*. A Coréia do Sul também interveio fortemente em meados dos anos 1980 para evitar uma apreciação expressiva do won, acumulando reservas e mantendo a competitividade externa. A desvalorização da rupia na Indonésia em 1978 foi claramente uma medida de proteção, já que o balanço de pagamentos não apresentava problemas nesse ano. A deterioração de suas contas externas em 1982, devido à queda nos preços do petróleo, teve impacto moderado em seu desempenho econômico em função das medidas tomadas no final dos anos 1970.[9]

Ao analisarem 20 anos de política econômica na Coréia do Sul, Rhee e Song (1999) também destacaram a preocupação das autoridades monetárias coreanas com a administração de um nível competitivo do won. Segundo os autores, o Banco Central coreano interveio com freqüência no mercado de câmbio para estabilizar o won e manter a competitividade das exportações sul-coreanas no mercado internacional. Ao longo dos anos 1980, o país passou por um breve ciclo de apreciação por conta do bom desempenho das exportações, especialmente na segunda metade da década. A intervenção do Banco Central foi assimétrica, no sentido de privilegiar a competitividade externa.[10] No início dos anos 1990, as autoridades monetárias tiveram grande dificuldade para evitar a apreciação do won devido a intensos fluxos de capital. A estratégia de compra de reservas foi permanente, tendo o Banco Central em 1993 comprado mais

---

[8] World Bank, 1993:125.
[9] Ibid., p. 127.
[10] Rhee e Song, 1999:80; ver também Medeiros, 1997:302.

de US$ 1,8 bilhão em apenas um dia.[11] Num estudo sobre quatro países asiáticos, Barrell e outros (1999:271) identificaram práticas de defesa da competitividade via política cambial na Coréia do Sul, em Taiwan e na Tailândia, mas minimizaram sua importância em Cingapura.

É importante notar, entretanto, que alguma apreciação real passou a ser observada nessa região, especialmente no período 1995-97, quando o dólar começou a se apreciar mais fortemente em relação ao iene. Coréia do Sul, Filipinas, Malásia e Tailândia estão entre os países que teriam passado por relativa apreciação com possíveis impactos na crise de 1997.[12] Como destaca Lim (2004), ao permitirem a apreciação de suas moedas, esses países agiam em sentido contrário a sua estratégia de sucesso. Além da questão dos excessivos fluxos de capital de curto prazo e da regulação e supervisão bancárias, apontadas por muitos como uma das principais causas da crise asiática, Lim (2004:67) chama a atenção para o problema dos déficits em conta corrente e da sobrevalorização cambial. *"This last was what made the East Asian countries eventually 'un-East Asian' since the earlier East Asian stereotype was a high saver and a high earner of foreign exchange."*

No arranjo atual da economia global, Dooley, Landau e Garber (2003) identificam três regiões distintas em termos de estratégia de política econômica. O centro do sistema seria formado pela economia dos Estados Unidos, que não têm grandes preocupações com o comportamento de sua taxa de câmbio, já que são emissores da moeda reserva do sistema internacional. Os déficits em conta corrente norte-americanos, decorrentes do excesso de absorção sobre a produção de empresas, famílias e governo, são financiados com a poupança dos países que se encontram na chamada *current account region*, composta basicamente por países do Sudeste asiático. Entre estes, China e Coréia do Sul, em especial, têm como estratégia exportar poupança para a economia americana mediante uma produção maior que suas necessidades de absorção, e crescem, portanto, com despoupança externa. As *capital account regions*, compostas principalmente por Europa e América Latina, optaram por

---

[11] Rhee e Song, 1999:80.
[12] Ver Montiel, 2003; e Lim, 2004.

se integrar financeiramente, e não comercialmente, ao sistema global. Nessa estratégia, a manutenção de superávits na balança comercial e nas contas correntes não é prioritária.

Como o superávit comercial e em contas correntes é uma meta da *current account region*, sua estratégia básica é praticar um câmbio relativamente desvalorizado, com fortes intervenções no mercado cambial. Em caso de necessidade, podem também utilizar controles de capital, como fez a China, para auxiliar nessa tarefa. A maior dificuldade dessa estratégia é evitar pressões especulativas no sentido de apreciação da moeda. O acesso a fundos é dificultado a agentes privados, e o governo controla o mercado de câmbio através da autoridade monetária, que compra reservas e as aplica em títulos norte-americanos. No caso dos países das *capital account regions*, os eventuais superávits em conta corrente se transformam em apreciação cambial, que reduz ou anula o estímulo exportador. Nesse modelo, privilegia-se o retorno das aplicações dos agentes privados no sistema internacional. Esses países operam sem controles de capital e com câmbio flutuante.

A estratégia chinesa, que segue os passos da Coréia do Sul e do Japão[13] no que diz respeito a manter um câmbio permanentemente desvalorizado, tem levado a um crescimento sustentado do estoque de capital e produto do país. Como apontam Dooley, Landau e Garber (2003), um câmbio desvalorizado estimula exportações, inibe o consumo e, portanto, favorece a acumulação de um estoque de bens de capital de alto padrão, voltado para a produção de bens comercializáveis. O livre funcionamento do mercado cambial, associado à liberdade dos fluxos de capital, provocaria um ajustamento dos excessivos superávits na conta comercial e na conta corrente da China, mediante uma apreciação cambial. Um câmbio mais apreciado estimularia o consumo de bens importados, revertendo o saldo da balança comercial, e desestimularia o investimento na produção de bens comercializáveis a partir de uma mudança de preços relativos. O ponto interessante nesse argumento é que a intervenção do governo no mercado cambial através de uma aquisição maciça de reservas cria uma distorção favorável ao crescimento.

---

[13] Eichengreen, 2004.

A correção dessa distorção estancaria esse processo. Não está claro se uma estratégia de câmbio flutuante, com decorrente apreciação, seria melhor para a China hoje.[14]

Em termos históricos, esse arranjo reproduz o esquema da economia mundial no pós-guerra. No arcabouço original de Bretton Woods, o centro do sistema era a economia norte-americana, sendo a periferia composta pela Europa ocidental e o Japão. A estratégia de reconstrução dessas economias seguia o padrão observado hoje. Através de um crescimento liderado pelo setor exportador, os países destruídos pela guerra reconstruíram seu estoque de capital. Praticavam taxas de câmbio fixas e controles de capital que contribuíam nessa direção, sendo importante notar que, à época, os controles de capital eram obrigatórios e não opcionais. Com o desenvolvimento econômico surgiu naturalmente um *lobby* contrário aos controles de capital, que foram abolidos no início dos anos 1970. O desenvolvimento industrial levou a um desenvolvimento financeiro que, no final do processo, desmontou o arranjo de Bretton Woods. Segundo Dooley, Landau e Garber (2003), atualmente a periferia foi recarregada, e assistimos hoje a um processo parecido com o observado entre os anos 1950 e 1970. Uma das questões que ainda não está clara nesse contexto é a sustentabilidade dos déficits norte-americanos. A visão-padrão contida nas idéias do Consenso de Washington teme um ajustamento abrupto desse arranjo, que traria conseqüências negativas para a economia americana e para o restante do sistema mundial. Na visão do sistema de Bretton Woods revivido, esse ajustamento seria gradual e ainda poderia levar muito tempo.

Evolução da taxa de câmbio real na Ásia e na América Latina

O gráfico 1 apresenta o comportamento da taxa de câmbio real em relação ao dólar norte-americano[15] para alguns dos principais ciclos de aprecia-

---

[14] Ver discussão em Eichengreen, 2004.
[15] Calculada a partir dos dados de Easterly, 2005.

ção da América Latina no período.[16] Destacam-se os casos de populismo elencados por Sachs (1991), os episódios de liberalização financeira e estabilização analisados por Palma (2003) e os casos de apreciação ressaltados por Dornbusch, Goldfajn e Valdes (1995). Na comparação entre as moedas asiáticas e latino-americanas nos anos 1990, percebe-se que os ciclos de apreciação das primeiras foram muito maiores. Coréia do Sul, Tailândia e Malásia apresentaram também alguma apreciação em relação ao dólar norte-americano nos anos de 1995, 1996 e 1997, mas ainda assim menores do que nos casos latino-americanos. Alguns autores argumentam que a apreciação em alguns dos países asiáticos foi um dos fatores responsáveis pela crise de 1997.[17]

Gráfico 1
Ciclos de apreciação na América Latina e no Sudeste asiático

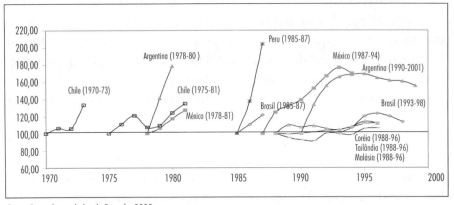

Fonte: Baseado em dados de Easterly, 2005.
Nota: 1979 — base 100.

Com o intuito de avaliar os efeitos do nível do câmbio real e do protecionismo em trajetórias de crescimento, Dollar (1992) construiu um índice de distorção cambial ou *outward orientation* para 95 países no período 1976-85. Baseando-se nos dados de Summers e Heston, comparou níveis de preços relativos entre esses países e os Estados Unidos e chegou a resultados que apontam para uma relativa desvalorização

---

[16] Para uma discussão detalhada dos dados, ver Gala e Lucinda, 2006.
[17] Ver, por exemplo, Lim, 2004.

das moedas dos países asiáticos quando comparados à América Latina e à África. Para o período 1976-85, o autor encontrou uma apreciação relativa de 33% nas moedas latino-americanas e de 86% nas africanas em relação às asiáticas.[18]

Ao medirem posições de câmbio real para os anos de 1993 e 1998, a partir de desvios de PPP, para 61 países desenvolvidos e em desenvolvimento, Benaroya e Janci (1999) também encontraram evidências de que as moedas asiáticas estavam em posições relativamente depreciadas em relação ao dólar norte-americano, o que está em linha com Dollar (1992). Li Lian Ong (1997) trabalha com o índice Big Mac para calcular posições cambiais de 34 países. Ele calcula subvalorizações e sobrevalorizações de moedas em relação ao dólar norte-americano a partir do preço do Big Mac em cada país, "*the perfect universal commodity*". Em abril de 1997, o índice Big Mac apontava para uma relativa desvalorização dos países do Asean. O ringgit da Malásia, o dólar de Cingapura, o baht tailandês, a rupia da Indonésia e o peso filipino estariam desvalorizados em 45%, 15%, 30%, 24% e 29%, respectivamente, em relação ao dólar norte-americano.[19] Após a redução do preço do Big Mac em dólares nos Estados Unidos ainda no primeiro semestre de 1997, essas moedas passaram a uma posição relativamente mais apreciada na véspera da crise asiática, em coerência com achados de outros estudos. Além das tradicionais comparações baseadas em preços PPP (*Big Mac PPP index*), Ong constrói um índice para corrigir o que chama de *productivity bias* resultante da conhecida hipótese Harrod-Balassa-Samuelson. Desconta das variações cambiais um componente de aumento da produtividade que usa como *proxy* o PIB *per capita* real de cada país. Seguindo esse cálculo, encontra uma relativa subvalorização das moedas asiáticas, especialmente nos países do Asean. Ong (1997) mostra que, para a média do período 1986-94, o ringgit da Malásia, o dólar de Cingapura e o baht da Tailândia estavam subvalorizados, respectivamente, em 53%, 26% e 19% em relação ao dólar norte-americano.

Rajapatirana e Athukorala (2003) analisam o impacto dos fluxos de capital nas taxas de câmbio real de oito países da Ásia e da América

---

[18] Dollar, 1992:539. Para uma análise de apreciações na África, ver Ghura e Grennes, 1993; e Shatz e Tarr, 2000.
[19] Ong, 1998:89.

Latina entre 1985 e 2000. Mostram que a apreciação das moedas asiáticas, especialmente de China e Índia, em relação a uma cesta de moedas de parceiros comerciais foi menor do que a das latino-americanas.[20] As apreciações latino-americanas situaram-se na faixa de 14,7% e 43,5%, enquanto as das moedas asiáticas variaram de 2,3% a 11,2%, esta última atingida pelas Filipinas.[21] Segundo cálculos dos autores, para cada ponto percentual de acréscimo de fluxos de capital no período, excetuando-se o investimento direto externo, observa-se uma apreciação de 1,7 ponto percentual nas moedas dos países da América Latina e de 0,56 ponto percentual na média de toda a amostra. Curiosamente, os autores encontraram uma correlação negativa entre investimento direto estrangeiro (IDE) e nível do câmbio. Quanto maior o IDE, mais depreciado o câmbio real. Esse resultado poderia ser explicado pelo que os autores chamam de *tradeable bias* presente no IDE, ou seja, a tendência desses investimentos de se concentrarem primordialmente no setor de comercializáveis, que necessita de uma taxa de câmbio mais competitiva.

Sachs, Tornell e Velasco (1996) analisaram as causas da crise mexicana de 1995 e seus efeitos em 20 países emergentes: Turquia, África do Sul, Argentina, Brasil, Chile, Colômbia, México, Peru, Venezuela, Jordânia, Sri Lanka, Índia, Indonésia, Coréia do Sul, Malásia, Paquistão, Filipinas, Tailândia, Zimbábue e Taiwan. Eles elencaram três fatores como causas principais das crises: sobrevalorização cambial, baixo nível de reservas cambiais e falta de solidez do sistema financeiro. Segundo os autores, as economias que apresentavam essas três características — Argentina e Filipinas — sofreram com muito maior intensidade o efeito tequila. Ao compararem a posição dos câmbios reais em relação à cesta de moedas de parceiros comerciais no período 1990-94 com base em 1986-89, encontraram novamente câmbios relativamente apreciados na América Latina em comparação com a Ásia, à exceção do Chile e da Colômbia. Na Ásia, as Filipinas foram a exceção: "*a striking fact in the data is that the Latin American countries experienced sharper real appreciations than did East Asian economies*".[22]

Comparando-se as médias das posições de câmbio real de 10 economias de cada região a partir dos dados de Easterly (2005), comple-

---

[20] Para uma análise da *real exchange rate targeting* na Índia, ver Patel, 1997.
[21] Rajapatirana e Athukorala, 2003:625.
[22] Sachs, Tornell e Velasco, 1996:4.

mentados com o cálculo de um índice para o Brasil no período 1970-85, pode-se analisar a tendência das posições das moedas asiáticas e latino-americanas para um longo período de 30 anos. A média dos índices para os 10 países latino-americanos no período 1970-99 chega a 104,5, ou seja, 4,5% acima do equilíbrio de PPP (representado pelo eixo horizontal no gráfico 2) em relação à moeda norte-americana, enquanto, para as moedas asiáticas, a média dos índices de câmbio real atinge 82,7, ou seja, 17,3 pontos percentuais abaixo do equilíbrio de PPP. Os dados a seguir mostram que os níveis de câmbio real em termos de dólar norte-americano na América Latina parecem estar relativamente apreciados em relação aos asiáticos no período 1970-99. Argentina, Peru, Brasil, Uruguai e México apresentam tendência de depreciação nos anos 1980 e apreciação nos anos 1990. Bolívia e Paraguai apresentam apreciação nos anos 1980 e depreciação nos anos 1990. Para Chile, Venezuela e Colômbia, há uma tendência persistente à depreciação até o final dos anos 1990. Na Ásia, Taiwan, Coréia do Sul e Cingapura apresentam tendência de apreciação nos últimos anos. Todos os outros países da amostra — Índia, Tailândia, Malásia, Filipinas, Indonésia, Sri Lanka e Paquistão — apresentam uma tendência recorrente à depreciação.

Gráfico 2
Nível de câmbio real: Ásia e América Latina

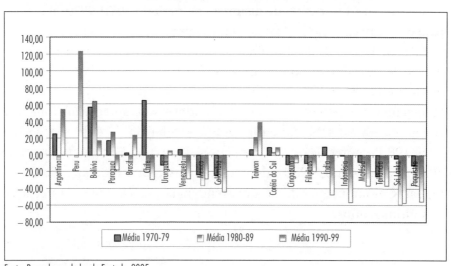

Fonte: Baseado em dados de Easterly, 2005.
Nota: 1979 — base 100.

Vale notar que as apreciações na América Latina estão muito mais ligadas a ciclos populistas e a programas de estabilização do que a um desempenho exemplar do setor exportador. As apreciações em países como Taiwan, Coréia do Sul e Cingapura estão associadas ao sucesso exportador e a recorrentes períodos de superávits em conta corrente que acabam por pressionar o câmbio. As apreciações asiáticas parecem muito mais sadias do que as latino-americanas, já que decorrem de bons desempenhos no comércio externo e de aumentos de produtividade. Para nos ater a três exemplos, as rendas reais *per capita* de Taiwan, Coréia do Sul e Cingapura passaram de uma média de 10% da renda norte-americana no final dos anos 1960 para mais de 60% no final dos anos 1990, atingindo Cingapura mais de 80% da renda *per capita* norte-americana em 1999. Em 1995, o superávit em transações correntes de Cingapura chegou a 14% do PIB e foi quase totalmente utilizado na compra de reservas, que à época eram da ordem de US$ 67 bilhões para uma população de 3 milhões de habitantes.

O gráfico 3 compara distorções cambiais entre países, medidas como desvios do câmbio real em termos de dólar em relação à regra Harrod-Balassa-Samuelson: quanto maior a renda *per capita* de determinado país, mais apreciado deve estar seu câmbio em relação aos seus parceiros comerciais.[23] A partir desse índice de distorção cambial, a diferença entre os dois grupos fica ainda mais clara.

A média dos índices de distorção no período 1970-99 atinge 79,67 para os asiáticos e 113,79 para os latino-americanos. No grupo dos asiáticos, com a exceção das Filipinas, todos os países apresentam clara tendência de desvalorização nos anos 1980 e 1990. Para os latino-americanos, o padrão do índice segue o comportamento do câmbio real apresentado acima. Peru e Uruguai revelam tendência de apreciação contínua. Argentina, Brasil e México apresentam tendência de depreciação nos anos 1980 e apreciação nos anos 1990. Bolívia e Venezuela mostram apreciação nos anos 1980 e depreciação nos anos 1990. No caso de Paraguai, Colômbia e Chile há uma tendência persistente à depreciação nos últimos anos.

---

[23] Para detalhes sobre a construção do índice, ver Gala e Lucinda, 2006.

Gráfico 3
Nível de distorção do câmbio real: Ásia e América Latina

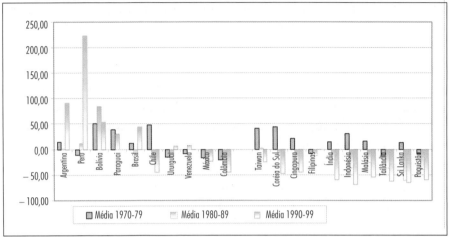

Fonte: baseado em dados de Easterly, 2005.
Nota: 1979 — base 100.

Conclusões

Muitos trabalhos têm apontado os problemas da sobrevalorização cambial e as vantagens de uma relativa desvalorização do câmbio real no processo de desenvolvimento econômico, destacando, portanto, a não-neutralidade da política cambial. Um assunto que recebeu mais atenção na literatura empírica por conta dos estudos de desalinhamento cambial e crescimento, mas que tem pouquíssima representatividade nos estudos teóricos. Com a exceção da literatura sobre a *dutch disease*, que se liga ao tema de forma complementar, os trabalhos teóricos na área de crescimento e macroeconomia passam ao largo da questão. Os argumentos apresentados ao longo deste capítulo destacaram os problemas causados por longos períodos de apreciação do câmbio real, alinhando-se às regularidades empíricas encontradas por diversos estudos econométricos. Levando-se em consideração as possíveis conseqüências negativas de reduções da poupança e do investimento na acumulação de capital, o potencial de estagnação ou até mesmo de regressão tecnológica ligado aos casos de *dutch disease* e o aumento da probabilidade de crises no balanço de pagamentos, apreciações cambiais prolongadas podem ter impactos bastante negativos em trajetórias de crescimento econômico. Por outro lado, níveis relativamente depreciados de câmbio real podem, além de evitar crises cambiais, representar importantes estímulos para acréscimos em taxas de poupança e investimento agregados e para inovações tecnológicas, especialmente via produção de manufaturas para exportação.

O populismo econômico latino-americano dos anos 1970 e 1980 foi muito estudado pelo FMI e pelo Banco Mundial. A recomendação de ajuste econômico feita por ambos sempre foi a desvalorização cambial e o controle das contas públicas. Curiosamente, nos anos 1990, as preocupações com as sobrevalorizações desapareceram. Nos casos de Argentina e Brasil, toda a atenção se voltou para a questão das contas públicas, sendo os problemas de política cambial praticamente ignorados. Os estudos de macroeconomia do populismo dos anos 1980 já demonstravam claramente as graves conseqüências negativas de sobrevalorizações cambiais. Os estudos do Banco Mundial sobre a *dutch disease* apontavam também nesse sentido. Durante os anos 1990 essa experiência foi deixada de lado, e muitas das recomendações de política econômica ignoraram o tema. Os resultados econômicos da América Latina no período recente se aproximaram bastante do que previa a teoria.

Quanto à questão da *dutch disease*, vale a pena destacar que grande parte da literatura e da discussão atual sobre política econômica continua ignorando um tema já amplamente tratado em pesquisas teóricas e empíricas. Esse debate, praticamente ignorado pelos atuais estudos de macroeconomia, foi desenvolvido nos anos 1980, após os choques do petróleo, ligado principalmente aos trabalhos na área de energia, recursos naturais e desenvolvimento. Um bom exemplo dessa lacuna está na literatura mais recente que discute a relação entre desenvolvimento econômico, perfil de comércio e dinâmica tecnológica, sem se preocupar em discutir questões ligadas à administração cambial. Os resultados apresentados neste capítulo destacam a atualidade do assunto e procuram contribuir para uma retomada das análises baseadas nessa literatura dos anos 1980. Como vimos, câmbios relativamente depreciados estimulam o setor de manufaturas comercializáveis, evitando problemas de *dutch disease* e contribuindo para o acréscimo de exportações e o desenvolvimento tecnológico. O problema da *dutch disease* parece ter um alcance muito mais geral do que se pensava inicialmente.

A questão da substituição de poupança interna pela externa mencionada no início do capítulo também merece destaque. Os trabalhos de *mainstream* que relacionam automaticamente o déficit em conta corrente a aumentos de investimentos ignoram uma possibilidade importante. Em muitos casos, um déficit em conta corrente surge única e exclusivamente para financiar *booms* de consumo, sem acréscimos ao estoque de capital. Esses episódios costumam terminar em crises de balanço de pagamentos. Muitos dos casos de apreciação cambial na América Latina nos anos 1980 e 1990 foram acompanhados de redução de poupança doméstica e de crises, especialmente no Chile no início dos anos 1980 e no Brasil, no México e na Argentina nos anos 1990. Como argumentei no início do capítulo, o nível da taxa de câmbio real pode afetar trajetórias de acumulação de capital via definição de níveis de poupança e investimento, com óbvias conseqüências para o processo de desenvolvimento econômico.

Por terem seguido a estratégia de crescimento com déficits em conta corrente e endividamento externo nos anos 1990, os países latino-americanos representam bons exemplos dos problemas que uma estratégia de crescimento com utilização de poupança externa pode trazer. Câmbios sobrevalorizados, crises no balanço de pagamentos, excessivo endividamento externo e *defaults* marcaram a trajetória desses países na década de 1990, em muito se assemelhando aos episódios do final dos anos 1970 e início dos anos 1980. Ao se endividarem para financiar ciclos artificiais de aumento de consumo, México, Brasil e Argentina passaram por grandes crises cambiais e estagnação econômica nos anos recentes. O Brasil, ao abandonar sua estratégia de *real exchange rate targeting* dos anos 1970, passou por três grandes ciclos de apreciação cambial desde o final dos anos 1980. O México repetiu, no início dos anos 1990, o ciclo de sobrevalorização e crise de início da década de 1980. A Argentina levou essa estratégia ao paroxismo e passou, a partir da implantação de seu *currency board*, a conviver com grandes desalinhamentos cambiais. O Chile parece ter sido um dos únicos países na América Latina a aprender com as lições dos anos 1970 e 1980. Ao mudar seu estilo de administração cambial e evitar o excessivo endividamento externo, passou pelas crises da década de 1990 praticamente incólume.

Na Ásia, as principais diferenças entre Taiwan, China e Índia e os países que entraram em crise também se relacionam com o comportamento da taxa de câmbio real e com o endividamento externo. Na segunda metade dos anos 1990, Coréia do Sul, Malásia e Tailândia alteraram a estratégia dos anos 1980, passando a depender fortemente de financiamento externo de curto prazo, o que permitiu algum grau de apreciação cambial. Mesmo direcionando os fundos de empréstimos para investimentos, passaram por grandes crises a partir da reversão súbita do financiamento. A Indonésia, por contágio e problemas políticos, acabou também se juntando ao time dos asiáticos em crise. China, Índia e Taiwan seguiram outra rota. Mantiveram a conta capital razoavelmente fechada, controlaram o endividamento externo, praticaram câmbios reais relativamente desvalorizados e, com a exceção da Índia, continuaram operando com superávits em conta corrente. A crise asiática de 1997 teve poucos efeitos nesses países. As grandes quedas no PIB da Coréia do Sul, Malásia, Tailândia e Indonésia contrastam fortemente com as taxas de crescimento de China, Taiwan e Índia.

Para concluir, vale destacar a importância da política cambial como um dos fatores responsáveis pelo relativo sucesso dos asiáticos quando comparados aos latino-americanos nos últimos 20 anos. As evidências aqui apresentadas apontam para uma recorrente subvalorização das moedas asiáticas, quando comparadas às latino-americanas, especialmente ao se levar em consideração alguma medida de distorção cambial que considere variações de produtividade. Esses resultados estão em linha com a literatura empírica que ressalta a importância de câmbios competitivos como uma das explicações para o relativo sucesso dos países do Leste e do Sudeste asiáticos nos últimos 20 anos, notadamente quando comparados ao desempenho decepcionante dos latino-americanos e africanos após o final dos anos 1970 e da crise da dívida.

Numa comparação entre o Leste e o Sudeste da Ásia e a América Latina, os primeiros apresentam altas taxas de poupança e investimento e um dinâmico e desenvolvido setor de comercializáveis em manufaturas voltadas para o mercado mundial; são economias *outward-looking*. Os latino-americanos apresentam baixas taxas de poupança e investimento e, com a exceção de um ou outro caso, têm um parque industrial voltado para o mercado interno; são economias *inward-looking*. Devido aos recorrentes ciclos de sobrevalorização, os países da América Latina provavelmente sofreram, nos últimos 30 anos, de casos de *dutch disease*. Por outro lado, a relativa depreciação dos câmbios reais nas economias do Leste e do Sudeste asiáticos parece ter exercido papel determinante nos altos níveis de poupança e investimento e no dinamismo do setor de bens comercializáveis manufatureiro da região. As trajetórias de desenvolvimento dessas duas macrorregiões parecem ter sido fortemente determinadas pela evolução do nível de seus câmbios reais nestas últimas décadas.

Existem, obviamente, vários riscos e problemas ao se fazer uma análise que agrega países tão distintos quanto Coréia do Sul e Indonésia, ou ainda Brasil e Chile. Entretanto, no nível de abstração em que trabalhamos, não parece tão absurdo agrupar os países do Leste e do Sudeste asiáticos que ora analisei quanto a abordagens nas questões cambiais. Um bom exemplo disso encontra-se nos chamados asiáticos de segunda geração: Indonésia, Malásia e Tailândia. Uma das principais diferenças entre estes e os asiáticos de primeira geração — Coréia do Sul, Hong Kong, Taiwan e Cingapura — está no tamanho de seus territórios e na abundância de recursos naturais, especialmente petróleo. Seriam todos candidatos naturais à *dutch disease*. Entretanto, quando comparados a países africanos ou latino-americanos semelhantes, apresentaram trajetórias de desenvolvimento completamente distintas. Em vez de praticarem a busca de rendas econômicas decorrentes de recursos naturais abundantes, embarcaram numa estratégia de *export-led growth*, em muitos pontos semelhante à primeira geração de "tigres". A comparação da política cambial adotada por Indonésia e Nigéria é emblemática nesse sentido.

Apesar de todas as evidências aqui apresentadas, seria obviamente descabido afirmar que a política cambial por si só explica as diferenças entre o Leste e o Sudeste da Ásia e a América Latina. A literatura de crescimento econômico já está bastante consolidada nesse aspecto, e as diferenças entre essas regiões são bem conhecidas: níveis de educação, infra-estrutura, austeridade fiscal, qualidade da burocracia, menores níveis de corrupção e *rent-seeking* e assim por diante. Na literatura que trata de política industrial e desenvolvimento, as diferenças entre esses dois grupos são também bastante claras e as virtudes do modelo asiático de promoção de exportações (EPI) sobre o modelo latino-americano de substituição de importações (ISI) estão bem demonstradas. Ao analisar a evolução da política cambial nessas duas macrorregiões, este capítulo procurou contribuir com um setor menos explorado por essas duas literaturas.

Bibliografia

ACEMOGLU, D.; SIMON, J.; JAMES, R. *Institutional causes, macroeconomic symptoms*: volatility, crisis and growth. Cambridge, Mass.: MIT, 2002.

AMSDEN, A. H. *Asia's next giant, South Korea and late industrialization*. Oxford: Oxford University Press, 1989.

BARREL, R. et al. FEERs for the NICs: exchange rate policies and development strategies in Taiwan, South Korea, Singapore and Thailand. In: COLLIGNON, Stefan; PISANI-FERRY, Jean; PARK, Yung Chul (Eds.). *Exchange rate policies in emerging Asian countries*. New York: Routledge, 1999.

BENAROYA, F.; JANCI, D. Measuring exchange rates misalignment with purchasing power parity estimates. In: COLLIGNON, Stefan; PISANI-FERRY, Jean; PARK, Yung Chul (Eds.). *Exchange rate policies in emerging Asian countries*. New York: Routledge, 1999.

BELLUZZO, L. G. O dólar e os desequilíbrios globais. *Revista de Economia Política*, v. 25, n. 3, p. 224-232, jul. 2005.

_____; TAVARES, M. C. A mundialização do capital e a expansão do poder americano. In: FIORI, José Luis (Org.). *O poder americano*. Petrópolis: Vozes, 2005.

BRESSER-PEREIRA, L. C. Populismo e política econômica no Brasil. In: BRESSER-PEREIRA, L. C. (Org.). *Populismo econômico*: ortodoxia, desenvolvimentismo e populismo na América Latina. São Paulo: Nobel, 1991.

_____. Exchange rate: fix, float or manage it? In: VERNENGO, Mathias (Ed.). *Monetary integration and dollarization:* no panacea. Cheltenham: Edward Elgar, 2006.

_____; NAKANO, Y. Crescimento com poupança externa? *Revista de Economia Política*, v. 22, n. 2, abr. 2003.

CANITROT, A. A experiência populista de redistribuição de renda. In: BRESSER-PEREIRA, L. C. (Org.). *Populismo econômico:* ortodoxia, desenvolvimentismo e populismo na América Latina. São Paulo: Nobel, 1991.

CARDOSO, E. Uma perspectiva macroeconômica do crescimento brasileiro: algumas comparações internacionais. In: ALMEIDA, Paulo Roberto de; BARBOSA, Rubens (Orgs.). *O Brasil e os Estados Unidos num mundo em mutação.* Washington, DC: [s.ed.], 2003.

_____; HELWEGE, A. *Currency crisis in the 1990s:* the case of Brazil. Rio de Janeiro: Ipea, jun. 1999. (Série Seminários, 13/99).

CAVALLO, D.; COTTANI, J. A.; KAHN, M. S. Real exchange rate behaviour and economic performance in LDCs. *Economic Development and Cultural Change*, n. 39, p. 61-76, Oct. 1990.

CHANG, H. The East Asian development experience. In: CHANG, Ha-Joon (Ed.). *Rethinking development economics.* London: Anthem Press, 2003.

CORDEN, W. M. *Too sensational, on the choice of exchange rate regimes.* Cambridge, Mass.: MIT Press, 2002.

DÍAZ-ALEJANDRO, C. Planos de estabilização no Cone Sul. In: BRESSER-PEREIRA, L. C. (Org.). *Populismo econômico:* ortodoxia, desenvolvimentismo e populismo na América Latina. [1981]. São Paulo: Nobel, 1991.

DOLLAR, D. Outward-oriented developing economies really do grow more rapidly: evidence from 95 LDCs, 1976-1985. *Economic Development and Cultural Change,* n. 40, p. 523-544, 1992.

DOOLEY, M. P.; LANDAU, D. F.; GARBER, P. *An essay on the revived Bretton Woods system.* Sept. 2003. (NBER Working Paper, 9.971).

_____; _____; _____. Interest rates, exchange rates and international adjustments. Nov. 2005. (NBER Working Paper, 11.771).

DORNBUSCH, R. *Keys to prosperity: free markets, sound money and a bit of luck.* Cambridge, Mass.: MIT Press, 2002.

_____; EDWARDS, S. The macroeconomics of populism. In: DORNBUSCH, R.; EDWARDS, S. (Eds.). *The macroeconomics of populism in Latin America.* Chicago: Chicago University Press, 1995.

_____; PARK, Y. C. Flexibility or nominal anchors? In: COLLIGNON, Stefan; PISANI-FERRY, Jean; PARK, Yung Chul (Eds.). *Exchange rate policies in emerging Asian countries*. New York: Routledge, 1999.

_____; GOLDFAJN, I.; VALDES, R. Currency crises and collapses. *Brookings Papers on Economic Activity*, Washington, DC, n. 2, 1995.

EASTERLY, W. *The lost decades*: developing countries' stagnation in spite of policy reform, 1980-1998. Washington, DC: World Bank, 2001.

_____. *Macro time series*. Disponível em: <www.nyu.edu/fas/institute/dri/Easterly>. Acesso em: 2005.

EICHENGREEN, B. Chinese currency controversies. In: ASIAN ECONOMIC PANEL. *Proceedings...* Apr. 2004.

_____; HATASE, M. *Can a rapidly-growing export-oriented economy smoothly exit an exchange rate peg? Lessons for China from Japan's high-growth era*. Sept. 2005. (NBER Working Paper, 11.625).

FAJNZYLBER, P.; LOAYZA, N.; CALDERÓN, C. *Economic growth in Latin America and the Caribbean*: stylized facts, explanations and forecasts. Washington, DC: World Bank, 2002.

FFRENCH-DAVIS, R. *Entre el neoliberalismo y el crecimiento con equidad, tres décadas de política económica en Chile*. Buenos Aires: Siglo XXI, 2004.

FISHLOW, A. O estado da economia latino-americana. In: *Desenvolvimento no Brasil e na América Latina, uma perspectiva histórica*. [1985]. São Paulo: Paz e Terra, 2004.

_____; GWIN, C. Lessons from the East Asian experience: overview. In: FISHLOW, A. et al. (Eds.). *Miracle or design? Lessons from the East Asian experience*. Washington, DC: Overseas Development Council, 1994. (Policy Essay, 11).

FRENKEL, R. *Real exchange rate and employment in Argentina, Brazil, Chile and Mexico*. Buenos Aires: Cedes, 2004.

GALA, P.; LUCINDA, C. Exchange rate misalignment and growth: old and new econometric evidence. In: ENCONTRO NACIONAL DE ECONOMIA, 34., 2006, Salvador. *Anais...* Salvador: Anpec, 2006.

GHURA, D.; GRENNES, T. The real exchange rate and macroeconomic performance in Sub-Saharan Africa. *Journal of Development Economics*, n. 42, p. 155-174, 1993.

HAUSMANN, R.; PRITCHETT, L.; RODRIK, D. *Growth accelerations*. Cambridge, Mass.: John F. Kennedy School of Government/Harvard University, Apr. 2004. ms.

LIM, J. Macroeconomic implications of the Southeast Asian crises. In: JOMO, K. S. (Ed.). *After the storm: crisis, recovery and sustaining development in four Asian economies*. Singapore: Singapore University Press, 2004.

MEDEIROS, C. A. Globalização e a inserção internacional diferenciada da Ásia e América Latina. In: TAVARES, Maria da Conceição; FIORI, José Luiz (Orgs.). *Poder e dinheiro, uma economia política da globalização*. Petrópolis: Vozes, 1997.

MONTIEL, P. Domestic macroeconomic management in emerging economies: lessons from the crises of the nineties. In: *Macroeconomics in Emerging Markets*. Cambridge: Cambridge University Press, 2003.

ONG, L. L. Burgernomics: the economics of the Big Mac standard. *Journal of International Money and Finance*, v. 16, p. 865-878, 1997.

_____. Burgernomics and the Asean currency crisis. *Journal of the Australian Society of Security Analysts*, Autumn 1998.

PALMA, G. The three routes to financial crises: Chile, Mexico and Argentina; Brazil, and Korea, Malaysia and Thailand. In: CHANG, Ha-Joon (Ed.). *Rethinking development economics*. London: Anthem Press, 2003.

PATEL, U. R. Some implications of real exchange rate targeting in India. New Delhi: Indian Council for Research on International Economic Relations, 1997.

RAJAPATIRANA, S.; ATHUKORALA, P. Capital inflows and the real exchange rate: a comparative study of Asia and Latin America. *The World Economy*, Apr. 2003.

RAZIN, O.; COLLINS, S. Real exchange rate misalignment and growth. In: RAZIN, Assaf; SADKA, Efraim (Eds.). *International economic integration*: public economics perspectives. Cambridge: Cambridge University Press, 1997.

RHEE, Y.; SONG, C. Exchange rate policy and effectiveness of intervention: the case of South Korea. In: COLLIGNON, Stefan; PISANI-FERRY, Jean; PARK, Yung

Chul (Eds.). *Exchange rate policies in emerging Asian countries*. New York: Routledge, 1999.

RODRIK, D. King Kong meets Godzilla: the World Bank and the East Asian miracle. In: FISHLOW, A. et al. (Eds.). *Miracle or design? Lessons from the East Asian experience*. Washington, DC: Overseas Development Council, 1994. (Policy Essay, 11).

_____. Exchange rate regimes and institutional arrangements in the shadow of capital flows. In: CONFERENCE ON CENTRAL BANKING AND SUSTAINABLE DEVELOPMENT, Aug. 2000, Kuala Lumpur. *Proceedings...* Kuala Lumpur, Malaysia, 2000.

SACHS, Jeffrey D. Conflito social e políticas populistas na América Latina. In: BRESSER-PEREIRA, Luiz Carlos (Org.). *Populismo econômico: ortodoxia, desenvolvimentismo e populismo na América Latina*. São Paulo: Nobel, 1991. p. 123-150.

_____; TORNELL, A.; VELASCO, A. External debt and macroeconomic performance in Latin America and East Asia. *Brookings Papers on Economic Activity*, n. 2, p. 523-573, 1985.

_____; _____; _____. Financial crises in emerging markets: the lessons from 1995. *Brookings Papers on Economic Activity*, n. 1, p. 147-215, 1996.

SHATZ, H. W.; TARR, D. G. *Exchange rate overvaluation and trade protection:* lessons from experience. Washington, DC: World Bank, Feb. 2000. (World Bank Policy Research Working Papers, 2.289).

WADE, R. *Governing the market, economic theory and the role of government in East Asian industrialization*. Princeton: Princeton University Press, 1990.

WILLIAMSON, J. The case for a common basket peg for East Asian currencies. In: COLLIGNON, Stefan; PISANI-FERRY, Jean; PARK, Yung Chul (Eds.). *Exchange rate policies in emerging Asian countries*. New York: Routledge, 1999.

_____. Exchange rate policy and development. In: INITIATIVE FOR POLICY DIALOGUE TASK FORCE ON MACROECONOMICS, 2003, New York. New York: Columbia University, 2003.

WORLD BANK. *The East Asian miracle, economic growth and public policy*. New York: Oxford University Press, 1993.

Ajuste fiscal que se desajusta   8

José Roberto R. Afonso

O Brasil sonha com um choque de gestão na administração pública, mas parece mais próximo do pesadelo de uma gestão de choque. Há pouco mais de uma década o país conseguiu finalmente estabilizar sua economia após várias tentativas fracassadas, inclusive com experimentos os mais heterodoxos. Depois de criado o real, foi iniciado um ciclo de reformas institucionais, que se revelaram ora insuficientes (como a previdenciária), ora incompletas (como a administrativa), ora praticamente inexistentes (como a tributária). Há ainda uma enorme agenda de questões a serem enfrentadas, especialmente aquelas que afetam a administração pública e a organização de suas finanças.

Saindo do campo da estrutura para o da conjuntura, o ajuste fiscal, que seria um caso de sucesso, até com reconhecimento internacional, nunca se conclui, e crescem as deficiências. É como uma reforma de uma casa que nunca acaba; como se a casa não tivesse por finalidade servir de moradia e, sim, ser reformada o tempo todo. Ajustar passou de meio a fim da política fiscal, que assim se tornou muito limitada e também condicionou as demais políticas, especialmente a tributária, porque aumentar a receita (em vez de cortar gastos) foi o principal atalho trilhado na busca dos resultados fiscais almejados.

Desde as vésperas da criação do real, a agenda fiscal brasileira resume-se a perseguir um ajustamento de contas, com uma visão exclusivamente voltada para o curto prazo. Não se quer negar sua necessidade, porém, é preciso ficar claro que o ajuste tem limites, inclusive temporais. O que deveria ser provisório, por princípio, acabou se revelando duradouro e, pior, em termos prospectivos, ainda desponta como permanente. Para tanto, foram promovidas mudanças legislativas de vulto, incluindo várias e sucessivas emendas constitucionais. A opção preferencial das autoridades econômicas nacionais era e continua a ser por instrumentos transitórios — como a desvinculação de receitas federais e a tributação da movimentação financeira. Se a Lei de Responsabilidade Fiscal (LRF) foi uma exceção a tal regra, por ter um enfoque estrutural e ser voltada para o longo prazo, por outro lado, é forçoso reconhecer que se revelou incompleta e enfraquecida, à medida que avançam o tempo e as práticas inadequadas.

Se o debate macroeconômico dos últimos anos no país pode ser considerado limitado (quase interditado) e pobre, o mesmo se repete no campo fiscal. A análise se resumiu ao acompanhamento de um só indicador — a dívida líquida do setor público —, do qual derivam suas necessidades de financiamento (forma pela qual se mede o déficit ou superávit), cujo conceito primário monopoliza as atenções. Curiosamente, a conceituação desse indicador decorre da política financeira (na origem, mais preocupada em avaliar a pressão do setor público sobre a poupança nacional), sendo também sua mensuração feita a partir do sistema financeiro (medindo o resultado fiscal *abaixo da linha*, pela variação dos créditos que os credores informam deter contra o setor público). Ao contrário do que muitos pensam, não há o menor recurso às contas públicas — para mensurar, por exemplo, a diferença entre o que se arrecada e o que se gasta — no dito conceito *acima da linha*.[1] E não se pode alegar que falte qualidade à contabilidade pública no Brasil, que, desde 1964, adota o regime de competência para mensurar as despesas — o que só passou a ser feito em muitos países ricos do mundo há duas décadas. Muito menos se pode alegar que falte publicidade aos documentos contábeis, o que foi potencializado com a edição da LRF.

---

[1] No único caso em que é feito o cálculo *acima da linha*, o do governo federal, sempre foi registrada uma diferença entre os resultados medidos nos dois conceitos, por vezes mais expressiva, atribuída ao *floating* e a erros e omissões.

À parte questões metodológicas, a análise fiscal ficou resumida ao resultado primário porque, coerente com a inspiração desse indicador como sinalizador por excelência do sistema financeiro, uma única e exclusiva preocupação tem marcado a política fiscal: mensurar a capacidade do setor público de gerar resultados que fossem e sejam suficientes para honrar os juros de sua dívida. Nada contra o legítimo direito dos capitalistas de se preocuparem em avaliar adequadamente a solvência e a liquidez de quem toma seus recursos por empréstimos — afinal, vivemos no capitalismo. Mas uma análise fiscal deveria ir muito além desse aspecto. No mínimo, deveria se preocupar com a forma pela qual os resultados fiscais são gerados, o tamanho e a evolução dos fluxos de receitas e gastos, a decomposição por segmento institucional, isto sem contar que se deve cotejar se o resultado primário tem sido suficiente para arcar com os encargos da dívida (o que é expresso no chamado resultado nominal). Seria óbvio, mas num país que gosta de posições extremadas, é bom alertar que avaliar e eventualmente criticar a forma pela qual os resultados primários são gerados não significa negar aos devedores o direito a seu crédito e a receber seu serviço. A tese é que um analista fiscal não deveria se transmutar em analista financceiro.

Já passa da hora de se levantar questionamentos. Por certo, há algo de errado com a política fiscal no Brasil. Se mal começou o debate em torno de como e para onde mudar, ao menos é preciso firmar a convicção de que não é possível continuar como está. A menos que se queira manter um ritmo de crescimento econômico ridículo quando comparado até mesmo ao restante da América Latina — seria uma covardia comparar com as demais economias emergentes.

Quando se encerrará a transição e o sistema poderá ter um funcionamento corrente comum? Como realizar um ajuste que seja efetivamente eficaz e definitivo? Por que o ajuste começa a se revelar ineficiente e/ou ineficaz? Será que a própria forma adotada de ajuste, combinando crescente expansão da carga tributária com redução permanente dos investimentos públicos, não estaria engendrando sua própria debilidade? Por que políticas e práticas fiscais no Brasil ficam presas a uma gestão de choque, que só olha o curtíssimo prazo, sempre corre atrás dos problemas e sistematicamente recorre a soluções parciais e provisórias? Como mudá-las para um choque de gestão que planeje o longo prazo, antecipe as questões e promova um equacionamento completo e definitivo?

O objetivo deste capítulo é refletir sobre essas questões e especular sobre alternativas para se dar um salto de qualidade na gestão das finanças públicas do país. Chama a atenção, desde já, o fato de que essa análise tem um caráter preliminar e mesmo polêmico. Parte de reflexões críticas (inclusive, com autocrítica) para especular sobre possíveis alternativas e, portanto, está longe de constituir um plano fiscal pronto, acabado e abrangente. A proposta é provocar o debate e dar subsídios às decisões sem a pretensão de achar que se aponta aqui um caminho ideal.

Ajuste *made in Brazil*

Disciplina fiscal nunca foi uma questão simples e consensual na história brasileira, que acumula casos de moratória, interna e externa. O assunto não despertou maiores preocupações durante a Assembléia Constituinte de 1987/88 que elaborou a Constituição vigente e através dela promoveu o último grande ciclo de reformas institucionais.[2] Se muitas decisões tomadas com a nova Carta resultaram em notórias e fortes pressões sobre o gasto público, especialmente no título da ordem social, por outro lado, é inegável que esta também abriu oportunidades para a ampliação e a diversificação das fontes tributárias (ainda que cobradas sob a forma de contribuições) e para a edição de legislação complementar que adotasse princípios e regras fiscais reequilibradoras.

Com a implantação do Plano Real, a preocupação com a situação fiscal brasileira voltou à tona. O diagnóstico era de que a inflação mascarava um déficit estrutural nas contas públicas e de que, se reduzindo o imposto inflacionário, esse déficit apareceria e poderia comprometer o esforço de estabilização da moeda.

Para lidar com isso os formuladores do Plano Real propuseram um ajuste fiscal provisório e de curto prazo para evitar que o provável déficit fiscal futuro gerasse pressões inflacionárias, enquanto fosse implantado

---

[2] Para mais detalhes sobre o processo constitucional, ver Azeredo, 1987; Rezende e Afonso, 1987; e Afonso, 1999.

um programa de reformas de maior fôlego, que garantiria no futuro o equilíbrio fiscal de longo prazo e um maior crescimento da economia. Na prática, a previsão da aprovação das reformas tal como formuladas pelo Executivo e no prazo antevisto se mostrou muito otimista. O ajuste fiscal implantado no âmbito do Plano Real, em 1993 e 1994, que incluía elevação de tributos e desvinculação de receitas da União e que era para ser provisório e de curto prazo, tornou-se permanente e uma estratégia que vigora até o presente.[3]

Vale recuperar esse processo histórico. Após a formulação de um plano de ação fiscal imediata, que propunha várias medidas para aprimorar receitas e gastos, o governo acabou concentrando seus esforços na criação de um mecanismo orçamentário: a desvinculação da receita federal. Criado sob o título de Fundo Social de Emergência (FSE) por ironia teve como resultado realocar recursos que, de um lado, caberiam originariamente à seguridade como um todo, via contribuições; ao Fundo de Amparo ao Trabalhador (FAT); em geral, ao Programa de Integração Social (PIS)/Programa de Formação de Patrimônio do Servidor Público (Pasep), e a estados e municípios (relativos à expansão de impostos com eles compartilhados), de modo que, por outro lado, fossem utilizados para custear gastos tradicionalmente classificados como fiscais, em particular os benefícios previdenciários dos servidores públicos federais.

O mecanismo de desvinculação da receita federal foi sucessivamente prorrogado e expandido, uma vez que atraiu um consenso absoluto de que seria imprescindível para o ajuste fiscal mais imediato, enquanto não fosse alcançado o equilíbrio de médio e longo prazos que resultaria das reformas tributária e fiscal.

A mesma lógica marcou a tributação provisória sobre a movimentação financeira, criada como imposto provisório sobre movimentação financeira (IPMF) e depois como contribuição provisória sobre movimentação financeira (CPMF), que também foi prorrogada sucessivamente e passou a ser tratada como se integrasse um mesmo pacote de regras

---

[3] Segundo Rezende (2006:3): "Frente à necessidade de gerar elevados superávits primários para evitar que a trajetória da dívida pública saísse de controle, após a adoção do regime de câmbio flutuante, o governo promoveu um forte aumento nos tributos, dadas as conhecidas restrições à contenção e ao corte de gastos".

de desvinculação. Essa até já foi mais criticada que a desvinculação de receitas da União (DRU) pelo notório efeito cumulativo que provoca, porém, como tem arrecadado bem e sem prejudicar a intermediação bancária (embora todos esqueçam que o Brasil é campeão mundial de altas taxas reais de juros), também se tornou aos poucos um consenso — com a idéia de que constitui um *mal necessário*. A mesma lógica também valeu, ainda que mais sutilmente, como parte da justificativa para os sucessivos aumentos da carga tributária, especialmente através de contribuições sociais, promovidos desde o final da década passada.

Se os mecanismos provisórios eram tidos consensualmente como necessários enquanto não se encontravam as soluções permanentes, por outro lado, raramente foi questionado até onde não seriam eles próprios um dos obstáculos (se não o principal) para o equacionamento definitivo. Teria sido formado um círculo vicioso em que as próprias medidas emergenciais retardariam a tão desejada reestruturação fiscal; em outra e pior hipótese, elas mesmas provocariam o desequilíbrio no momento seguinte e se ficaria preso num ciclo em que o ajuste gera o desajuste.

Tal paradoxo só ficou claro no debate da reforma tributária quando se perdeu a melhor de todas as oportunidades nos últimos anos para promover uma revisão abrangente da tributação no país. Em 1999/2000, as autoridades federais interromperam o acordo que já tinha sido selado na Câmara dos Deputados, inclusive com autoridades estaduais e municipais, em torno da chamada Emenda Mussa Demes, apesar de esta promover uma inegável e profunda melhoria no sistema tributário e de sua implantação ser gradual e com efeitos apenas no longo prazo. O governo federal temia que tal reforma atrapalhasse, ou até inviabilizasse, os esforços que promovia no curtíssimo prazo. Em resposta à grave crise externa que assolava o país, o governo tinha implantado um programa de estabilização fiscal que, de fato, estava alicerçado num vigoroso e rápido aumento da carga tributária global, especialmente mediante contribuições sobre faturamento, lucros e movimentação financeira, que seriam alterados, fundidos ou extintos pela reforma então negociada no Congresso.

O medo de arriscar no curtíssimo prazo levou a se abortar o processo na única vez em que se conseguiu lograr algum acordo para promover uma mudança da tributação que era realmente estrutural e de impacto no longo prazo. Logo em seguida, mais uma vez, alegando a ausência da tal reforma tributária, foi pedida e aprovada a prorrogação da desvinculação da receita e da tributação provisória da movimentação bancária.

O mesmo repertório, em essência, foi repetido em 2003, ainda que tenham mudado o governo e a dialética. Aí foram mobilizados governadores estaduais e feita uma grande publicidade de que seria feita uma reforma tributária, embora o projeto na verdade só mudasse, e ainda assim parcialmente, o imposto sobre circulação de mercadoria e serviços (ICMS) estadual, e que, no final, acabasse não sendo aprovado, tramitando até hoje na Câmara dos Deputados. Mais uma vez, passou com consenso absoluto o que era necessário ao ajuste fiscal mais imediato — a DRU e a CPMF, porém ampliadas (a DRU foi estendida também às contribuições econômicas e a alíquota da CPMF foi constitucionalizada) e acrescidas de outras medidas, que provocariam mais aumento de carga (em especial, foram ampliadas as contribuições de faturamento para alcançar também importações).

O ajuste fiscal através do *mal necessário* tem no seu cerne duas questões estruturais que remontam à reforma constitucional de 1988: a necessidade de atender à expansão da seguridade social e, ao mesmo tempo, tentar atenuar ou mesmo reverter parcialmente a descentralização tributária. Em um primeiro momento, o gasto público federal foi impactado pelo aumento dos benefícios previdenciários, do regime geral e também dos próprios servidores — e depois, em período bem mais recente, pelos benefícios assistenciais —, tendo respondido com o aumento das contribuições. Em um segundo momento, o gasto federal, que já vinha sendo pressionado desde a criação do real pelos crescentes encargos da dívida decorrentes das elevadas taxas reais de juros, com a crise externa de 1998 passou a exigir também que fosse cada vez mais custeado com resultados fiscais para que fosse reduzida a geração de déficit nominal. Isso também estimulou o aumento de carga, porém mudou a natureza e a dependência da regra de desvinculação da receita federal[4] — as fontes originariamente vinculadas à seguridade social é que

---

[4] É importante também lembrar que as vinculações para a seguridade social são genéricas (e não para finalidades específicas, como no caso de muitas taxas). Além disso, entre as contribuições, somente a contribuição previdenciária e parte da CPMF eram vinculadas e deixaram de ser atingidas pela DRU. Mesmo a contribuição sobre intervenção no domínio econômico (Cide), que tem uma parcela compartilhada com os estados, passou a ser submetida à DRU.

passaram a gerar excessos para financiar o gasto fiscal crescente, não só com servidores inativos, como também com o serviço da dívida.

O sistema tributário virou um caso à parte no mundo: é o único em que já se arrecada mais contribuições do que impostos,[5] porque é o único em que aquelas não incidem apenas sobre a folha salarial. De direito, temos dois sistemas tributários. Ou, de fato, um só sistema no qual a contribuição[6] é só um atalho legal e jurídico para extrair compulsoriamente recursos da sociedade e de maneira muito mais fácil e rápida do que através dos impostos clássicos.

Uma primeira vantagem das contribuições é incidirem sobre a mesma base de impostos, cuja metade da receita deveria ser compartilhada com os governos estaduais e municipais. Também é muito mais fácil criar e majorar contribuições do que impostos; afinal, as primeiras não precisam respeitar o princípio da anualidade (entram em vigor após três meses), podem ser reguladas através de medidas provisórias (raramente dependem de lei complementar) e alcançam a mesma base de impostos ou outras contribuições. Essa porteira já tinha sido aberta na Constituinte (e os governos subnacionais nunca reclamaram), foi explorada com moderação até ser largamente usada a pretexto do ajuste para fazer frente à crise externa do final da década, mas, sem tal pretexto, foi levada ao extremo nos últimos tempos, em que não só se usou as contribuições para expandir a receita na margem como também em troca explícita pela cobrança de impostos — nos quais foram concentradas as poucas benesses fiscais concedidas, particularmente no caso do imposto sobre produtos industrializados (IPI), cuja carga nunca foi tão baixa desde que foi criado há quatro décadas.

Um ajuste que desajusta

É preciso expandir esta análise para além das fronteiras fiscais propriamente ditas. Importa qualificar os reflexos sobre a economia como um todo.

---

[5] Em 2005, as contribuições arrecadaram 19,5% do PIB no seu todo, superando em mais de um ponto do PIB o que foi recolhido por intermédio de impostos tradicionais.
[6] Para mais detalhes sobre as contribuições, ver Araújo, 2005.

O uso prolongado dessa estratégia de ajuste trouxe efeitos deletérios para a economia. O primeiro deles, e talvez o que mais afete o setor produtivo, foi o aumento da carga tributária. Como já foi dito por muitos, o ajuste trilhou o caminho de menor resistência, que foi o aumento da carga tributária (ver gráfico 1). O que é novo, de certa forma, é a mensuração da carga,[7] que, quando se computa tudo o que é extraído compulsoriamente da sociedade — incluindo a recuperação de tributos vencidos no passado; todas as contribuições, inclusive as destinadas ao setor privado, como o Fundo de Garantia do Tempo de Serviço (FGTS) e o sistema S; e os *royalties* e participações sobre petróleo e energia — e as informações mais recentes do balanço público, chega perto de 39% do PIB.

Gráfico 1
Carga tributária bruta global, em proporção do PIB: 1992-2005

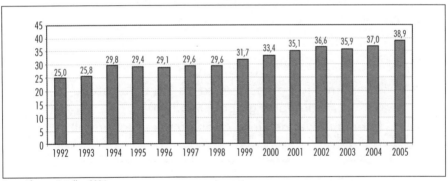

Fonte: Afonso e Meirelles, 2006.
Nota: Estimativa para 2005.

Esse nível de tributação situa-se na média dos países ricos e mais de 10 pontos do PIB acima da média das economias emergentes. Pior do que estar num padrão muito diferente daquelas economias com que concorre é a constatação de que tal distorção resulta do bloco de tributos indiretos — enquanto a média dos países ricos mal chega a 12% do PIB, no Brasil beira os 20% do PIB.

---

[7] Para mais detalhes sobre aspectos metodológicos da mensuração da carga e uma revisão dos levantamentos recentes, ver Afonso e Meirelles, 2006.

A elevação recente da carga também tem prejudicado o crescimento econômico. É importante qualificar que não se trata de argüir que uma carga elevada por si só constitui um fator desacelerador da economia — aliás, se fosse assim, os países europeus não teriam crescido e nem deixariam de crescer. Porém, é inegável que a carga passou a ser um problema no Brasil a partir da segunda metade dos anos 1990, quando foi rompido o padrão histórico do pós-guerra, em que a carga tinha subido na fase expansionista do ciclo econômico (quando a taxa de crescimento da arrecadação tributária tendia a superar a do PIB) e mantinha o nível na fase decrescente.

Não obstante algumas oscilações, a economia manteve um ritmo bastante reduzido de crescimento desde a criação do real — cerca de 2,2% ao ano, em média —, ao mesmo tempo em que a expansão média da receita tributária nacional chegou quase a triplicar (ver a evolução das taxas de crescimento médio, no gráfico 2). Num cenário particular como esse, é inevitável supor que a tributação exerceu um peso importante para retardar ou frear o crescimento econômico, em especial quando se manteve a tributação das exportações e se aumentou a incidência sobre bens de capital.

Gráfico 2
Crescimento no pós-guerra do PIB e da receita tributária global: 1952-2003
(média móvel de cinco anos da taxa real anual)

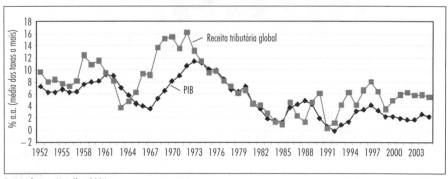

Fonte: Afonso e Meirelles, 2006.

Outra faceta do aumento de carga diretamente mais danosa em termos sociais é a regressividade elevada e crescente do padrão de tributação. Como já foi dito, a carga tributária recorre largamente à cobrança indireta de tributos. Isso ocorre mesmo no caso das contribuições sociais, e possivelmente com efeitos até mais prejudiciais do que os dos impostos, pois ICMS e IPI aplicam alíquotas diferenciadas e com algum grau de progressividade e seletividade, enquanto a contribuição para o financiamento da seguridade social (Cofins) e o PIS usam alíquotas uniformes para todos os setores (a diferenciação está nas isenções, mas estas não são tão amplas).

Por mais progressiva que seja a cobrança dos impostos sobre a renda e sobre o patrimônio, sua carga nacional ainda é relativamente baixa e seu efeito é muito pequeno diante do enorme peso dos tributos indiretos. Estudos mostram uma relação direta e contínua entre a renda familiar e o peso nela dos tributos indiretos: estima-se que a carga média para uma família, no menor decil, com renda média inferior a dois salários mínimos seja o triplo da incidente sobre aquelas de renda superior a 30 salários, no maior decil.[8]

A mesma estimativa aponta que o aumento da carga em período recente, por estar mais fortemente apoiada em tributos indiretos do que em diretos, resultou num aumento proporcionalmente maior do ônus tributário das famílias que ganham menos, como revela a tabela 1.

Tabela 1
Carga tributária direta e indireta sobre a renda total das famílias: 1996 e 2004

Renda mensal familiar (em salário mínimo)	Tributação direta 1996	Tributação direta 2004	Tributação indireta 1996	Tributação indireta 2004	Carga tributária total 1996	Carga tributária total 2004	Acréscimo de carga tributária (em pontos percentuais)
Até 2	1,7	3,1	26,5	45,8	28,2	48,9	20,6
2 a 3	2,6	3,5	20,0	34,5	22,6	38,0	15,4
3 a 5	3,1	3,7	16,3	30,2	19,4	33,9	14,5
5 a 6	4,0	4,1	14,0	27,9	18,0	32,0	14,0
6 a 8	4,2	5,2	13,8	26,5	18,0	31,7	13,7
8 a 10	4,1	5,9	12,0	25,7	16,1	31,6	15,6
10 a 15	4,6	6,8	10,5	23,7	15,1	30,5	15,4
15 a 20	5,5	6,9	9,4	21,6	14,9	28,5	13,5
20 a 30	5,7	8,6	9,1	20,1	14,8	28,7	13,9
Mais de 30	10,6	9,9	7,3	16,4	17,9	26,3	8,4

Fontes: Fecomércio, 2006, com base em POF/IBGE, e em Viana et al., 2000.

---

[8] Ver Fecomércio, 2006.

Um terceiro e importante efeito perverso para a economia do ajuste fiscal realizado no Brasil relaciona-se com seu caráter profundamente contracionista para a demanda agregada e a geração nacional de renda. O Brasil fez, na última década, um movimento no sentido exatamente inverso ao dos países mais ricos — cuja tendência foi reduzir o tamanho do Estado e da despesa pública agregada;[9] por um lado, aumentou a carga tributária, diminuindo com isso a renda disponível do setor privado e, por outro, elevou o gasto, mas reduziu o que dele se destinava à demanda de bens e serviços na economia.[10]

Segundo a conta das administrações públicas na contabilidade nacional, entre 1995 e 2003, o total da despesa não-financeira cresceu 2 pontos do PIB, ao mesmo tempo em que caía em 0,5 ponto do produto o gasto com consumo e investimentos. Os gastos com benefícios previdenciários e assistenciais subiram 2,7 pontos do PIB, como revela a tabela 2.

Tabela 2
Evolução do total de fontes e de usos das administrações públicas nas contas nacionais: 1995 e 2003

	Em % do PIB		Variação entre 1995 e 2003	
	1995	2003	% do PIB	Distribuição (%)
Pelo lado da receita (A)	34,43	42,35	7,92	100,0
Carga tributária	28,44	34,01	5,57	70,3
Outras receitas correntes	5,99	8,34	2,35	29,7
Pelo lado da despesa (B)	36,15	38,08	1,93	24,4
Demanda por bens e serviços (consumo + investimento)	22,13	21,59	−0,54	−6,8
Gastos previdenciários e assistenciais	13,15	15,89	2,74	34,6
Outras transferências de renda ao setor privado	0,86	0,59	−0,27	−3,4
Margem fiscal (A − B)	−1,71	4,28	5,99	75,6

Fonte: Afonso e Araújo, 2005, com base em dados de SCN/IBGE.

---

[9] Segundo Tanzi e Schuknecht (2005), em uma amostra de 22 países industrializados, o gasto público médio, que atingiu o pico de 52% do PIB nos últimos 20 anos, caiu quase 7% do PIB e em 2002 já se encontrava abaixo dos níveis de 1982. Por categoria de gasto, a redução com transferências e subsídios foi maior do que com consumo ou investimento. Entre o ano de maior gasto de cada país rico da amostra (geralmente meados dos anos 1980) e 2002, houve uma queda no total da despesa governamental, na média de mais de duas dezenas de países, de 6,6 pontos do PIB, dos quais 2,5 pontos explicados por cortes em transferências e subsídios, contra uma redução de investimentos fixos de apenas 0,5 ponto do produto. Quando decompostos por principais funções, como os gastos com pensões se mantiveram no mesmo patamar (variação de 0,1 ponto do PIB), é possível inferir que a contenção nessa categoria se deu nos subsídios às empresas e às famílias.

[10] Para mais detalhes, ver Afonso e Araújo, 2005.

Nesse cenário, o efeito mais prejudicial pelo lado do gasto envolveu um dos seus menores componentes: os investimentos fixos. Os cortes mais profundos atingiram os investimentos públicos, especialmente em infra-estrutura.[11]

O Brasil tornou-se uma experiência quase exótica entre as economias emergentes ao apresentar duas características que raramente aparecem juntas: uma carga tributária muito acima da média das economias emergentes, porém com uma taxa de investimento público muito abaixo dessa média — a pior entre todos os países da América Latina, quando computado apenas o governo central. Entre 1995 e 2003, a formação bruta de capital fixo (FBCF) pela administração pública consolidada (já computadas todas as esferas de governo) decresceu de 2,5% para 1,7% do PIB, com prejuízos ainda maiores no caso da infra-estrutura, na qual o decréscimo foi de 0,9% para 0,4% do produto, como revela a tabela 3. Nem se pode alegar que a privatização teria compensado essa queda, pois movimento semelhante foi observado no setor privado, no qual a taxa de investimento caiu de 17,5% para 16,8% do PIB no mesmo período.

Tabela 3
Necessidade de financiamento da administração pública: 1995-2003 (em % do PIB)

	1995	1996	1997	1998	1999	2000	2001	2002	2003
Receitas correntes	34,43	34,25	34,10	35,90	37,78	38,64	40,28	42,37	42,35
Despesas correntes	39,91	37,31	36,35	41,65	42,79	41,24	41,64	44,07	45,31
Consumo	19,60	18,49	18,20	19,13	19,08	19,06	19,25	19,93	19,72
Juros	6,30	5,10	4,60	7,31	8,39	6,76	6,84	7,74	9,11
Outras transferências e subsídios	14,01	13,72	13,55	15,22	15,32	15,42	15,56	16,39	16,48
Superávit bruto	–5,48	–3,07	–2,25	–5,75	–5,01	–2,60	–1,36	–1,70	–2,96
Despesas de capital	2,92	2,25	1,94	1,93	1,32	1,69	1,89	2,00	1,50
Formação bruta de capital fixo	2,54	2,31	1,98	2,80	1,73	1,90	2,20	2,20	1,70
Da qual: investimentos em infra-estrutura	0,93	1,08	0,84	1,09	0,52	0,61	0,68	0,52	0,43
Aquisição líquida de ativos não-financeiros	0,00	0,00	–0,17	–1,02	–0,47	–0,47	–0,36	–0,14	–0,05
Transferências líquidas	0,38	–0,06	0,14	0,16	0,07	0,27	0,05	–0,06	–0,14
Erros e omissões	2,51	0,01	–1,45	0,74	0,48	–0,06	–0,89	–0,88	–1,27
Superávit primário	0,41	–0,20	–1,04	0,36	2,54	2,41	2,70	3,16	3,38
Superávit nominal (NFAP)	–5,89	–5,30	–5,64	–6,95	–5,85	–4,35	–4,14	–4,58	–5,73

Fonte: Afonso, Biasoto e Araújo, 2005, com base em dados de SCN/IBGE, Bacen.

---

[11] Para uma análise aprofundada da questão, ver Afonso, Biasoto e Araújo, 2005.

A análise anterior das contas nacionais foi limitada até 2003, pois é o último ano para o qual há dados disponíveis. Por certo, os efeitos aqui ressaltados, especialmente de elevação da carga tributária e do total do gasto público, serão ainda mais acentuados quando forem computados os fluxos do biênio seguinte.

Outra faceta institucional que revela desequilíbrio crescente na esfera pública diz respeito à divisão federativa dos recursos tributários. As contribuições foram o veículo por essência para se promover dois fenômenos no sistema tributário e na federação: elevar a carga tributária e, ao mesmo tempo, recentralizar a arrecadação. Ainda que tal efeito tenha sido parcialmente atenuado pelo aumento das transferências para outros governos, aumentou a dependência de uma federação na qual os governos subnacionais muito valorizaram a autonomia e gerou um desequilíbrio, no qual os estados perderam drasticamente posição relativa, compensada pela maior presença municipal. Analisando a evolução da divisão federativa da receita tributária nas últimas quatro décadas, intermediadas por duas reformas (a centralizadora dos militares nos anos 1960 e a descentralizadora da Constituição de 1988), como demonstrado na tabela 4, constata-se que os governos estaduais foram os grandes perdedores: despencaram de 35% em 1960 para 25% em 2005 do total da receita tributária disponível. Enquanto isso, os governos municipais saltaram de 10% para 17%, e mesmo a esfera federal aumentou de 55% para 58% seu peso na divisão federativa.

Tabela 4
Evolução da receita tributária por nível de governo (conceito contas nacionais): 1960-2005

	Carga (em % do PIB)				Composição (% do total)			
	Central	Estadual	Local	Total	Central	Estadual	Local	Total
Arrecadação direta								
1960	11,14	5,45	0,82	17,41	64,0	31,3	4,7	100,0
1980	18,31	5,31	0,90	24,52	74,7	21,6	2,7	100,0
1988	16,08	5,74	0,61	22,43	71,7	25,6	2,7	100,0
2004	25,10	9,82	2,11	37,03	67,8	26,5	5,7	100,0
2005*	26,62	10,13	2,19	38,94	68,4	26,0	5,6	100,0
Receita disponível								
1960	10,37	5,94	1,11	17,41	59,5	34,1	6,4	100,0
1980	16,71	5,70	2,10	24,52	68,2	23,3	8,6	100,0
1988	13,48	5,97	2,98	22,43	60,1	26,6	13,3	100,0
2004	21,39	9,35	6,29	37,03	57,8	25,3	17,0	100,0
2005*	22,43	9,82	6,68	38,94	57,6	25,2	17,2	100,0

Fonte: Afonso e Meirelles, 2006, com base em dados de STN, SFR, IBGE, Min. da Previdência, CEF, Confaz e balanços municipais.
Nota: A metodologia das contas nacionais inclui impostos, taxas e contribuições, inclusive CPMF e FGTS, assim como a dívida ativa.
* Estimativa preliminar.

Pelas diferentes óticas aqui mostradas, é possível deduzir que o ajuste fiscal imediato está deixando a desejar. Os desafios (ou dilemas) do governo federal diante da excessiva descentralização tributária e a pressão explosiva por mais gastos com seguridade social criados pela Constituição de 1988 foram parciais e temporariamente equacionados pela desvinculação orçamentária. Mas, ao induzir a expansão das receitas não-compartilhadas e vinculadas e ao não impor menor resistência à expansão dos gastos correntes, inclusive com encargos da dívida e benefícios sociais, a desvinculação que ajusta as contas no curto prazo gera distorções e desequilíbrios a médio e longo prazos para a federação e a economia brasileira. Foi o ajuste passado que provocou e potencializou os desajustes presentes e futuros. As relações federativas estão ficando cada vez mais esgarçadas. A administração pública tem sido acusada de inchada e ineficiente — isso sem contar o que ainda é pouco registrado, que recentraliza funções e ações de governo que tinham sido descentralizadas no passado não muito distante.

Portanto, o inter-relacionamento entre seguridade, descentralização e desvinculação induziu um aumento tão forte da carga tributária que o ajuste passou a constituir um foco de desajuste nas relações da federação, na estruturação da administração pública e no próprio funcionamento da economia. Isso remete o foco do debate ao das reformas institucionais, que, apesar de terem sido objeto de maior atenção na década passada, foram cada vez mais deixadas de lado nos últimos anos.

Deterioração fiscal federal no curto prazo

À parte essas distorções ou desvios estruturais, outra ordem de questões, de natureza conjuntural, tende a agravar nos próximos meses as dúvidas ou problemas que cercam a LRF. Desde meados de 2005, o ajuste fiscal está se deteriorando, especialmente no âmbito do governo federal: há uma clara tendência de o gasto se expandir mais do que as receitas, pois, apesar de ambos crescerem a taxas superiores à da economia, parece se acentuar ainda mais a pressão das despesas permanentes.

A manutenção desse ajuste de curtíssimo prazo, resumido na geração de elevado superávit primário, era vista como motivo básico para se evitar discussões sobre qualquer mudança institucional, como a da reforma tributária e até mesmo a revisão da própria. Já se reclamava há tempos que deixava muito a desejar a qualidade desse ajuste, baseado em crescente incremento da carga tributária e em redução acentuada dos gastos públicos em investimentos, especialmente em infra-estrutura. Agora, o cenário ficou ainda mais pessimista no curtíssimo prazo, pelo padrão de expansão acelerada dos gastos — puxados por compromissos firmes, como benefícios previdenciários e folha salarial — e pelo esgotamento da manutenção da carga tributária em ritmo igual ou superior.

O rápido crescimento dos gastos correntes do governo federal, dentro do melhor modelo de populismo fiscal, soma-se ao populismo cambial. Enquanto contrai seus investimentos, tão necessários para o desenvolvimento do país, o governo federal solta as "rédeas" nas despesas com salários e outras remunerações — despesas que chegam para nunca mais sair. Com base nos dados da Secretaria Nacional do Tesouro, comprova-se que as despesas correntes da União — descontadas as transferências a estados e municípios — saltaram de 19,7% do PIB em 2002 para 26,8% do PIB em 2005. O superávit primário de janeiro a maio de 2006 foi de 5,79% do PIB, contra 6,70% em igual período do ano anterior, o que constitui uma redução de 13,6%. Assim, mais adiante, quando uma política fiscal adequada para enfrentar uma conjuntura interna e externa desfavorável for premente, haverá pouca margem de manobra para adequar as contas governamentais ao período de "vacas magras", já que a possibilidade de aumentar tributos estará descartada. Até porque, entre 2002 e 2005, a carga tributária federal aumentou de 25% do PIB para 26,6%. Depois de computadas as transferências constitucionais, o crescimento da arrecadação federal foi também acentuado: 20,9% do PIB em 2002 para 22,4% em 2005.

O crescimento das despesas correntes, por sua vez, tem deixado pouco espaço para investimentos. Para se ter uma idéia, com base nos dados extraídos do Siafi, constata-se que o governo federal de FHC investiu efetivamente 0,84% do PIB em média, e o governo Lula, 0,51% do PIB. Isso representa uma queda de 40% do investimento público (medido em percentagem do PIB) no governo Lula em relação aos oito anos do governo FHC. Além disso, nos dois anos em que a gestão petista mais investiu — 2003 e 2005 — esses percentuais foram 51% e 40% inferiores àqueles realizados por FHC durante os anos áureos de investimentos de sua administração: 1997 e 2002, respectivamente. Para completar, apesar da queda da inflação, o endividamento público permanece alto — em torno de 51% do PIB —, e o Brasil continua a conviver com juros e modalidades de títulos públicos típicos de economias com risco de hiperinflação.

O quadro de deterioração fiscal se insere numa mudança no contexto mais amplo da economia e mesmo da política no Brasil desde o início de 2006. A agenda eleitoral parece pautar a política econômica, em torno da qual há indícios de estar sendo armada uma poderosa bomba de efeito retardado para os próximos meses ou anos, pois a explosão tem data marcada — depois das eleições. Três rastilhos principais conduzem a um paiol de irresponsabilidades combinadas: hipervalorização cambial, crise na agropecuária e aumento dos gastos correntes do governo federal. Embora possua forte apelação eleitoreira, a prodigalidade fiscal, ainda mais vinculada ao populismo cambial, pode trazer sérias conseqüências à economia brasileira no futuro não muito distante. O enredo é velho conhecido dos brasileiros. Medidas eleitoralmente saborosas tendem a revelar seu sabor amargo após as eleições. As reformas voltarão à berlinda.

As reformas que nunca acabam ou resolvem

O senso comum de que uma obra, uma reforma, nunca acaba parece ter sido incorporado pelo processo de reformas nas finanças públicas brasileiras. As reformas padecem de um dos seguintes males: são insuficientes, parciais, descontinuadas, incompletas ou ineficientes.

A reforma administrativa é um caso típico de implantação parcial. Desde 1998, entre outras normas, a Constituição já permite a adoção de *contratos de gestão* com metas de desempenho, considerados das figuras mais avançadas na administração pública moderna, porém não se tem notícia de sua regulamentação, tampouco de contratos assinado sob tal égide.[12]

---

[12] Emenda Constitucional nº 19/98, art. 37, §8º: "A autonomia gerencial, orçamentária e financeira dos órgãos e entidades da administração direta e indireta poderá ser ampliada mediante contrato, a ser firmado entre seus administradores e o poder público, que tenha por objeto a fixação de metas de desempenho para o órgão ou entidade, cabendo à lei dispor

Também nunca foram regulamentadas ou implementadas medidas contempladas na emenda constitucional, como a adoção de mecanismos de avaliação de desempenho dos servidores e, nos casos em que a despesa com pessoal de um governo supere o limite legal, de uma regra para demissões até ser atingido o montante máximo de gasto.[13]

Previdência sempre foi um tema social e politicamente muito sensível, como no restante do mundo. Diante da tendência universal dos sistemas ao desequilíbrio atuarial e financeiro, várias iniciativas de reforma foram tomadas e muitas fracassaram, em parte ou no todo, ora no Congresso Nacional, ora no Judiciário. As medidas aprovadas nunca geraram a redução de despesas pretendida pelo governo. O limite mínimo de idade para a aposentadoria não foi aprovado e medidas como o fator previdenciário, que atuaram no sentido de garantir maior sustentabilidade ao regime de previdência, são hoje questionadas.[14]

Ainda assim, três emendas constitucionais instituindo mudanças na previdência foram aprovadas.[15] O curioso, porém, é que depois de árduas batalhas legislativas para mudar a Constituição, o mesmo governo,

---

sobre: I — o prazo de duração do contrato; II — os controles e critérios de avaliação de desempenho, direitos, obrigações e responsabilidade dos dirigentes; III — a remuneração do pessoal".

[13] No caso dos gastos com pessoal, por exemplo, ainda não foram regulamentados os novos parágrafos do art. 169 da Constituição, inserido pela EC nº 19/98, que dispõe o seguinte: "A despesa com pessoal ativo e inativo da União, dos Estados, do Distrito Federal e dos Municípios não poderá exceder os limites estabelecidos em lei complementar. (...) §3º Para o cumprimento dos limites estabelecidos com base neste artigo, durante o prazo fixado na lei complementar referida no *caput*, a União, os Estados, o Distrito Federal e os Municípios adotarão as seguintes providências: I — redução em pelo menos vinte por cento das despesas com cargos em comissão e funções de confiança; II — exoneração dos servidores não estáveis. §4º Se as medidas adotadas com base no parágrafo anterior não forem suficientes para assegurar o cumprimento da determinação da lei complementar referida neste artigo, o servidor estável poderá perder o cargo, desde que ato normativo motivado de cada um dos Poderes especifique a atividade funcional, o órgão ou unidade administrativa objeto da redução de pessoal. (...) §7º Lei federal disporá sobre as normas gerais a serem obedecidas na efetivação do disposto no §4º".

[14] Bem ilustra esse quadro o Projeto de Lei do Senado nº 296/03, de autoria do senador Paulo Paim, que extingue o fator previdenciário, e que já foi aprovado na Comissão de Constituição e Justiça e agora tramita na Comissão de Assuntos Econômicos do Senado.

[15] As emendas constitucionais que reformaram o texto referente à previdência são, pela ordem de aprovação: EC nº 20/98, de 15 de dezembro de 1998; EC nº 41/03, de 19 de dezembro de 2003; e EC nº 47/05, de 5 de julho de 2005.

por exemplo, que tomou a iniciativa da emenda não a regulamenta.[16] Assim, o atual governo federal não tenta regulamentar a criação de um novo regime (que ele mesmo propôs na emenda de 2003) para quem ingressar futuramente no serviço público, e que passaria a ter, a exemplo dos trabalhadores do setor privado, um limite de valor de aposentadoria e também a possibilidade de complementar sua renda mediante um fundo de pensão. O mesmo ocorreu no governo anterior (embora a medida não tivesse a mesma importância), que contemplou na reforma constitucional a criação de dois fundos específicos para apartar as disponibilidades financeiras da previdência social dos demais recursos do Tesouro Nacional, mas que nunca foram criados.[17]

A reforma tributária é o caso mais emblemático de fracassos e contradições. Logo depois da Constituinte, já começaram a ser debatidas, no Congresso, propostas de mudanças constitucionais em que a maioria das medidas positivas são deixadas de lado ou rejeitadas e acabam aprovadas poucas normas que implicam aumento de carga.

O governo federal patrocinou propostas, na primeira metade dos anos 1990, que resultaram na criação do imposto sobre cheques e no

---

[16] No caso da EC nº 41/03, o §15 do art. 40 acrescido ao corpo da Constituição previa o envio de um projeto de lei do Executivo para regulamentar o regime de previdência complementar dos servidores públicos: "Art. 40. Aos servidores titulares de cargos efetivos da União, dos Estados, do Distrito Federal e dos Municípios, incluídas suas autarquias e fundações, é assegurado regime de previdência de caráter contributivo e solidário, mediante contribuição do respectivo ente público, dos servidores ativos e inativos e dos pensionistas, observados critérios que preservem o equilíbrio financeiro e atuarial e o disposto neste artigo. (...) §15. O regime de previdência complementar de que trata o §14 será instituído por lei de iniciativa do respectivo Poder Executivo, observado o disposto no art. 202 e seus parágrafos, no que couber, por intermédio de entidades fechadas de previdência complementar, de natureza pública, que oferecerão aos respectivos participantes planos de benefícios somente na modalidade de contribuição definida".

[17] EC nº 20/98, art. 249: "Com o objetivo de assegurar recursos para o pagamento de proventos de aposentadoria e pensões concedidas aos respectivos servidores e seus dependentes, em adição aos recursos dos respectivos tesouros, a União, os Estados, o Distrito Federal e os Municípios poderão constituir fundos integrados pelos recursos provenientes de contribuições e por bens, direitos e ativos de qualquer natureza, mediante lei que disporá sobre a natureza e administração desses fundos". E art. 250: "Com o objetivo de assegurar recursos para o pagamento dos benefícios concedidos pelo regime geral de previdência social, em adição aos recursos de sua arrecadação, a União poderá constituir fundo integrado por bens, direitos e ativos de qualquer natureza, mediante lei que disporá sobre a natureza e administração desse fundo".

fundo desvinculador de receita — como já comentado anteriormente. O governo seguinte enviou um projeto um pouco mais abrangente em 1995, depois defendeu diferentes idéias e, quando a Câmara conseguiu chegar a um consenso mínimo em 2000, o mesmo governo cuidou de enterrar o projeto alternativo para não prejudicar o ajuste mais imediato.

Em 2003, o novo governo federal repetiu a velha prática de propor um projeto que só reformava o ICMS estadual, mas se dedicou a mudanças tópicas (que conseguiu aprovar), com ênfase no que novamente levaria a aumento de carga: constitucionalizou a alíquota da CPMF (reagindo às idéias de se iniciar um "desembarque" gradual do tributo) e abriu espaço para mudanças nas contribuições sobre vendas (o que, a pretexto de adotar um regime não-cumulativo para grandes contribuintes e estender a base para importações, levou a um forte e rápido aumento da carga da Cofins).[18] O que restou para o segundo momento resumiu-se à tentativa de unificar a legislação e as alíquotas do ICMS, e nem sequer se tocou nas principais distorções desse imposto (como o arcaico regime de crédito físico, quando o mundo todo usa o financeiro; e a tributação interestadual pelo princípio misto, quando a teoria recomenda o destino).

Ainda que muito pouco tenha sido incluído na emenda constitucional do final de 2003, a tributação é mais um caso de esquecimento: foi dada competência exclusiva ao Senado para avaliar a funcionalidade do sistema tributário,[19] mas não se tem notícia de qualquer iniciativa; e foi aberta a possibilidade de integração de ações entre as máquinas fazendárias das três esferas de governo,[20] mas nada resultou de maior

---

[18] A primeira fase da reforma está nas emendas constitucionais nº 42/03 e nº 44/04 e nas leis nº 10.833/03 e nº 10.865/04.

[19] Ver EC nº 42/03, que inclui o inciso XV no art. 52 da Constituição Federal: "avaliar periodicamente a funcionalidade do Sistema Tributário Nacional, em sua estrutura e seus componentes, e o desempenho das administrações tributárias da União, dos Estados e do Distrito Federal e dos Municípios".

[20] Ver EC nº 42/03, que emendou o art. 37 no seu inciso XXII: "as administrações tributárias da União, dos Estados, do Distrito Federal e dos Municípios, atividades essenciais ao funcionamento do Estado, exercidas por servidores de carreiras específicas, terão recursos prioritários para a realização de suas atividades e atuarão de forma integrada, inclusive com o compartilhamento de cadastros e de informações fiscais, na forma da lei ou convênio".

expressão. Isso representa um atalho para atender a um pré-requisito inevitável a qualquer modelo de reforma tributária e envolve a criação de um cadastro único de contribuintes (pessoas físicas e jurídicas), o que levaria a maior integração dos sistemas de fiscalização, mas até hoje nada avançou, embora não faltem recursos e capacitação tecnológica e humana às administrações fazendárias brasileiras, que estão, nesse quesito, entre as mais avançadas do mundo. Mesmo a criação de um regime nacional simplificado para microempresas,[21] que despertou atenções e grande mobilização para aprovação do projeto de lei complementar, também não venceu sua primeira etapa legislativa.

Outra matéria relacionada diretamente com as finanças públicas diz respeito ao orçamento e à contabilidade pública. Começou a ser aventada a possibilidade de o país dar um grande avanço (relativamente à sua história) e adotar a figura do orçamento impositivo, porém sequer foi reformada a legislação básica, que já completou quatro décadas. A Lei nº 4.320/64, que rege o orçamento público e data de 1964, assim como o processo contábil, financeiro e patrimonial como um todo, sequer foi objeto de discussão.[22]

Ainda assim foram feitos avanços importantes no encerramento do ciclo de refinanciamento das dívidas subnacionais, firmadas junto ao Tesouro Nacional ao final da década passada, e na vedação de uma repetição da história, com a aprovação da Lei Complementar nº 101, de

---

[21] Ver EC nº 42/03, no art. 146, o novo parágrafo único: "Art. 146. Cabe à lei complementar: (...) III — estabelecer normas gerais em matéria de legislação tributária, especialmente sobre: (...) d) definição de tratamento diferenciado e favorecido para as microempresas e para as empresas de pequeno porte, inclusive regimes especiais ou simplificados no caso do imposto previsto no art. 155, II, das contribuições previstas no art. 195, I e §§12 e 13, e da contribuição a que se refere o art. 239. (...) Parágrafo único. A lei complementar de que trata o inciso III, d, também poderá instituir um regime único de arrecadação dos impostos e contribuições da União, dos Estados, do Distrito Federal e dos Municípios, observado que: I — será opcional para o contribuinte; II — poderão ser estabelecidas condições de enquadramento diferenciadas por Estado; III — o recolhimento será unificado e centralizado e a distribuição da parcela de recursos pertencentes aos respectivos entes federados será imediata, vedada qualquer retenção ou condicionamento; IV — a arrecadação, a fiscalização e a cobrança poderão ser compartilhadas pelos entes federados, adotado cadastro nacional único de contribuintes".

[22] Para mais detalhes sobre o atual processo orçamentário brasileiro, seu diagnóstico e sugestões de aperfeiçoamento, ver Barroso, 2004.

4 de maio de 2000, conhecida como Lei de Responsabilidade Fiscal, que, entre outras matérias, proibiu empréstimos e rolagens de dívidas entre governos. Ainda assim, as dívidas refinanciadas passaram a apresentar problemas de supervalorização de seus saldos pela aplicação de um indexador (o IGP), que se tornou inadequado após a mudança da política econômica para a adoção do câmbio flutuante com um regime de metas em torno de outro índice de inflação: o IPCA. A LRF, porém, constitui um caso especial de reforma inacabada e que, após o reconhecido sucesso na fase inicial de implantação, vem perdendo fôlego e eficácia. Pela importância e destaque que tal lei recebeu nos últimos anos, vale dedicar atenção à parte à análise de seus problemas e apontar alternativas.

Responsabilidade fiscal decrescente

Inicialmente, cabe recordar rapidamente os passos que levaram à edição da LRF. A Constituição de 1988 inovou ao prever que uma lei complementar fixasse normas gerais sobre finanças públicas, mas nenhuma atenção foi dada a tal instrumento por quase uma década.[23] O assunto só entrou na agenda por iniciativa do próprio Congresso, que se dispôs a inserir na emenda constitucional da reforma administrativa[24] uma norma programática determinando ao Executivo que enviasse em até seis meses um projeto para regular o art. 163 da Constituição. O projeto de lei inicial, negociado com autoridades estaduais e municipais, foi bastan-

---

[23] Ver Serra (1989:93-106): "As análises a respeito das conseqüências da Constituição de 1988 sobre as finanças públicas têm, em geral, enfatizado a prodigalidade fiscal e a ampliação da rigidez para reformar o setor público, implícitas no novo texto, bem como as características, méritos e limitações das mudanças no sistema tributário. Curiosamente, até agora, foram ignorados os dispositivos referentes à organização do gasto público, precisamente os mais positivos para os que se preocupam com as regras adequadas tanto ao equilíbrio fiscal como ao controle, à transparência e ao planejamento das decisões governamentais sobre a alocação de recursos".

[24] Ver art. 30 da EC nº 19, de 4 de junho de 1998. Essa data, por si só, indica que tal iniciativa de elaborar a lei em questão é anterior ao acordo do país com o Fundo Monetário Internacional (FMI), cujo primeiro memorando técnico só veio a ser divulgado em 13 de novembro de 1998. Ao contrário do que dizem alguns desavisados críticos locais, a LRF é, portanto, fruto de gestação e criação genuinamente brasileiras, não tendo sido idealizada ou imposta pelo FMI.

te modificado e aperfeiçoado pela Câmara e acabou aprovado por ampla maioria nas duas casas, tendo inclusive recebido forte apoio da mídia. O Judiciário, nas raras vezes em que foi instado a se posicionar sobre a eficácia de dispositivos da lei, manifestou-se favoravelmente. Por fim, os únicos que lhe faziam oposição e chegaram a tentar sua completa suspensão na Justiça, poucos anos depois, ao assumirem o governo federal, também passaram a se declarar credos de fé na lei. Assim, ela se tornou um consenso absoluto e, a partir daí, foram reduzidos ou cessaram os debates e polêmicas, mas, ao mesmo tempo, cresceram seus problemas.

A análise a seguir aponta temas tratados no corpo da LRF que carecem de regulação, de melhor adequação ou mesmo de revisão.[25] São problemas, dúvidas ou impasses de caráter mais estrutural, que vêm prejudicando ou limitando o alcance da lei.

A dívida pública seria o aspecto de maior sucesso da LRF, mas, de fato e de direito, foi onde mais falhou sua regulamentação posterior. A lei e a própria Constituição preveem limites para o endividamento público.[26] Esses deveriam ser fixados pelo Senado para estados, municípios e União. Ao final de 2001, o Senado aprovou uma nova resolução para regular o endividamento estadual e municipal, tanto disciplinando os fluxos, quanto limitando os estoques, mas até hoje sequer iniciou a tramitação do mesmo projeto aplicado à União.

Nada justifica que o ente mais importante da federação, o que sempre teve a maior dívida, não esteja sujeito a nenhum limite. De início, havia o temor de se questionar a fixação de um limite para o governo federal acima dos governos subnacionais, mas ninguém questiona essa diferença, que é facilmente explicada pelo fato de aquele governo ter

---

[25] O texto integral da lei pode ser consultado em <www.planalto.gov.br/ccivil_03/Leis/LCP/Lcp101.htm>.
[26] Ver LRF, art. 30: "No prazo de noventa dias após a publicação desta Lei Complementar, o Presidente da República submeterá ao: I — Senado Federal: proposta de limites globais para o montante da dívida consolidada da União, Estados e Municípios, cumprindo o que estabelece o inciso VI do art. 52 da Constituição, bem como de limites e condições relativos aos incisos VII, VIII e IX do mesmo artigo; II — Congresso Nacional: projeto de lei que estabeleça limites para o montante da dívida mobiliária federal a que se refere o inciso XIV do art. 48 da Constituição, acompanhado da demonstração de sua adequação aos limites fixados para a dívida consolidada da União, atendido o disposto no inciso I do §1º deste artigo".

um estoque de dívida superior ao dos demais. A implantação das parcerias público-privadas (PPPs) é mais um motivo importante para que tal proposta seja apreciada e aprovada pelo Senado, porque parte do apoio da União envolverá a concessão de garantias, o que, pela Constituição, cabe ao Senado Federal regular. Além disso, é importante lembrar que a dívida mobiliária federal não é controlada pelo Senado, e sim, por lei ordinária, que, se aprovada, também poderia dar mais credibilidade a sua gestão e maior racionalidade ao tratamento de seu serviço no âmbito do orçamento federal.

O que torna ainda mais inexplicável o desinteresse do governo e até mesmo do dito mercado pela adoção dos limites às dívidas federais é o fato de que as proposições enviadas ao Congresso em 2005 previam limites que estavam muito acima dos saldos das dívidas, consolidada e mobiliária, e efetivamente observados hoje, mesmo após a acelerada expansão dessas dívidas.

Por último, também é curioso notar o ostracismo a que foram relegadas as metas de resultado previstas na LRF, ainda mais quando recentemente houve uma grande onda no país pela defesa do que seria uma idéia completamente inovadora — a fixação da meta zero para o déficit nominal. Mais especificamente, este ser zerado a médio prazo. Chegou-se a falar em emendar a Constituição para isso, porém não foi dito ou lembrado que a LRF já exige a fixação de meta para o resultado nominal — e não apenas o primário — na LDO de cada ano.[27]

Mais uma vez o governo federal ignora o fato e estados e municípios dão o exemplo, respeitando a regra (pelo menos no caso dos maiores estados e municípios). Em sua defesa, o governo federal alega que não fixa metas para o resultado nominal, pois o gasto com juros da dívida é uma variável fora do seu controle. Tal desculpa parece encontrar eco, porque o Congresso Nacional e o Tribunal de Contas da União (TCU) não se manifestam quanto ao descumprimento da lei.

---

[27] Ver LRF, art. 4º §1º: "Integrará o projeto de lei de diretrizes orçamentárias Anexo de Metas Fiscais, em que serão estabelecidas metas anuais, em valores correntes e constantes, relativas a receitas, despesas, resultados nominal e primário e montante da dívida pública, para o exercício a que se referirem e para os dois seguintes. §2º O Anexo conterá, ainda: I — avaliação do cumprimento das metas relativas ao ano anterior; II — demonstrativo das metas anuais, instruído com memória e metodologia de cálculo que justifiquem os resultados pretendidos".

Pelo lado das receitas, o primeiro grande problema tem a ver com a inconsistência no controle da renúncia de receitas. O caso da guerra fiscal do ICMS é o mais relevante. Nos primeiros meses após a edição da LRF, a concessão de incentivos praticamente foi paralisada, mas aos poucos foram surgindo interpretações mais flexíveis da lei e o processo foi retomado. Até hoje não se sabe sobre os seus custos.[28] Paradoxalmente, o projeto de reforma tributária de 2003, que teoricamente combateria a guerra fiscal, acabou por estimulá-la ainda mais.[29] Mesmo uma mudança recente introduzida na Constituição,[30] que poderia ser usada para coibi-la, é solenemente ignorada.

Pelo menos no âmbito dos tributos federais, a renúncia de receita passou a merecer um tratamento muito mais rígido após a edição da LRF. A estimativa das perdas tornou-se prática comum e grande preocupação para os interessados. Já a sua compensação padece das mesmas dificuldades operacionais que aparecem no controle da criação de gastos permanentes. A LRF tornou-se justificativa recorrente em vetos impostos pelo Executivo a alterações na legislação tributária, especialmente quando resultantes de iniciativa do próprio Legislativo. Dúvidas são levantadas em torno dos critérios de aplicação do rigor da LRF, sendo o Executivo mais flexível nas matérias de sua iniciativa ou de seu interesse. A prática tem revelado que não há uma interpretação única da LRF,

---

[28] O secretário executivo do Ministério da Fazenda, em audiência pública na Comissão de Assuntos Econômicos (CAE) do Senado, em 26 de junho de 2006, afirmou que estimava essa perda de receita para os estados entre R$ 25 e R$ 30 bilhões anuais.
[29] A proposta de reforma do ICMS de 2003 logo passou a contemplar a regularização e a anistia dos benefícios até hoje concedidos sem amplo e devido amparo legal (aliás, não é por outro motivo que se chama "guerra fiscal") e o que é pior, uma data de corte para a interrupção do processo (o que estimou mais de uma onda de novas concessões). Menciona-se ainda que a situação não é muito diferente no âmbito municipal, especialmente no que diz respeito ao imposto sobre serviços (ISS) cobrado pelas prefeituras de grande porte, que continua gerando sua redução em algumas cidades vizinhas para a atração de novos prestadores de serviços, apesar da emenda constitucional que instituiu uma alíquota mínima para o ISS. Ver a matéria "Municípios mantêm a guerra fiscal", no jornal *Valor Econômico* de 24 de agosto de 2005.
[30] Ver art. 146-A, introduzido pela EC nº 42/03: "Lei complementar poderá estabelecer critérios especiais de tributação, com o objetivo de prevenir desequilíbrios da concorrência, sem prejuízo da competência de a União, por lei, estabelecer normas de igual objetivo".

e sim, um recurso à lei que um poder invoca quando tem interesse em rejeitar determinado benefício, mas que é esquecido pelo mesmo poder quando tal concessão é de sua iniciativa ou de seu interesse.

Não é apenas a renúncia que some, às vezes a receita também desaparece do orçamento. Um arranjo deliberado tem envolvido a criação de fundos extra-orçamentários por governos estaduais[31] para diminuir a base da receita utilizada no cálculo do valor da prestação mensal a ser paga ao Tesouro Nacional pela dívida refinanciada e, em alguns casos, ainda para reduzir o montante proveniente de impostos que deveria ser transferido para os municípios e aquele que deveria ser aplicado em educação e saúde. Os fundos são alimentados pelos impostos a eles diretamente recolhidos pelas empresas. Por tal processo, o estado mantém a arrecadação, mas não a escritura como impostos e, por conseguinte, reduz a receita corrente líquida. Se isso começou como forma de diminuir os pagamentos da dívida ao Tesouro Nacional, tornou-se na prática também um meio de desvinculação da receita estadual. Isso constitui um duplo e perverso incentivo: à injustiça federativa (por que alguns entes federados podem maquiar suas contas, às vistas do governo federal e dos órgãos de supervisão, e outros governos não podem repetir a prática?) e à falta de transparência (quebra-se o princípio básico do orçamento universal e se acaba cobrando disfarçadamente impostos sem que a lei o preveja claramente, e o mais grave, tais recursos são gastos sem que qualquer lei o autorize e sem que os balanços o demonstrem).

Pelo lado dos gastos, são dois os principais problemas: o surgimento de novos esqueletos fiscais e a interpretação maleável do gasto com pessoal. No primeiro caso, a LRF e a Lei de Crimes Fiscais não permitem e punem os governantes que deixam dívidas, faturas para os seus sucessores sem a devida provisão de caixa. Para fugir a essa punição, que pode levar à inelegibilidade, alguns prefeitos adotaram a prática de

---

[31] Ver, por exemplo, a matéria "Maquiagem fiscal" na *Folha de S. Paulo* de 8 de maio de 2005, que diz: "Inspirados no pioneirismo do governador de Mato Grosso do Sul, José Orcírio, o Zeca do PT, pelo menos dez estados do país estão recorrendo ao 'jeitinho brasileiro' para driblar a destinação obrigatória de recursos para saúde e educação, não repassar parcela do ICMS para municípios e até reduzir a prestação mensal de sua dívida com a União".

cancelar empenhos, mesmo tendo o serviço sido efetivamente prestado ou a mercadoria efetivamente entregue.[32] Isso representa uma afronta à Constituição e à própria democracia, pois, desde a Idade Média, exige-se que um recurso público só seja gasto depois de autorizado pelo Legislativo e também a ele seja submetida sua prestação de contas.

Em relação aos gastos com funcionalismo, como era de se esperar, os governos acima do limite ou muito próximos dele questionaram-no judicialmente. Uma vez derrotados, engajaram-se em exercícios de contabilidade criativa, mesmo sendo a LRF bem explícita sobre o que é gasto com pessoal,[33] de forma a reduzir artificialmente esse tipo de despesa.[34] Assim, desconsiderou-se como gasto com pessoal a parcela do salário dos funcionários públicos que é retida pelo imposto de renda na fonte e que, pela Constituição, retorna aos estados e municípios. Na

---

[32] Essa prática foi adotada pela Prefeitura de São Paulo em 2004. Contudo, houve uma agravante nesse caso, pois, além do cancelamento de empenhos de gastos efetivamente realizados, segundo os credores, a nova administração também identificou um sem-número de compromissos assumidos no passado e simplesmente não inscritos como despesas, não tendo sido pagos como dívidas, atendendo ao processo fiscal comum. Isso significa que gastos foram realizados sem a devida, necessária e prévia autorização legislativa. Não foram autorizados nos orçamentos, não foram contabilizados nas despesas, não foram pagos e, por fim, não foram inscritos como dívidas no passivo do balanço patrimonial do ente público. No início de 2005, a nova gestão da prefeitura contava um montante de R$ 5,8 bilhões em despesas com fornecedores e empreiteiros vencidas e não pagas.

[33] Ver LRF, art. 18: "Para os efeitos desta Lei Complementar, entende-se como despesa total com pessoal: o somatório dos gastos do ente da Federação com os ativos, os inativos e os pensionistas, relativos a mandatos eletivos, cargos, funções ou empregos, civis, militares e de membros de Poder, com quaisquer espécies remuneratórias, tais como vencimentos e vantagens, fixas e variáveis, subsídios, proventos da aposentadoria, reformas e pensões, inclusive adicionais, gratificações, horas extras e vantagens pessoais de qualquer natureza, bem como encargos sociais e contribuições recolhidas pelo ente às entidades de previdência. §1º Os valores dos contratos de terceirização de mão-de-obra que se referem à substituição de servidores e empregados públicos serão contabilizados como 'Outras Despesas de Pessoal'".

[34] Ver exemplo específico do Rio Grande do Sul, segundo Gobetti (2006): "Ao examinarmos as despesas de pessoal e de custeio no relatório analítico da execução orçamentária, detectamos que uma parcela significativa dessa redução na despesa de pessoal explica o aumento no gasto de custeio. Isso porque, a partir de 2003, o governo estadual passou a contabilizar uma série de auxílios pagos a servidores públicos, como diárias de viagens, ajuda de custo, alimentação, transporte, creche e até auxílio-funeral, como elementos ou subelementos de despesa da ODC. Após um cuidadoso trabalho de seleção desses valores, constatamos que esses auxílios assumem uma magnitude de cerca de 2,4% a 2,7% da RCL entre 2003 e 2005".

mesma linha, a despesa com inativos e pensionistas não foi incluída no limite de gastos com pessoal, por se tratar, na visão desses governantes, de uma despesa com previdência.[35]

O cerne do problema está mais na prática e na conduta dos órgãos responsáveis pela fiscalização do que em alguma redação inadequada da LRF ou decisão contrária da Justiça. Aliás, no caso da limitação do gasto com pessoal, mais do que em outras matérias, o posicionamento do STF foi fundamental para consolidar a LRF. Ao julgar uma ação de inconstitucionalidade, primeiro manteve a aplicação de sublimites específicos para cada poder; depois, posicionou-se quanto à folha de inativos, que deve ser computada nas despesas com pessoal sujeitas a controle.

Se o país perde a oportunidade de avançar no campo da responsabilidade fiscal, pior é que começa a recuar no da transparência. Desde já se antecipa que em muito ajudaria se fosse acelerada a tramitação no Congresso da chamada reforma orçamentária.

Antes de tudo, vale observar que, para alguns especialistas,[36] a transparência seria até mais relevante, pois precederia e determinaria a responsabilidade no campo fiscal. Muitos dos problemas já relatados podem ser creditados em maior ou menor medida ao baixo grau de transparência do orçamento e da execução orçamentária.[37]

---

[35] Essa prática levou a situações *sui generis*, como a do estado do Rio de Janeiro, que, apesar de comprometer menos de 37% da sua receita corrente líquida no primeiro trimestre de 2003, segundo a Secretaria do Tesouro Nacional (STN), levou oito meses para normalizar o pagamento dos salários dos funcionários do Executivo estadual. Ver *Jornal do Brasil* de 16 de janeiro de 2003.

[36] Segundo artigo publicado pelo FMI: "*Greater openness by governments about their fiscal positions and intentions, other things being equal, is expected to improve their access to international capital markets, and to result in an earlier and smoother fiscal policy response to changing economic conditions, thereby reducing the incidence and severity of crises. In addition to providing a means for governments to assess and build their capacity for fiscal management, it is also anticipated that fiscal transparency may, over time, enhance oversight by civil society and the public of the conduct of fiscal management*" (Petrie, 2003:3). Ainda segundo o FMI: "*There is a strong consensus for making transparency the 'golden rule' of the new international financial system*" (IMF, 1999:179).

[37] É importante lembrar que a transparência das contas públicas não é uma inovação da LRF, mas um preceito da própria Constituição, como mostra o §3º do art. 37: "A lei disciplinará as formas de participação do usuário na administração pública direta e indireta, regulando especialmente: (...) II — o acesso dos usuários a registros administrativos e a informações sobre atos de governo, observado o disposto no art. 5º, X e XXXIII".

Um aspecto central é o completo esquecimento em que mergulharam a regulamentação e a instalação do Conselho de Gestão Fiscal (CGF).[38] E isso porque ele já surgiu na LRF[39] com definições de objetivos (desde a classificação e a padronização das contas públicas até a transparência fiscal) e composição (representantes de todos os governos e todos os poderes), faltando apenas um projeto de lei ordinária para dispor sobre seu funcionamento.

Por sua finalidade e ampla representatividade, tal conselho teria um papel importante no suprimento de uma lacuna sobre aspectos operacionais da LRF[40] que hoje vem sendo coberta em grande parte por uma crescente atuação *ex ante* dos tribunais de contas; porém, se isso não representa maiores riscos, devido ao detalhamento e ao didatismo da lei, peca pela falta de padronização em nível nacional das práticas e

---

[38] É mais um caso em que, por conta do pedido na LDO de 2001, o Executivo enviou um projeto ao Congresso para regular a constituição e o funcionamento do CGF, mas até agora não passou de seu estágio mais inicial. A maior resistência, de início, provinha do PT e da assessoria técnica da Comissão de Orçamento, que defendiam transformar o referido conselho em um órgão auxiliar do Congresso, o que, a juízo do governo FHC, abriria precedente para propostas semelhantes relativamente a outros conselhos, como até mesmo o Conselho Monetário. Em 2002, chegou a ser realizada uma mobilização política, inclusive com o apoio dos dirigentes dos tribunais de contas, pela aprovação da matéria. Desde 2002, o Executivo tem se omitido sobre a matéria, não incluindo o projeto nas periódicas listas de projetos de lei prioritários.
[39] Ver art. 67 da LRF: "O acompanhamento e a avaliação, de forma permanente, da política e da operacionalidade da gestão fiscal serão realizados por conselho de gestão fiscal, constituído por representantes de todos os Poderes e esferas de Governo, do Ministério Público e de entidades técnicas representativas da sociedade, visando a: I — harmonização e coordenação entre os entes da Federação; II — disseminação de práticas que resultem em maior eficiência na alocação e execução do gasto público, na arrecadação de receitas, no controle do endividamento e na transparência da gestão fiscal; III — adoção de normas de consolidação das contas públicas, padronização das prestações de contas e dos relatórios e demonstrativos de gestão fiscal de que trata esta Lei Complementar, normas e padrões mais simples para os pequenos Municípios, bem como outros, necessários ao controle social; IV — divulgação de análises, estudos e diagnósticos. §1º O conselho a que se refere o *caput* instituirá formas de premiação e reconhecimento público aos titulares de Poder que alcançarem resultados meritórios em suas políticas de desenvolvimento social, conjugados com a prática de uma gestão fiscal pautada pelas normas desta Lei Complementar. §2º Lei disporá sobre a composição e a forma de funcionamento do conselho".
[40] Um exemplo disso é a controvérsia sobre a contabilização da contribuição patronal para o plano de seguridade social do servidor civil, como mostra o relatório do TCU (2006:100-101) referente às contas de 2005.

interpretações. É mais difícil compor o CGF do que outros conselhos de ações setoriais por este ser um caso pioneiro de representantes não apenas das três esferas, mas de cada um dos poderes de cada nível de governo. Porém, com vontade política, é possível encontrar uma solução em que tal pluralidade resulte em sólida representatividade do colegiado e permita ampliar o leque de matérias às quais deve se dedicar. Assim, o CGF poderia ter papel importante no debate e nas definições, tanto para atualizar os padrões de classificações orçamentárias e contábeis (enquanto o Congresso não aprova uma lei complementar que revise a famosa Lei nº 4.320/64), quanto para definir novos instrumentos, como o cálculo atuarial dos regimes próprios de previdência e o de riscos fiscais.[41]

A boa experiência brasileira no campo da transparência vem sendo arranhada aos poucos e por pequenos detalhes. A começar pelas dificuldades crescentes para extrair e interpretar informações a partir do sistema eletrônico de informações fiscais do governo federal, o Siafi, cujo acesso e uso foram questionados até mesmo quando feitos por parlamentares da própria base do atual governo.[42]

A divulgação de informações específicas sobre a LRF não tem sido tratada com a devida prioridade nos sites do governo. No ótimo site da Secretaria do Tesouro Nacional (STN), por exemplo, é difícil achar o relatório nacional sobre o cumprimento dos principais limites de endividamento e de pessoal, assim como também é impossível encontrar a *lista negra*, como determina a LRF, dos governos que extrapolam o valor máximo da dívida consolidada. Alguns estados também não divulgam na internet os relatórios exigidos pela lei.[43] Mesmo quando a regra é atendida, nem sempre é fácil localizar tais documentos, sem contar que cada governo adota uma forma própria de apresentação.

Ainda nesse campo dos documentos, chama a atenção que seja impossível encontrar um relatório de gestão do Executivo Federal as-

---

[41] Isso para não falar do debate de assuntos fiscais mais polêmicos, como as PPPs ou as condições em que foram refinanciadas as dívidas estaduais e municipais junto ao Tesouro Nacional, de modo a atenuar divergências e reduzir dúvidas e desconfianças.
[42] Deve-se ressaltar aqui o esforço da ONG Contas Abertas, que disponibilizou na internet consultas ao orçamento do governo federal similares às disponíveis no Siafi.
[43] Segundo *O Estado de S. Paulo*, de 10 de julho de 2006: "Amapá, Roraima e Rondônia não publicam na internet relatórios previstos pela Lei de Responsabilidade Fiscal".

sinado pelo chefe desse poder, ao contrário do que ocorre no caso dos órgãos do Legislativo e do Judiciário e em desrespeito ao previsto na LRF.[44] Só se encontra um ofício dos ministros da Fazenda e da Controladoria (nem sempre assinado pelos titulares), endereçado ao presidente da República, e divulgado na internet[45] e publicado no *Diário Oficial*, no qual constam em anexo os relatórios propriamente ditos, assinados por autoridades subalternas. Numa posição mais fiel ao teor da LRF, é possível encontrar relatórios periodicamente assinados pelos presidentes do Supremo Tribunal Federal, da Câmara dos Deputados e do Senado Federal nos respectivos sites.

Outro problema envolve a divulgação e a consolidação dos balanços públicos. Vez por outra, a mídia denuncia que prefeituras não enviaram os balanços anuais ao Ministério da Fazenda[46] (até com redução da cobertura em relação aos primeiros anos pós-LRF) e mesmo assim contrataram convênios com o governo federal, o que ainda é confirmado pela própria Controladoria Geral da União (CGU), sem que se posicione sobre as sanções, inclusive pessoais, previstas na legislação, contra quem recebe e também contra quem concede. Vale registrar que, embora o balanço da União entre no devido prazo na consolidação realizada pelo Tesouro Nacional, sua divulgação pela internet também está muito atrasada.[47]

---

[44] O art. 54 da LRF é bem claro sobre a exigência de que o relatório de gestão fiscal seja assinado pelo presidente da República. "Ao final de cada quadrimestre será emitido pelos titulares dos Poderes e órgãos referidos no art. 20 Relatório de Gestão Fiscal, assinado pelo: I — Chefe do Poder Executivo; (...) Parágrafo único. O relatório também será assinado pelas autoridades responsáveis pela administração financeira e pelo controle interno, bem como por outras definidas por ato próprio de cada Poder ou órgão referido no art. 20."

[45] Ver, por exemplo, o relatório do primeiro quadrimestre de 2006 no seguinte *link* da Fazenda: <www.tesouro.fazenda.gov.br/hp/downloads/lei_responsabilidade/RGF1Q2006.pdf>. Na mesma data, o último relatório divulgado pela Controladoria Geral da União na internet correspondia a dois períodos passados: o segundo quadrimestre de 2005. Ver <www.cgu.gov.br/cgu/RGF2Q2005.pdf>. Sobre o assunto, nada consta no site do Planalto: <www.presidencia.gov.br>.

[46] As contas de 2005 foram divulgadas com dados de apenas 67% dos municípios, ao passo que as de 2004 contaram com informações de 77% dos municípios.

[47] No final de julho de 2006, a CGU ainda não tinha divulgado em seu site o balanço geral da União relativo a 2005; a última posição era de 2004: <www.cgu.gov.br/index.htm>. O mais curioso é que até o TCU já tinha divulgado na internet o parecer técnico e todo o

No campo do apoio e da orientação para a implantação da lei até sua supervisão e fiscalização, especialmente pelos órgãos de controle, foram prejudicadas as iniciativas em curso. Foi interrompido o processo de debates que deveriam entrar numa fase de aprofundamento e detalhamento das questões.[48] O que também ocorreu com atividades cruciais do período pós-LRF, como a integração e a articulação, especialmente técnica, com e entre os tribunais de contas, notadamente estaduais e municipais, que não formam um sistema nacional harmônico e hierarquizado, mas gozam de secular autonomia operacional. Foram interrompidos ainda os encontros entre os técnicos e conselheiros desses tribunais, mesmo o custo financeiro para os cofres federais sendo nulo, pois a função maior da União era convocar e estimular as reuniões.[49]

Obter informações também não garante sua qualidade e veracidade. Recentemente, o Ministério da Fazenda fez grande propaganda sobre a expansão dos investimentos públicos federais, porém estes estavam inflados, porque vem sendo considerado automaticamente liquidado todo e qualquer valor empenhado, quando muitos são cancelados nos meses seguintes ao empenho.[50]

---

detalhamento da análise das contas de 2005, mas o Executivo não divulgara o documento primário.

[48] Uma das questões, por exemplo, é o tratamento a ser dispensado aos gastos com terceirizados contratados como agentes comunitários de saúde ou como novos funcionários de creches e escolas, diante do controle das despesas com pessoal, sem contar a sempre polêmica restrição para assunção de novos compromissos nos últimos oito meses de mandato, o que afeta sobremaneira a vida das prefeituras nesse período eleitoral. No caso dos agentes de saúde, em vez de se promover o debate para a uniformização do critério ou o aperfeiçoamento da lei, o governo e os legisladores optaram pelo caminho mais difícil e emendaram a própria Constituição (EC nº 51/06, de 14 de fevereiro de 2006) para determinar como deveria ser feita a sua contratação e contabilização dentro do limite de gastos.

[49] Também houve retardo nas negociações com o Banco Interamericano de Desenvolvimento (BID) para financiamento de ações de modernização dos tribunais de contas. Só se conseguiu avançar na organização de um projeto similar para a modernização da gestão dos órgãos dos ministérios públicos e da Justiça.

[50] Ver, entre outras, matérias do jornal *O Estado de S. Paulo*, de 4 e 10 de julho de 2006. Vale reproduzir trechos (até porque o Ministério da Fazenda não divulgou em seu site o documento no qual anuncia a suposta forte expansão dos investimentos): "Os números apresentados ontem pelo ministro da Fazenda, Guido Mantega, para tentar mostrar que os investimentos no governo Luiz Inácio Lula da Silva ultrapassaram os da gestão de Fernando Henrique não correspondem aos valores efetivamente realizados. Registros

Quando se corrigem os dados, retirando essas distorções para se obter o valor efetivamente gasto em investimentos pela União a cada ano, a conclusão é outra. Segundo a Assessoria Técnica do Senado,[51] após fazer essas correções, o dado de 2005 passa de 0,88% do PIB para 0,60% e a média do triênio 2003-05, de 0,64% do PIB para 0,51%. Mais grave ainda é o tamanho bilionário das diferenças apontadas pelo TCU nas contas da previdência social.[52]

Essas distorções nas práticas orçamentárias e contábeis resultam das novas interpretações que as autoridades federais passaram a dar re-

---

do Sistema Integrado de Administração Financeira (Siafi) indicam que, apesar de o governo contabilizar R$ 34,6 bilhões de investimentos da União entre 2003 e 2005, só R$ 26,9 bilhões foram executados e pagos. (...) "Segundo os dados apresentados pelo Ministério da Fazenda, o investimento da União em 2005 teria sido de R$ 17,1 bilhões ou 0,88% do Produto Interno Bruto (PIB), que, somado ao gasto de estatais federais, daria 2,33% do PIB. Na comparação com o governo anterior, usando essa metodologia, 2001 foi o ano de maior investimento, com 2,28% do PIB. Porém, como denunciou o jornal no início de 2006, esses números estão inflados por uma sistemática de contabilização que a Secretaria do Tesouro Nacional (STN) passou a adotar há alguns anos — a 'liquidação forçada'. Pela lei, o investimento só poderia ser liquidado quando concluído. Mas a STN está liquidando todas as despesas empenhadas ao final do ano, igualando os conceitos e distorcendo as estatísticas. (...) O ápice da distorção ocorre em 2005, apresentado por Mantega como o pico de investimento dos últimos oito anos. Dos R$ 17,1 bilhões que o governo diz ter investido, R$ 11 bilhões se referem a obras e projetos que nem começaram no ano passado. Parte deles está sendo realizada e paga em 2006, mas o próprio Ministério do Planejamento reconhece que uma parcela será simplesmente anulada. (...) De 2000 a 2005, o governo cancelou pelo menos R$ 4,24 bilhões em investimentos inscritos nos chamados restos a pagar — R$ 2,87 bilhões nos três primeiros anos da administração Lula. Mas os valores cancelados continuam na estatística de investimento da Fazenda. (...) Os R$ 4,24 bilhões foram registrados no Sistema Integrado de Administração Financeira (Siafi), operado pela Secretaria do Tesouro Nacional, como investimentos liquidados, mas não pagos. Pelo entendimento que especialistas em finanças públicas tinham até o início deste ano, isso significava que eles foram realizados e faltava apenas pagá-los. Apesar do cancelamento, o Tesouro não refez os registros no Siafi, mantendo os valores originais de investimentos liquidados em cada ano".
[51] Ver nota "Problemas na contabilidade do investimento público liquidado pelo Siafi", do assessor Mansueto de Almeida, de 27 de março de 2006.
[52] Sobre as contas de 2005, o TCU (2006:102) assim concluiu: "No que se refere especificamente à Previdência Social, verifica-se que os dados divulgados no âmbito das publicações 'Relatório resumido da execução orçamentária' e do 'Resultado do Tesouro Nacional', referentes a dezembro de 2005, divergem quanto ao resultado obtido naquele exercício. Enquanto o déficit evidenciado pelo primeiro foi de R$ 30,9 bilhões, o registrado pelo segundo foi de R$ 37,6 bilhões".

centemente (por atos administrativos)[53] a preceitos e regras que vinham sendo obedecidos há décadas e estão claramente determinados pela Lei nº 4.320, de 1964, que, recepcionada pela Constituição de 1988, passou a ter força de lei complementar.[54]

Não bastassem as distorções nas contas federais, o governo foi além e passou a recomendar e a cobrar dos governos subnacionais que também promovessem as mesmas mudanças[55] (valendo-se de uma norma transitória da LRF que, na ausência do CGF, dá atribuições ao Ministério da Fazenda para regulamentar normas orçamentárias.[56] Paradoxalmente, os autores da lei, que queriam evitar que o governo federal disciplinasse a matéria sem ouvir os demais níveis de governo, acabaram abrindo uma brecha para que isso voltasse a ser feito, como na época do regime militar. Como alguns governos estaduais e municipais preferiram manter padrões e rotinas originais da Constituição de 1988 — às vezes por recomendação dos respectivos tribunais de contas — é enorme a dificuldade para uma adequada consolidação das contas públicas no país.

Nem as receitas — mesmo seguindo o regime de caixa — escapam da tremenda confusão na qual mergulharam a contabilidade pública. Por exemplo, o governo federal tratava como depósitos, e não como receita da dívida ativa e multas, os recursos que arrecadava com parcelamentos

---

[53] A citação por si só do volume das inscrições em restos a pagar da União em 2005 já dá uma idéia do tamanho das distorções que assolam a contabilidade pública federal: no final do ano, foram acumulados cerca de R$ 34 bilhões em restos a pagar não-processados, valor 95% superior ao inscrito no ano passado e 10 vezes maior que o montante de restos devidamente processados, que foi de R$ 2,9 bilhões. Ver TCU, 2006:88. Diante de tais números, a própria denominação da conta — restos a pagar —, virou, no mínimo, um eufemismo.

[54] E também na LRF, como mostra o inciso II do art. 50: "II — a despesa e a assunção de compromissos serão registradas segundo o regime de competência, apurando-se, em caráter complementar, o resultado dos fluxos financeiros pelo regime de caixa; (...)".

[55] Segundo apurou o jornal O Estado de S. Paulo, em 10 de julho de 2006: "Pelo menos 11 governos estaduais também estão inflando os números dos investimentos com uma sistemática semelhante à usada pelo governo federal. Os valores de investimentos supostamente executados que aparecem nos relatórios de estados como São Paulo e Minas e no Distrito Federal são, na realidade, apenas valores de empenho. Normalmente, parte do investimento empenhado não é concluído no mesmo ano e não pode ser liquidado. Mas na contabilidade dos estados os empenhos estão sendo integralmente liquidados, independentemente da comprovação de conclusão dos serviços".

[56] Ver LRF, art. 50, §2º: "A edição de normas gerais para consolidação das contas públicas caberá ao órgão central de contabilidade da União, enquanto não implantado o conselho de que trata o art. 67".

tributários (o que evitava a partilha com outros governos através dos fundos de participação); só no biênio 2003/04 tal distorção envolveu uma receita de R$ 5,7 bilhões.[57] Na previdência social, mais uma vez, o TCU também acusa divergências de informações envolvendo até mesmo a arrecadação das contribuições previdenciárias, que deveriam seguir o regime de caixa — uma diferença de R$ 2,6 bilhões em 2005.[58] Já alguns governos estaduais contabilizam a arrecadação de ICMS líquida da parcela de 15% retida na rede bancária para o Fundef, o que leva a simples consolidação dos balanços a subestimar a carga desse imposto.[59]

O que dizer, então, do que se passa pelo lado dos gastos, ainda mais quando se trata de criar uma oportunidade para contornar ou atenuar os rigores da LRF. Um exemplo eloqüente é que, mesmo sem notícias de demissões em massa, o total da despesa com pessoal vem sofrendo reduções nominais em alguns governos estaduais. Quando se abre o detalhamento das contas, é possível verificar uma queda mais acentuada nos gastos com inativos dentro da categoria "pessoal" e a elevação dos montantes de itens semelhantes, curiosamente previstos na classificação recomendada pelo Ministério da Fazenda, em meio à categoria "outras despesas correntes".[60] Ainda que o efeito seja bem menor, as mudanças

---

[57] O problema envolvia a receita do parcelamento de tributos vencidos (especialmente a recolhida pelo programa Paes), que o Tesouro Nacional não vinha contabilizando como arrecadação de impostos e, conseqüentemente, também não vinha sendo compartilhada com os fundos de participação dos governos subnacionais. O TCU determinou que, a partir de 2005, não apenas fosse alterada a rotina de escrituração, como fosse providenciada a partilha retroativa da receita em favor do FPE e do FPM, o que levou a um excepcional comportamento dessas transferências no ano passado. Ver TCU, 2006:103.

[58] Segundo o TCU (2006:103), um relatório oficial informa uma arrecadação de R$ 109 bilhões e outro, também emitido pelo mesmo governo federal, acusa um montante de R$ 111,6 bilhões.

[59] Em 2005, pelo menos quatro estados, inclusive os dois maiores do país, não informaram deduções para o Fundef entre suas receitas correntes, de modo que se pode inferir que contabilizam a arrecadação já líquida dos 15% destinados àquele fundo, levando ao pé da letra o princípio da geração de caixa como critério para a escrituração. À parte rotinas diferenciadas na contabilidade pública, a consolidação das contas de todos os governos fica prejudicada, induzindo uma subestimativa da receita e, mais especificamente, da carga tributária estadual e global, se adotados os balanços como fonte primária, como recomendam os manuais da contabilidade nacional.

[60] Segundo *O Estado de S. Paulo* de 10 de julho de 2006: "Rio, Minas, Pará, Espírito Santo, Mato Grosso do Sul e Paraíba camuflam despesas de pessoal: consideram como custeio os valores que vão para aposentados e pensionistas. Amapá, Roraima e Rondônia não publicam na internet relatórios previstos pela Lei de Responsabilidade Fiscal".

drásticas no tratamento das bilionárias contribuições patronais do Tesouro Nacional para os regimes próprios de previdência dos servidores[61] também afetam os resultados e, sobretudo, a análise das mesmas contas federais, pois, ao deixarem de integrar no presente as despesas com pessoal (ainda que de modo virtual, pois haveria uma entrada de igual valor nas receitas de contribuições), induzem ao erro de se achar que houve uma redução real de gastos em relação ao passado.

Mas o pior ainda está por vir: os efeitos sobre a contabilidade nacional das interpretações federais que provocaram a sobrevalorização artificial de algumas contas governamentais, em especial do investimento fixo. O problema só não estourou porque o IBGE atrasou a elaboração e divulgação das contas nacionais anuais (a última data de 2003) e porque costumava usar formulários próprios para coletar as informações (fora a defasagem da cobertura no caso dos municípios). Ora, o IBGE não tem a obrigação de rever as contas informadas oficialmente pelas autoridades públicas; talvez nem tenha competência e acesso às informações necessárias para que, por exemplo, possa depurar da despesa realizada aquelas liberações virtuais que acabam canceladas nos exercícios seguintes. O critério citado de escrituração adotado pela contabilidade pública federal distorce a mensuração da formação bruta de capital fixo no país, acarretando mais uma dúvida e divergência em torno das contas nacionais, como a que já se observa no caso da mensuração da carga tributária bruta global.[62]

Não custa, por fim, lembrar que a transparência fiscal não se limita à publicação e à divulgação das contas públicas. É preciso que estas sejam claras e inequívocas. O ideal seria que fossem de fácil compreensão

---

[61] O TCU (2006:80) destaca esse fato no parecer técnico das contas do governo federal de 2005. A mudança no critério de contabilização que ele determinou implicou que, nos balanços da União, a despesa com pessoal, no tocante às obrigações patronais e à receita corrente de contribuições sociais, ambas relativas às contribuições patronais da União para o regime próprio de previdência de seus servidores, despencou de R$ 4,1 bilhões em 2004 para apenas R$ 98 milhões em 2005. Em princípio, se não for feito o devido ajuste nas séries de fluxos, isso induz interpretações equivocadas, como se estivesse ocorrendo, por um lado, uma diminuição real dos gastos com pessoal e, por outro, uma redução da carga tributária federal.
[62] Sobre a subestimação da carga tributária pela Secretaria da Receita Federal, ver Afonso e Meirelles, 2006.

para os mais leigos. Se nos últimos anos avançamos muito no Brasil em termos de publicidade, ainda temos um grande déficit de qualidade de informações e um excesso de opacidade nas contas, como demonstrado.

Por um novo ciclo de reformas

É sempre bom registrar que há uma profunda divergência entre os meios ou instrumentos que convergem na defesa da LRF. Os últimos convertidos acham que responsabilidade fiscal se resume a gerar superávit primário, em qualquer dimensão e a qualquer custo, negligenciando, nos aspectos estruturais, na mudança de cultura, a maior transparência e a modernização da gestão. Os que ficam míopes pelo superávit primário ignoram que a lei pede metas para receita, gasto, dívida e resultado nominal. O governo federal só se fixa no superávit primário, que continua insuficiente para cobrir os juros, que muitos esquecem ser também uma despesa. Foi por reduzirem a gestão fiscal à mera gerência do caixa que, no limite, se acabou falindo a maior cidade do país.

Os desafios são enormes. As discussões continuam interditadas no governo federal. O máximo conseguido foi a confissão do erro do voto contra a lei. Mas muito pior é insistir no erro. Os líderes do governo são os relatores dos projetos de lei que permitiriam concluir a regulamentação da LRF, mas nenhum é apreciado. À Câmara dos Deputados caberia agilizar a aprovação do Conselho de Gestão Fiscal para melhorar a transparência e a fiscalização, além de evitar maquiagens. Também seria mais eficaz e rápido aprovar a lei que limita a dívida mobiliária federal do que sonhar com a independência do Banco Central. Ao Senado Federal caberia fixar o limite da dívida consolidada da União e desatar o nó que infla as dívidas estaduais e municipais para reduzir a federal.

A solução de muitos dos problemas fiscais apontados passa pela aprovação da lei complementar que regulará o processo orçamentário e financeiro, ou seja, a que substituirá a Lei nº 4.320/64. A nova lei poderia esclarecer os pontos duvidosos que envolvem a LRF, uma vez que teria o mesmo *status* legal. Também poderia acrescentar novas regras para tornar ainda mais rígido e efetivo o preceito que se tentou implantar na LRF.

Não se trata de revolucionar o processo orçamentário saído da Constituição de 1988, porque grande parte do que ali estava não foi efetivamente implementado: o PPA ainda está mais para uma peça de ilusão e a LDO federal acabou virando na prática uma espécie de "tampão" da Lei nº 4.320 — com mais regras repetidas ano após ano, mais apropriadas a uma lei complementar, do que diretrizes propriamente ditas. Uma reforma possível seria recuperar a idéia que vigorou no início dos trabalhos da Assembléia Constituinte, em 1987, e que previa a criação de um Código de Finanças Públicas (a exemplo do antigo e também abandonado Código Tributário Nacional), com vistas a reunir em uma só lei todos os princípios, regras e normas que regulam os processos de planejamento, orçamento, contabilidade e gestão financeira e patrimonial da administração pública. Concentrando a normatização em um só ato seria mais fácil formar a espinha dorsal do regime fiscal, de modo a harmonizar e sistematizar os diferentes aspectos e procurar evitar os casuísmos reinantes. Isso é perfeitamente cabível com a LRF e, sobretudo, também poderia contemplar o CGF, como órgão regulamentador e *locus* de debates e negociações.

De qualquer forma, tais mudanças só serão plenamente eficazes se atentarmos também para a questão da transparência e do *enforcement* das regras. O problema das finanças públicas municipais de São Paulo, por exemplo, teria sido atenuado se a prefeitura tivesse sido obrigada a divulgar mensalmente, devidamente auditados, seus balanços e demonstrações financeiras detalhadas.

Uma frente ampla de trabalho, enfim, envolve a revisão de procedimentos para melhorar a transparência fiscal no país. Um passo ousado seria a criação de um sistema único e nacional de informações fiscais que reunisse em um só espaço todos os documentos, balanços e relatórios exigidos pela LRF, assim como pela Lei nº 4.320/64 e outros atos legais. Tal sistema deveria ser operado pelos tribunais de contas na forma de rede, uma vez que são eles os responsáveis formais pelo controle das contas e coisas públicas; isso, por certo, com o apoio e a infra-estrutura do Executivo federal. Não faz mais sentido exigir que os mesmos documentos sejam remetidos para órgãos os mais distintos, ainda que de diferentes esferas de governo, pois o resultado final é, na prática, um grande gasto com burocracia e publicidade, mas não com transparência, até porque o excesso de informações também é uma forma de esconder aquelas que de fato importam. Dispensável também é dizer que tal sistema de informações deveria propiciar acesso eletrônico (internet), público e ilimitado, de modo que qualquer pessoa interessada em conhecer as contas de determinado governo saberia onde consultar, podendo inclusive compará-las com as de outras unidades.

A LRF foi por muitos apontada como um caso de sucesso. Porém, também pode ser considerada um bom exemplo de reforma incompleta. Sem tirar o mérito da envergadura da mudança realizada, cabe reconhecer que a lei vem perdendo fôlego no que diz respeito a sua aplicação e debate. Importantes aspectos não foram regulados e nem sequer são discutidos no Congresso. Outros aspectos vêm sendo negligenciados, ignorados ou atenuados. O pior é a falta de atenção ou de ação dos órgãos públicos encarregados de zelar pelo cumprimento desta e de outras leis. E mesmo quando comemoram o desempenho do superávit primário ou da dívida líquida, as autoridades federais vinculam a LRF apenas aos governos subnacionais, como se a lei se aplicasse apenas a eles e como se o governo federal não fosse o detentor da maior parte da dívida pública.

Ainda que se defenda com veemência a necessidade de completar a regulamentação da LRF e se avance no processo de reforma orçamentária e de controle, é preciso ter claro que tais mudanças devem integrar um ciclo maior de reformas institucionais.[63] O mesmo vale para as teses

---

[63] É interessante reproduzir aqui os argumentos de Fernando Rezende (2006:13) na mesma linha: "Reformas abrangentes são necessárias, mas a restrição orçamentária tem conduzido a uma atitude de extrema prudência na condução da política fiscal — medidas pontuais e tímidas predominam, mas essa atitude não é condizente com a velocidade das mudanças que se processam no campo da economia, impulsionadas pela abertura e pela globalização. A globalização cria novos desafios à tributação, ao gasto público e ao equilíbrio federativo. As responsabilidades do Estado na provisão de serviços públicos precisam ser atendidas com eficiência, de forma a reduzir desperdícios e limitar o tamanho da carga tributária. As bases tributárias precisam ser harmonizadas e o compartilhamento das bases requer uma nova atitude no que diz respeito à repartição do poder de tributar. A recuperação da capacidade de o Estado investir na infra-estrutura, apoiar o desenvolvimento tecnológico e reduzir as disparidades sociais ganha nova dimensão. Tudo isto requer uma nova abordagem na condução da reforma fiscal, que começa pela exata compreensão das origens das distorções que foram se acumulando no Brasil nos últimos anos. Só uma cirurgia de separação dos irmãos siameses será capaz de acelerar as reformas necessárias". Ainda no intuito de promover um novo ciclo de reformas, vale a pena citar a proposta do Ipea de se trocar metas de superávit primário por poupança do setor público (Silva, Pires e Castro, 2006).

e medidas propostas para melhorar a gestão das contas e, sobretudo, das coisas públicas. Por mais que se consiga efetivamente resgatar e aplicar um verdadeiro *choque de gestão*, este também não será suficiente, por si só, para reformar o Estado e repor a economia na trilha do crescimento.

O caso da reforma tributária é semelhante. Se esta continuar a ser tratada isoladamente, a tendência é que fique circunscrita a poucos impostos e não enfrente as questões essenciais. Essas, por sua vez, remetem ao debate e a mudanças tanto na seguridade social (incluindo a espinhosa questão previdenciária) quanto na própria federação (agora com o gasto posto também na mesa de debate).

Aliás, é no campo tributário que podem ser tomadas medidas mais concretas e eficazes para restringir a expansão do gasto público e, se for o caso, iniciar sua redução. Restringir o uso de medidas provisórias para tratar de matéria tributária (limitá-las excepcionalmente ao manejo dos poucos impostos regulatórios), dar às contribuições e demais formas de tributos o mesmo tratamento dos impostos e iniciar o "desembarque" gradual da CPMF e também da DRU são o atalho mais curto para, primeiro, frear a criação de gastos e, segundo, se possível, iniciar sua redução.

É inegável que o tamanho da carga tributária é definido pelo tamanho do gasto, mas isso não significa que esta seja uma relação de causalidade. Desde que ficou mais fácil e sedutor criar e majorar tributos federais não-compartilhados (quando começaram a valer as duas regras transitórias antes mencionadas) é que o gasto público iniciou sua escalada no país — e não apenas puxado pelo incremento das taxas e despesas com os encargos da dívida pública. A desvinculação nunca foi solução para controlar o gasto e, à medida que foi mudando ao longo dos últimos anos, também se tornou indutora da expansão do gasto. A rigidez orçamentária é apenas a febre, o sintoma da doença, e não a causa da infecção, o determinante do descontrole dos gastos e das finanças. É preciso fazer o caminho inverso, dificultar a majoração e o uso das receitas para forçar uma revisão do padrão de gasto.

Proposições para limitar a expansão da despesa corrente são inócuas, como revelou a própria experiência da Lei de Diretrizes Orçamentárias de 2005, que, na primeira tentativa de aplicar tal teto, resultou em sua ultrapassagem por larga folga. O problema é que tal limite só pode ser verificado *ex post* e nada mudará se não se criarem dificuldades, se não se atenuar ou impedir a tomada de decisões *ex ante* de criar ou majorar a despesa, o que geralmente ocorre antes e fora do processo orçamentário.

A chamada *regra de ouro* para controlar o gasto é o princípio da compensação financeira: uma expansão permanente de gasto — ou uma redução permanente de receita — só deveria ser aprovada se quantificada e, o principal, se devidamente compensada por uma redução duradoura de outro gasto ou pela criação também duradoura de receita. O pior é que não faltam definições e determinações legais para tal finalidade. No caso da área em que mais cresceu o gasto primário nos últimos anos — a seguridade social —, foi introduzido um princípio, de forma inovadora, no corpo permanente da Constituição de 1988, mas depois, na prática, este foi solenemente esquecido e ignorado.[64]

O mesmo ideal foi expandido pela LRF, para ser exigido no caso de todo e qualquer ato que criasse um gasto fiscal de caráter permanente, inclusive detalhando mais sua aplicação, reclamando uma estimativa dos impactos e uma declaração de compatibilidade com metas, prevendo a nulidade da medida que não atendesse ao princípio e aplicando sanções.[65] Mais uma vez, na prática, a medida não tem surtido seu efeito pleno. Como já foi dito, em geral só é invocada quando o Executivo deseja vetar alguma medida de iniciativa do Legislativo que gere incre-

---

[64] Ver o disposto no art. 195 da Constituição Federal: "§5º Nenhum benefício ou serviço da seguridade social poderá ser criado, majorado ou estendido sem a correspondente fonte de custeio total".

[65] A LRF dedica uma seção específica a regular a geração da despesa pública. Entre outras normas, prevê: "Art. 15. Serão consideradas não autorizadas, irregulares e lesivas ao patrimônio público a geração de despesas ou assunção de obrigações que não atendam ao disposto nos arts. 16 e 17. (...) Art. 16. A (...) ação governamental que acarrete aumento da despesa será acompanhada de: I — estimativa do impacto orçamentário-financeiro no exercício (...) e nos dois subseqüentes; (...). Art. 17. Considera-se obrigatória de caráter continuado a despesa corrente derivada de lei, medida provisória ou ato administrativo normativo que fixe para o ente a obrigação legal de sua execução por um período superior a dois exercícios. §1º Os atos (...) deverão ser instruídos com a estimativa (...) e demonstrar a origem dos recursos para seu custeio. §2º (...) o ato será acompanhado de comprovação de que a despesa criada ou aumentada não afetará as metas de resultados fiscais (...), devendo seus efeitos financeiros, nos períodos seguintes, ser compensados pelo aumento permanente de receita ou pela redução permanente de despesa (...)".

mento de gasto; já quando a iniciativa é do interesse do Executivo, a memória fica fraca e a regra é abrandada.

Um dos desafios mais prementes da agenda fiscal é trocar a verificação *ex post* do mal feito por sua prevenção *ex ante*. Mais importante que impor metas irrealistas ou prorrogar medidas transitórias que produzem efeito inverso do esperado é assegurar a operacionalidade do princípio da compensação. Essa é inegavelmente uma tarefa complexa e engenhosa, que exigirá criatividade e ousadia para definir um *modus operandi* que, primeiro, permita avaliar mais realisticamente o impacto das medidas que aumentam gastos e o espaço fiscal disponível pelo incremento da receita ou pela (rara) redução de despesas e, depois, crie uma sistemática de controle do uso de tal espaço. O ideal seria concentrar tal controle em um único instrumento (talvez criar mais um anexo na Lei de Diretrizes Orçamentárias para tal fim específico), de ampla divulgação e fácil acompanhamento.

Trocar a triste realidade da gestão de choque pelo sonhado choque de gestão exige refundar a orçamentação e a contabilidade pública, consolidar a responsabilidade fiscal, completar as reformas e desenhar um novo esforço de alterações estruturais. Os desafios são enormes. O país precisa de um ciclo de mudanças estruturais, inegavelmente complexas e com estreitas relações entre si, na mesma linha das promovidas em meados dos anos 1960. Por certo, ninguém quer voltar à ditadura militar para realizá-las, mas é preciso mais ousadia, competência técnica e habilidade política para debater e encontrar soluções na democracia. Sem mudanças de vulto, a economia brasileira continuará fadada a seguir o seu atual caminho, de ficar atrás do mundo, das economias emergentes e até mesmo do restante da América Latina, com óbvios danos para o bem-estar da população.

Bibliografia

AFONSO, José Roberto. Memória da Assembléia Constituinte de 1987/88: as finanças públicas. *Revista do BNDES*, Rio de Janeiro, v. 6, n. 11, jun. 1999.

_____; ARAÚJO, Érika Amorim. Mais tributos com menos demanda pública: o (duro) ajuste brasileiro. In: SEMINÁRIO DE POLÍTICA FISCAL, 17. *Anais...* Santiago: Cepal, 2005.

_____; MEIRELLES, Beatriz Barbosa. Carga tributária global no Brasil, 2000/2005: cálculos revisitados. *Cadernos NEPP/Unicamp*, n. 61, mar. 2006.

_____; BIASOTO, Geraldo; ARAÚJO, Erika. *Fiscal space and public investments in infrastructure:* a Brazil case study. Brasília: Ipea, dez. 2005. (Texto para Discussão, 1.141).

ARAÚJO, Érika Amorim. *Análise das contribuições sociais no Brasil.* Brasília: Cepal, out. 2005.

AZEREDO, Beatriz. *As contribuições sociais no projeto da Constituição.* Brasília: Ipea, nov. 1987. (Texto para Discussão, 124).

BARROSO, Rafael Chelles. O processo decisório do orçamento do governo federal na visão da nova economia institucional. In: *Finanças públicas*. Brasília: UnB, 2004. p. 573-676.

FECOMÉRCIO. Simplificando o Brasil: tributação e gastos públicos. *Caderno Fecomércio de Economia*, n. 11, abr. 2006.

GOBETTI, Sérgio W. *Uma análise das finanças do RS* — 1998-2005. Jul. 2006. ms.

IMF (International Monetary Fund). *IMF Survey*, v. 28, n. 11, June 1999.

PETRIE, Murray. *Promoting fiscal transparency:* the complementary roles of IMF, financial markets and civil society. Washington, DC: IMF, Oct. 2003. (IMF Working Paper, 199).

REZENDE, Fernando. A reforma fiscal e a retomada do crescimento. In: CONGRESSO DA INDÚSTRIA. Anais... São Paulo: Fiesp, 2006.

_____; AFONSO, José Roberto. *A reforma fiscal no processo de elaboração da nova Constituição.* Rio de Janeiro: Ipea, nov. 1987. (Texto para Discussão, 121).

SERRA, José. 1989. A Constituição e o gasto público. *Planejamento e Políticas Públicas*, Brasília: Ipea, p. 93-106, jun. 1989.

SILVA, Alexandre Manoel da; PIRES, Ângelo; CASTRO, Manoel Carlos. Poupança em conta corrente do governo: uma nova proposição de política fiscal. *Boletim de Desenvolvimento Fiscal*, Brasília: Ipea, n. 1, jun. 2006.

TANZI, Vito; SCHUKNECHT, Ludger. *Reforming public expenditure systems in industrialized countries:* are there trade-offs? Frankfurt: ECB, Feb. 2005. (ECB Working Paper, 435).

TCU (Tribunal de Contas da União). *Relatórios e pareceres prévios sobre as contas do governo da República:* exercício de 2005. Brasília: TCU, 2006.

Novos paradigmas de gestão 9

Claudia Costin

O Estado brasileiro tem sido posto em xeque com bastante constância nos últimos tempos, seja por motivos éticos, associados à configuração clientelista do sistema político, que alça parlamentares e dirigentes a posições de poder em seu seio, seja por completa incapacidade de diminuir desigualdades sociais. No Brasil, o Estado gasta cerca de 25% do PIB com os chamados gastos sociais, o que é comparável com o que ocorre nos países desenvolvidos, alguns com sólidos modelos de *welfare state*. Esses gastos, no entanto, não têm a mesma qualidade que tais países apresentam na prestação de serviços públicos e não contribuem para reduzir de forma expressiva a concentração de renda. A crescente consciência do problema certamente integra o processo de construção de sua solução, mas os mais céticos têm se sentido cada vez mais fortalecidos em sua visão de que não há nada a fazer; corrupção e fisiologismo fariam parte do que se poderia chamar de "alma brasileira".

É justamente por não concordar com essa percepção e acreditar na existência de um caminho para se sair dessa situação que escrevo este capítulo, cujos objetivos são tentar entender as raízes da crise e permitir a compreensão de que é possível melhorar a qualidade do gasto social no Brasil.

Antes de iniciar a exploração da crise em que estamos imersos, é importante pontuar duas idéias. A primeira diz respeito ao fato de que parte da crise do Estado resulta de um problema de desenho. O Estado não foi concebido originariamente no Brasil para prestar serviços públicos, e sim, para gerar emprego e renda.[1] Voltarei a isso mais tarde. A segunda refere-se ao olhar adotado ao longo deste texto. Ao lidar com a crise e mesmo com as políticas sociais, tratarei apenas do grave problema de gestão do Estado. A crise do Estado brasileiro é multifacetada, mas o caminho para a sua superação exige mais do que o enfrentamento das questões política e fiscal. Tem a ver também com a capacidade de coordenar projetos de governo e gerenciar políticas públicas competentes.

O esforço envidado por vários governos das três esferas — federal, estadual e municipal — para enfrentar a crise fiscal que ficou ainda mais evidente com o fim da inflação levou, em muitos casos, a um certo descuido com os problemas de gestão das políticas públicas. Era mais fácil, num primeiro momento, trabalhar com uma equipe de elite, chamada a cada administração a ocupar cargos de confiança, e que funcionava à margem da máquina pública, implantando os projetos prioritários para o governo da ocasião. Ocorre que essas equipes, por mais preparadas que fossem tecnicamente nos seus campos de atuação, tinham grande dificuldade para atuar nas estruturas estatais, e o resultado de seu trabalho não se internalizava no aparelho de Estado.

A prioridade dada ao enfrentamento das emergências fiscais ou a programas pontuais de governos que querem deixar rapidamente a sua marca, e não ao desenvolvimento da capacidade institucional de formulação e gestão de políticas, acarretou graves problemas de retrabalho, descontinuidade e fragilidade técnica na abordagem das questões sociais do país. Mas o mais curioso é que só solucionou parcialmente o que se propunha resolver. O gasto público continua grande em relação aos resultados e se, hoje, a maior parte dos estados brasileiros se encontra em condições mais favoráveis no que diz respeito à Lei de Responsabilidade Fiscal, isso se deve menos à eficácia do controle de gastos do que a uma

---

[1] A esse respeito, ver interessante história relatada em Caldeira, 1995. Uma viúva pobre e seus dois filhos são atendidos, por caridade, por um médico inglês que constata, depois de ofender a senhora por propor que seus filhos trabalhassem, que um deles havia obtido um emprego público. Cargos públicos no período do Império não pareciam ferir essa estranha ética que vedava trabalho a brancos, por impróprio.

situação fiscal favorável do ponto de vista das receitas, seja via aumento de impostos, ampliação da arrecadação global graças ao crescimento da economia ou melhorias na máquina arrecadadora. Mas a qualidade do gasto continua ruim, como revelam inúmeros estudos do Ministério da Fazenda, de organismos internacionais e do Ipea.[2]

A gestão e a crise do Estado

Não se pode pensar nas dificuldades de gestão das políticas públicas dissociadas da crise do Estado brasileiro. Essa crise, persistente desde meados dos anos 1980, vem provocando discussões exacerbadas sobre a capacidade da administração pública e dos governantes de plantão de implantarem políticas públicas competentes.

Nos últimos anos, os Estados têm enfrentado ácidas críticas sobre sua incapacidade de reduzir desigualdades e resolver as emergências acarretadas pela situação de pobreza em diversos países. Os especialistas constatam avanços importantes em países da América Latina (embora não se possa dizer o mesmo das regiões mais pobres, como a África subsaariana), especialmente nos indicadores de desenvolvimento humano, como os recentemente divulgados pelo Pnud, entre os quais figuram a queda da mortalidade infantil, o aumento das matrículas no ensino fundamental ou o aumento da expectativa de vida. Esses avanços, porém, não vêm acompanhados de uma clara diminuição da pobreza e da concentração de renda. Infelizmente, ainda apresentamos índices inaceitáveis a esse respeito, quaisquer que sejam os parâmetros adotados para medir tais problemas sociais.

Essa incapacidade é apenas um dos aspectos, ainda que o mais grave do ponto de vista humano, da crise do Estado que surgiu nos anos 1980 e que ainda carece de solução. Ora, dirá o leitor mais crítico, a pobreza não é um fenômeno novo e a situação de desigualdade não piorou. Por que então atribuir a uma crise relativamente recente nossos problemas sociais?

---

[2] Ver, por exemplo, Ministério da Fazenda, 2003.

A pobreza não é, de fato, recente, mas a existência de um mercado globalizado, que conta, por um lado, com produtos altamente diversificados que incorporam tecnologias sofisticadas e, por outro, com grande exclusão em relação aos benefícios desse processo, sim, é nova.

É conhecida a incapacidade de operar eficientemente a máquina estatal no campo das políticas públicas. A baixa qualidade da educação, a precariedade dos hospitais, a morosidade na obtenção de documentos exigidos pela legislação ou na abertura de empresas somam-se a constantes denúncias de corrupção e de desvios de recursos do contribuinte. O chamado gasto social tem se dirigido especialmente para a classe média, por meio de investimentos nas universidades federais e na previdência do servidor público e, certamente, não para os mais necessitados. O Estado é percebido como lento, caro e preservador de uma ordem de coisas socialmente injusta.

O curioso é que, apesar dessa percepção, quando se fala em reformar o Estado, formadores de opinião normalmente pensam exclusivamente em ajuste fiscal. Ora, gastar menos, mas mal, também envolve desperdício de recursos públicos.

Na verdade, essa visão reducionista, muitas vezes associada à imagem do Estado mínimo, que, aliás, não foi implementada em nenhum país avançado, parte de uma lógica que restringe a crise do Estado brasileiro a sua dimensão fiscal. O Estado estaria em crise porque gasta demais e onera o mundo da produção. Muito embora esta seja, de fato, uma das facetas da crise atual do Estado, não é, certamente, a única. O Estado apresenta hoje, basicamente, quatro crises, que se combinam e criam um sentido de urgência em reformá-lo.[3]

A primeira é a crise fiscal, que se reflete na insuficiência de poupança pública para se fazer os investimentos que a população demanda. Essa dimensão se agravou particularmente com o fim do governo autoritário, o que colocou simultaneamente na mesa todas as demandas sociais represadas, e com o controle da inflação, que evidenciou os números verdadeiros do gasto público. Com uma inflação que chegava a 84%

---

[3] Para uma visão similar, embora não idêntica, da crise do Estado nos anos 1990, ver Bresser-Pereira, 1997, esp. p. 9-20.

ao mês, é fácil imaginar como o equilíbrio orçamentário era conseguido rapidamente, congelando-se salários de funcionários e pagamentos a fornecedores, ou liberando-os lentamente, a partir de critérios onde a ética nem sempre prevalecia.

Essa dimensão da crise do Estado pode se potencializar, dada a não-solução da questão previdenciária, que, com seu gigantesco déficit atuarial, é uma bomba de retardo colocada nas contas públicas. Acumulam-se diferenças entre o que é pago pelos funcionários públicos para arcar com os custos de suas aposentadorias e o que é recebido por eles quando se aposentam, algo da ordem de R$ 70 milhões por ano.

A segunda crise é a do modelo de intervenção do Estado na economia. O Estado teve aqui um papel extremamente importante no barateamento do custo de produção de capital, sendo responsável por toda uma série de investimentos em infra-estrutura, especialmente em transportes, energia e bens de capital, que permitiram uma industrialização mais sustentável e arrojada no Brasil do que em outros países da América do Sul. O chamado modelo de substituição de importações tinha certamente um braço estatal muito forte e consistente. Empresas estatais importantes foram constituídas para desempenhar esse papel, e investiram-se somas expressivas, inclusive na formação de um quadro de pessoal qualificado e bem remunerado, que mais tarde formou a base da alta gerência das empresas privadas que atuam nos mesmos setores.

Vivemos hoje, porém, o esgotamento do modelo de substituição de importações. A produção, pelo Estado, de bens e serviços destinados diretamente ao mercado está em crise no mundo todo, independentemente da ideologia dos governantes de plantão. Esse processo vem se acelerando com a crise fiscal e com a constatação de que o Estado necessita de recursos e não tem como investir na modernização de parques industriais que exigem constante inovação tecnológica para se manterem competitivos. Rigorosos processos de privatização vêm ocorrendo nos mais diversos países, inclusive em Cuba. O que varia, a cada situação, são basicamente quatro elementos: o preço dos ativos vendidos, o destino dos recursos obtidos, a transparência do processo e a regulamentação, no caso da privatização de serviços públicos concedidos.

A pressa em privatizar, muitas vezes ocasionada pela absoluta impossibilidade de manter o ativo funcionando, tem levado por vezes a um desequilíbrio entre o momento da venda e a instalação de agências reguladoras, independentes e profissionalizadas, em setores-chave da economia. Por isso a dificuldade de implementar políticas públicas que reduzam a pobreza e as desigualdades se potencializa. É urgente, nesse sentido, acelerar no Brasil a consolidação da agência de saneamento — tema coberto parcialmente pela Agência Nacional de Águas (ANA) —, dada a importância da luta contra a mortalidade infantil e as enfermidades transmitidas pela água.

A terceira crise, a crise política do Estado, resulta de dois fenômenos interligados: a relativamente recente transição da ditadura para a democracia no Brasil e o incipiente exercício de cidadania e controle social nas comunidades. Até há poucas décadas, o país vivia sob censura de imprensa, o que dificultava o controle social; os direitos humanos eram gravemente desrespeitados e o cidadão não tinha voz. Mas, do ponto de vista da máquina pública, um problema adicional se interpunha: toda uma geração de técnicos de governo (entre os quais me incluo) não aprendeu a negociar, desenvolvendo uma arrogância tecnocrática própria de quem detém o monopólio da verdade. Tivemos no Brasil uma ditadura modernizante, apoiada, sob certos aspectos, numa aliança entre técnicos e militares. A verdade técnica foi erigida como a única legítima, como se pudesse ser totalmente neutra, e foi contraposta de forma muitas vezes artificial à de políticos considerados clientelistas.

Ora, há portanto todo um aprendizado ainda não feito. O exercício da cidadania precisa crescer, de forma a tornar os contribuintes cientes de que bons serviços são a contrapartida de impostos pagos, e não um favor especial, mediado por parlamentares tornados despachantes de repartições propositadamente emperradas. E isso se torna ainda mais grave num contexto em que quem mais paga impostos em relação à renda é a população mais carente, que não tem como praticar a evasão fiscal e paga impostos descontados do salário e embutidos em tudo o que compra. Além disso, a fiscalização das contas públicas, inclusive dos gastos de pessoal, é um instrumento fundamental da democracia. Vivemos num país em que o chamado gasto social vai sobretudo para a classe média. Isso se deve aos gastos com as hoje mais 60 instituições federais de ensino superior (não seria melhor termos menos unidades e com mais recursos cada uma?) e com a previdência do servidor público.

Felizmente, porém, nota-se cada vez mais a percepção de que serviços de qualidade não devem ser um presente de um político amigo ou uma concessão feita em troca de lealdade político-eleitoral. Protestos contra a destinação inadequada de recursos públicos, a existência de ONGs como a Voto Consciente, que fiscaliza as decisões da Câmara de Vereadores em vários municípios paulistas e da Assembléia Legislativa do estado, são um sintoma claro dessa mudança.

A quarta crise é exatamente a que se refere à gestão do Estado. O Estado no Brasil não foi desenhado, como já afirmei, para prestar serviços públicos universalizados. Foi concebido, historicamente, para cumprir dois papéis: baratear o custo de produção do capital, por meio de investimentos que facilitaram a implantação de um setor privado em condições de operar de forma sustentável no país, e gerar emprego e renda em um contexto em que não havia outro mecanismo para fazê-lo. A primeira função foi desempenhada, basicamente, pelas empresas estatais, que pagaram bons salários e se mostraram bastante eficientes e importantes para alavancar o desenvolvimento do país. Isso foi feito por meio de todo o complexo siderúrgico, de energia elétrica, de construção de estradas e, mais recentemente, das telecomunicações. A segunda função foi marcada pelo sistema político clientelista que trocava fidelidade política por emprego (não necessariamente trabalho). Aqui, o exercício profissional ocorria principalmente na administração direta.

Haveria, na verdade, uma terceira função, voltada para a prestação de serviços e para a geração de oportunidades para setores das elites e das classes médias em ascensão. Nesse caso se encaixa a situação da escola pública, até a década de 1930 restrita no Brasil a 21,5% da população em idade escolar, como bem mostra Lindert em seu magnífico *Growing public*,[4] enquanto países como a Argentina já contavam com 83,5%. Da mesma maneira, a atuação do Estado no campo das artes visava a garantir às elites acesso ao que iam muitas vezes buscar na Europa. Na saúde pública, a idéia era evitar problemas com doenças que não

---

[4] Lindert, 2004:92. Nesse trabalho, Lindert compara crianças de cinco a 14 anos matriculadas nas escolas primárias de vários países do mundo entre 1830 e 1930. Normalmente, no Brasil, optamos por trabalhar com dados referentes a crianças de sete a 14, idades em que deveriam estar cursando da 1ª série à 8ª série do ensino fundamental.

escolhiam classes sociais, pondo todos em risco e afetando a freqüência dos operários ao trabalho.

Aqui, um rápido parêntese. Quando se observa a composição do governo federal, que, pela Constituição de 1988, ficou responsável basicamente pela formulação e pela gestão das políticas públicas, percebe-se, em 1995, que 70% da força de trabalho eram compostos por servidores de nível médio e auxiliar, muitos deles sem ingresso por concurso público. Esse quadro vem mudando com as novas diretrizes estabelecidas no governo Fernando Henrique e mantidas no governo Lula, em que se prioriza a contratação de profissionais de nível superior, preparados para exercer sua função.

O Estado vem perdendo esse papel de empregador. Mas a lógica e os ordenamentos jurídicos que o regem ainda mantêm cuidados típicos desse tipo de função. Toda a legislação referente ao serviço público foi elaborada para impedir o mau uso de recursos humanos e materiais por políticos ou dirigentes com más intenções, garantindo-se a impessoalidade, a legalidade e a publicidade dos atos. Mas a operação eficiente da máquina para garantir serviços de qualidade a todos não era enfatizada. Até a Emenda Constitucional nº 19, a eficiência, por exemplo, não constava entre os princípios que deveriam nortear o serviço público. Bastava ser impessoal e baseado em uma série de preceitos legais. O importante era moralizar o serviço público, e não fazê-lo funcionar bem.

Na verdade, uma função muito importante que vem se desenhando para o Estado a partir de um incipiente exercício de cidadania é a prestação de serviços públicos. Ora, para tanto, é fundamental repensar toda a gestão do Estado e introduzir algo essencial para uma lógica de serviços: a eficiência. É preciso, por exemplo, poder remunerar de acordo com o mercado e não com uma visão de justiça social *intra corporis*, que busca pagar salários para funções auxiliares muito superiores aos pagos no setor privado e, para funções de gerência ou de formulação, muito inferiores. É importante atrair bons quadros para o setor público, sem o que não se pode pensar em boa gestão de políticas públicas. É preciso diminuir o número de amarras burocráticas que tornam o Estado um administrador lento e mau contratador. Boa parte da lentidão introduzida na legislação que rege o setor público, feita para se evitar a corrupção, leva na verdade exatamente ao oposto, ou seja, ao fomento de vias rápidas, vendidas por funcionários pouco corretos. É importante também sair de uma lógica fiscalista e reducionista, que considera importante apenas reduzir despesas, e não prestar bons serviços. Essa visão limitada e simplista da gestão pública explica por que tantos bons projetos foram abandonados e não se investe em profissionalização do serviço público. Sem se realizar concursos anuais, como faz o Itamaraty, para poucas vagas (de reduzido impacto fiscal) com salários atrativos, sem se investir em capacitação, não há como manter um Estado moderno e eficiente. Foi o que se procurou fazer de 1995 a 1999, quando, após a correção do salário de 150 categorias, aproximando-os um pouco do mercado, começou-se a implantar concursos públicos anuais, depois de 10 anos sem concursos públicos para a maior parte dessas carreiras. Era apenas um começo, mas precisa ser mantido e ampliado. Eliminar parte dos cargos de confiança para permitir a continuidade e a profissionalização foi outra ação relevante.

Deve-se no entanto lembrar que, se por um lado é importante aprimorar a formulação e a gestão das políticas públicas no seio do aparelho do Estado, sua implementação pode ocorrer num contexto de parceria público-privada; e que a participação de entidades do terceiro setor aptas a prestar serviços assumindo a gestão de equipamentos tem se mostrado vantajosa e eficiente. O uso de instrumentos como termos de parcerias com Oscips, ou contratos de gestão com organizações sociais que dêem clareza e transparência à relação entre o Estado e o ente que com ele estabelece a parceria tem se mostrado mais adequado do que os convênios, por serem tais instrumentos mais simples, desburocratizados e, sobretudo, por vincularem o serviço "parcerizado" com a política pública para o setor.

Da crise fiscal à crise de gestão

Os governos têm procurado, desde os anos 1980, enfrentar a crise fiscal do Estado reduzindo gastos que não lhes agreguem valor imediato. É este, infelizmente, o caso da profissionalização da administração pública. Investir em um corpo estável e capacitado de funcionários que permaneçam independentemente de governos e que possam dar continuidade a projetos, manter a memória e, sobretudo, coordenar políticas públicas, tem sido uma raridade entre os governantes na União, nos estados e nos municípios.

Ora, para se equipar o aparelho de Estado, como já procurei ressaltar, é necessário adotar algumas medidas que permitam atrair bons quadros para o governo, como uma política salarial compatível com a praticada pelo mercado, de forma a disputar os melhores talentos, e realizar concursos públicos anuais para poucas vagas, para oxigenar a máquina pública. Afinal, como afirma Bresser-Pereira (2005:16): "A organização do Estado precisa de um grupo de gestores altamente capacitado, que deve ser tão responsabilizável, no plano democrático, quanto autônomo, no gerencial".

Sem um corpo de funcionários preparados para a gestão de políticas públicas, a atuação do Estado corre o risco de ser ciclotímica no enfrentamento dos problemas do país e de enxergar em Oscips, organizações sociais ou outras alternativas de parceira público-privada, mais do que podem oferecer. Essas parcerias não devem ser vistas como mecanismos destinados a suprir ineficácias resultantes de uma abordagem reducionista, que enxerga o combate ao déficit fiscal como um fim em si mesmo. Numa democracia, um governante se elege com base num programa de governo e tem que contar para tanto com uma máquina equipada para torná-lo realidade. As organizações do terceiro setor podem ser parceiras na implementação das políticas públicas contempladas, mas não para formulá-las ou mesmo coordenar sua implantação. Assim, num contexto de reestruturação do Estado, é preciso contar com uma administração pública capacitada, sendo "necessários servidores públicos que manejem o novo arcabouço de regras", o que, segundo Fernando Abrúcio (1998:193) "parece óbvio, mas na prática de vários países não tem sido".[5]

---

[5] Abrúcio também destaca em seu estudo o que ele acredita ser um problema nas propostas de reforma da administração, a cisão entre a formulação das políticas públicas e sua implementação, destinando-as a instâncias fora do aparelho estatal. Segundo ele, ao não se assumir a implementação, há um aprendizado não feito e informações resultantes de contato com o campo que não fluem para quem decide. Na verdade, o Estado não pode se desobrigar da coordenação da implementação. Ao firmar parcerias com entidades do terceiro setor, ou mesmo com entidades privadas, o Estado não pode repassar sua responsabilidade, que deverá ser sempre do ente estatal, sobre o qual recai a obrigação de prestar contas ao cidadão.

Nesse sentido, a motivação para se usar organizações sociais ou Oscips em atividades como museus, teatros, hospitais ou centros de pesquisa não deveria ser salarial. O setor público deve ter condições de atrair e fixar bons quadros, e utilizar entidades parceiras nas situações em que os serviços não são exclusivos do Estado e requerem uma flexibilidade e uma agilidade próprias do mercado. Assim, o comentário de Márcio Gomes (2005:165), que, ao descrever as dificuldades do modelo tradicional de administração pública na área da administração hospitalar, aponta "a impossibilidade de o gestor pagar salários compatíveis com o mercado e, desta forma, fixar seu pessoal e mantê-lo adequadamente treinado e atualizado" não seria razão para implantar organizações sociais na saúde. Os hospitais poderiam ser administrados por OS pelos demais motivos por ele listados em seu texto e que se sintetizam na inadequação do modelo de gestão estatal para operar um hospital.

Esforços para tornar a máquina pública mais eficiente e apta a prestar serviços públicos de qualidade vêm ocorrendo, mas de forma descontínua. As agendas eleitorais e as emergências fiscais muitas vezes se sobrepõem às tentativas de adotar programas de garantia de continuidade competentes. Outras vezes, pressões corporativistas tornam difícil para os dirigentes públicos pensar em uma política ordenada de recursos humanos, voltada para a atração e a fixação de bons quadros. Isso significa ter uma política salarial compatível com o mercado (inclusive não pagar mais que o mercado em funções auxiliares, como ocorre com freqüência), concursos públicos anuais para um número de vagas adequado à folga fiscal, investimento em capacitação e parcerias com a sociedade, na forma de organizações sociais, Oscips ou mesmo empresas, para garantir que o país receba os investimentos que merece em educação, infra-estrutura, saúde, ciência e tecnologia e cultura. Não há desenvolvimento sem que o Estado atue. Mas ele não precisa fazer tudo sozinho. Se houver a capacitação institucional para formular e coordenar políticas públicas no seio da máquina pública, a implementação pode acontecer com o concurso de entidades não-estatais, com expressivos ganhos de qualidade e sem enfraquecer o papel do Estado.

Seja atuando diretamente, seja em parceria com entidades privadas ou do terceiro setor, o Estado continua tendo na gestão um grande desafio. O enfoque ritualista no desenho dos procedimentos e no controle do poder público, associado à dificuldade de reconhecer os funcionários e gestores que se destacam, dificulta muito o desempenho das atividades estatais. Some-se a isso a dissociação entre orçamento e gestão. A forma de elaborar e executar o orçamento público tem sido, na maioria das vezes, um entrave à gestão de projetos ou até, em certos casos, um incentivo à maquiagem de dados, não necessariamente por motivos escusos. Ocorre com freqüência que a rigidez orçamentária funcione como um mecanismo inviabilizador de programas meritórios, por conduzir a desperdícios na alocação de recuros.

Além disso, o orçamento tem uma linguagem própria, que dificulta a transparência e o controle social. O acompanhamento da execução orçamentária diz muito pouco sobre o andamento dos projetos prioritários de governo. Uma experiência que deve ser incorporada, nesse sentido, ao acervo de boas práticas do país é a do Brasil em Ação, lançado em 1996 para dar prioridade a um conjunto de 42 empreendimentos voltados para a promoção do desenvolvimento sustentável no Brasil, e posteriormente ampliado para 58 empreendimentos. Um modelo gerencial inovador foi implantado, o que permitiu a fácil visualização dos objetivos e recursos associados a cada um dos projetos. Para cada empreendimento foi designado um gerente, responsável pelo atingimento das metas, o que demandou deles capacidade de articulação e negociação com os diferentes ministérios, estados e municípios envolvidos em cada iniciativa.

O sucesso desse programa nos remete a outra dificuldade associada à gestão pública: a integração dos programas governamentais. Carlos Matus, ex-ministro da Economia do Chile e analista da gestão pública, apontava o risco da segmentação na abordagem de temas intersetoriais, afirmando, em entrevista a Franco Huertas (1995:35), que, enquanto as políticas públicas são formuladas de forma setorizada, segmentada, "a realidade gera problemas, ameaças e oportunidades. O político trabalha com problemas e a população sofre problemas... Ao contrário, o conceito de setor é uma imposição analítica, é muito genérico, pouco prático e mais apropriado à análise macroeconômica. Os problemas reais cruzam os setores e têm atores que são beneficiados ou são prejudicados por eles. Em torno de problemas a participação cidadã é possível; em torno de setores é impossível. Os atores do jogo social lidam com problemas, não com setores".

O Brasil em Ação procurava justamente partir de problemas que mereciam a ação integrada de diferentes organismos públicos para solucioná-los por meio de um projeto com unidade de gestão.

Parcerias público-privadas e a gestão do Estado no Brasil

O Estado atua basicamente em três setores: formulação, coordenação e avaliação de políticas públicas; atividades exclusivas de Estado, como fiscalização, regulação e funções de soberania; e, finalmente, implementação de políticas em ações que o Estado desempenha em parceria ou independentemente da sociedade civil, mas em que a capacidade para fazê-lo encontra-se tanto no Estado quanto em organizações não-estatais, privadas ou do chamado terceiro setor.

Em cada um desses setores caberia uma forma distinta de estruturação da ação do poder público. A formulação de políticas, que numa democracia é de responsabilidade do Parlamento, deve ser apoiada no Executivo por um núcleo estratégico no qual possa ocorrer o processamento técnico-político das questões, situado na administração direta e com organização própria da máquina pública. Isso significa que deve ser composto por funcionários de carreira, generalistas, bem formados, especialmente na gestão e avaliação de projetos complexos, com múltiplas instâncias de implementação, no entendimento das finanças públicas e em articulação política com o Congresso (ou os legislativos estaduais e municipais) e com parceiros da sociedade civil ou do mercado. Esses profissionais poderiam exercer suas funções em qualquer ministério ou secretaria, evitando-se assim a rigidez na alocação de pessoas especializadas não em um segmento, mas na própria gestão das políticas públicas, e favorecendo, em contrapartida, a integração da ação governamental. O investimento em capacitação, o acesso desburocratizado desse núcleo a *think tanks* — que, estes sim, podem e devem contar com especialistas em cada política específica —, a realização de concursos anuais (para o preenchimento dos cargos com salários de mercado) que tragam anualmente bons quadros para esse núcleo podem ser algumas das ações relevantes para se dotar a administração pública de uma cúpula apta a apoiar a tradução de programas de governo em ações que promovam o desenvolvimento sustentável do país.

As atividades exclusivas de Estado, por exigirem um trabalho menos associado a concepção e uma independência maior em sua condução, precisam se estruturar em agências autônomas, profissionalizadas e dissociadas do processamento político das prioridades de governo. Essas agências, que podem se dedicar a fiscalização, regulação, diplomacia, entre outras atividades, deveriam ser formadas por funcionários de carreira, especializados na atividade da entidade. Aqui também concursos anuais e salários competitivos ajudariam a atrair bons profissionais e a quebrar corporativismos negativos, por oxigenarem a máquina pública.

No que se refere a atividades de implementação de políticas em áreas em que a sociedade civil acumulou experiências que podem ser aproveitadas pelo setor público, abre-se um amplo terreno para parcerias. Essas parcerias, como vimos, podem ocorrer com organizações sociais, entidades sem fins lucrativos com as quais o Estado pode firmar contratos de gestão e, assim, repassar a gestão de atividades que demandem mais flexibilidade ou criatividade, ou com empresas privadas, mediante parcerias público-privadas (PPPs), nos termos da recente Lei Federal nº 11.079, que busca captar a capacidade de investimento e gestão da iniciativa privada para empreendimentos públicos, especialmente em infra-estrutura.

As PPPs lidam com duas alternativas de parcerias: as concessões administrativas e as concessões patrocinadas. Em ambas, o parceiro privado realiza investimentos de, no mínimo, R$ 20 milhões antes da prestação de serviços, e o poder público estabelece o objeto e entra na composição da remuneração do investidor, que pode ser integral, como na concessão administrativa, ou parcial, como na patrocinada, em que parte do pagamento é feito pelo usuário dos serviços na forma de tarifas. Como bem coloca Carlos Ari Sunfeld (2005:23), a característica central que motivou a lei "é a de gerar compromissos financeiros estatais firmes e de longo prazo". A idéia é, por um lado, impedir que o administrador atual assuma compromissos de forma irresponsável e, por outro, dar garantias que convençam a empresa privada a investir.

As duas modalidades de PPPs se diferenciam pela remuneração do investidor e pela forma de prestação de serviços da empresa privada. Na concessão administrativa, a administração pública assina com a empresa um contrato de parceria em que esta última, além de fazer o investimento, detalha o objeto do serviço apresentado pelo poder público e recebe a contraprestação apenas do governo. Não há cobrança de tarifas aos usuários. Na concessão patrocinada, o poder público detalha o serviço, a empresa realiza o investimento e é ressarcida tanto por tarifas quanto por um adicional de tarifa pago pelo governo.

As vantagens são inequívocas: aportam-se importantes recursos para obras e serviços de interesse público, num contexto de exaustão da capacidade de investimento do Estado, e, sobretudo, pode-se contar com as condições mais favoráveis de gestão do setor privado.

Todo tipo de parceria, no entanto, levanta, num país marcadamente clientelista, suspeitas de mau uso de recursos públicos. Argumenta-se que, ao estabelecer essas parcerias, seja nos termos da Lei das PPPs seja nos das organizações sociais, o poder público estaria buscando, na verdade, fugir de amarras destinadas a controlar a corrupção ou a evitar favoritismos descabíveis. Outra argumentação negativa diz respeito à possibilidade de feudalização de espaços públicos. No caso de museus administrados por organizações sociais, por exemplo, ou de uma obra construída e operada posteriormente por uma empresa privada, ambos poderiam ficar isolados da política pública definida para o setor, o que favoreceria o chamado *rent-seeking* ou viabilizaria uma privatização disfarçada da destinação da ação pública.

Os dois argumentos alertam para situações que podem ser resolvidas pelos mecanismos previstos em lei e que demandam gestão. A corrupção tem sido um problema grave nas práticas normais da administração direta, mesmo com todo o aparato normativo estabelecido para coibi-la. A ação do Estado em diversos setores tem se tornado extremamente lenta justamente por causa dessas normas que procuram combater procedimentos imorais no uso dos recursos do contribuinte. O mesmo pode-se dizer dos convênios com Oscips, com seus volumosos processos que passam por instâncias as mais diversas e demandam o controle detalhado dos procedimentos adotados para a operação do dia-a-dia de entidades assistenciais ou culturais. O processo administrativo torna-se, assim, tão complexo que é praticamente impossível acompanhar a dinâmica dos gastos públicos associados a esses projetos. A possibilidade de transparência passa a ser remota.

Nas parcerias, especialmente com organizações sociais, controlam-se os resultados da ação pública, e não o cotidiano da gestão. O contrato de gestão estabelece a vinculação com a política pública do setor, na forma de resultados esperados e diretrizes a serem seguidas, havendo o monitoramento do ministério ou da secretaria da área, mediante uma comissão especificamente criada para tanto, e do Tribunal de Contas do estado ou da União, que, no entanto, fiscalizam resultados trimestrais (ou anuais), e não cada ação da entidade. Com isso diminui-se a burocracia e os gastos a ela relacionados e permite-se aos usuários dos serviços e aos cidadãos em geral saber como está sendo empregado o dinheiro público e a efetividade do serviço a eles prestado.

O chamado choque de gestão da administração pública, expressão utilizada inicialmente pelo governo Lula e adotada pelo candidato Alckmin como bandeira, apresenta a vantagem de ressaltar a necessidade e a urgência de introduzir a idéia de gestão na atuação dos governos no país. Foi nesse sentido que se colocou a reforma do Estado iniciada por Bresser-Pereira, da qual tive a chance de participar ao sucedê-lo. Tratava-se de fazer a reforma gerencial do Estado para permitir que as políticas públicas fossem implementadas com muito mais efetividade, evitando que o controle burocrático consumisse recursos e tempo que, hoje, com imprensa livre e mecanismos mais ágeis de controle social, podem ser repensados. A idéia subjacente nessa proposta de operar a máquina pública por meio de leis que prescrevam cada passo a ser seguido, eliminando quase completamente a capacidade de tomada de decisão (com a assunção dos eventuais riscos) dos gestores, não é mais compatível com um Estado do qual se demanda uma prestação de serviços de qualidade e não mais a geração de emprego e renda.

Um Estado que presta serviços tem que apresentar, como procurei demonstrar, eficiência, agilidade e transparência no uso de recursos, qualidades incompatíveis com o modelo de gestão que ainda sobrevive no setor público, mas que já começam a ter vigência em procedimentos prenunciados na nova ordem apontada pelas parcerias público-privadas, tanto na forma da Lei das PPPs quanto na das organizações sociais. São possíveis, sobretudo, pela consolidação da democracia no Brasil e pela emergência de um controle social muito mais eficaz na proteção do Estado que qualquer mecanismo tecnocrático.

Bibliografia

ABRÚCIO, Fernando. Os avanços e os dilemas do modelo pós-burocrático: a reforma da administração pública à luz da experiência internacional recente. In: BRESSER-PEREIRA, Luiz Carlos; SPINK, Peter. *Reforma do Estado e administração pública gerencial*. Rio de Janeiro: FGV, 1998.

BRESSER-PEREIRA, Luiz Carlos. *A reforma do Estado dos anos 90*: lógica e mecanismos de controle. Brasília: Ministério da Administração Federal, 1997.

_____. Reforma da gestão e avanço social em uma economia semi-estagnada. In: LEVY, Evelyn; DRAGO, Pedro Aníbal. *Gestão pública no Brasil contemporâneo*. São Paulo: Fundap, Casa Civil, 2005.

CALDEIRA, Jorge. *Mauá: empresário do Império*. São Paulo: Companhia das Letras, 1995.

GOMES, Márcio Cidade. Organizações sociais: a experiência da Secretaria de Estado da Saúde de São Paulo. In: LEVY, Evelyn; DRAGO, Pedro Aníbal. *Gestão pública no Brasil contemporâneo*. São Paulo: Fundap, Casa Civil, 2005.

HUERTAS, Franco. *Entrevista com Carlos Matus:* o método PES. São Paulo: Fundap, 1995.

LINDERT, Peter. *Growing public:* social spending and economic growth since the eighteenth century. New York: Cambridge University Press, 2004.

MINISTÉRIO DA FAZENDA. *Gasto social do governo central*: 2001 e 2002. Brasília: Ministério da Fazenda, 2003.

SUNDFELD, Carlos Ari. Guia jurídico das parcerias público-privadas. In: SUNDFELD, C. A. (Coord.). *Parcerias público-privadas*. São Paulo: Malheiros, 2005.

Reforma da gestão na previdência social* 10

Nelson Machado

Contextualização

A meta da inclusão social é uma visão estratégica da atual gestão do governo federal. No contexto da previdência social, a inclusão se reflete em dois aspectos importantes: o fortalecimento do diálogo social, com a participação da sociedade civil, e a garantia de acesso aos direitos previdenciários. O fortalecimento do diálogo social reflete-se na maior participação da sociedade civil na definição das políticas previdenciárias, por meio de medidas como o restabelecimento dos conselhos de previdência social. A meta de garantia de acesso aos direitos previdenciários inspira um conjunto integrado de ações para permitir esse acesso, que é o objeto principal deste capítulo.

As missões da previdência social decorrem diretamente da visão estratégica de inclusão social. As filas nas agências da pre-

---

* Participaram da redação deste capítulo Benedito Adalberto Brunca, Carlos Eduardo Gabas, Francisco de Assis Leme Franco, Francisco Mendes de Barros, Frederico Guanais, Leonardo José Schettino Peixoto e Valdir Moysés Simão.

vidência social são uma expressão do represamento do acesso imediato ao direito previdenciário, enquanto o desperdício e as fraudes reduzem a capacidade fiscal de pagamento dos benefícios legítimos. Portanto, as missões estratégicas da gestão da previdência social foram definidas como: melhoria do atendimento; e combate ao desperdício e às fraudes.

Nesse contexto, ações para a melhoria do atendimento e para o combate ao desperdício e às fraudes vêm recebendo prioridade na gestão das três organizações que compõem a previdência social no Brasil: o Ministério da Previdência Social (MPS), o Instituto Nacional do Seguro Social (INSS) e a Empresa de Tecnologia e Informações da Previdência Social (Dataprev). Entretanto, ações tomadas de forma isolada dificilmente alcançariam o objetivo de garantir o direito previdenciário. Por isso, a profissionalização da gestão vem sendo entendida como uma ação condicionante indispensável para que os esforços de melhoria do atendimento e de combate ao desperdício e às fraudes possam efetivamente resultar na garantia do direito previdenciário como um meio de inclusão social. O modelo conceitual apresentado na figura a seguir ilustra a importância da profissionalização da gestão.

Modelo conceitual da estratégia de profissionalização da gestão na previdência social

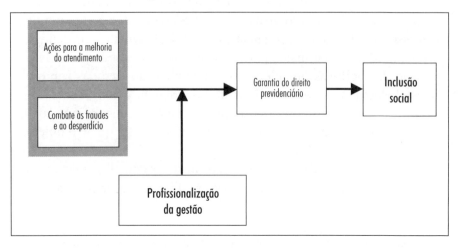

Sem uma gestão profissional, dificilmente as ações para a melhoria do atendimento e o combate ao desperdício causariam impactos significativos na garantia do direito previdenciário. Portanto, a profissionalização da gestão pode ser entendida como uma variável interveniente que viabiliza e permite a consecução da inclusão social por meio da garantia do direito previdenciário.

O objetivo deste capítulo é apresentar um *case* sobre a profissionalização da gestão na previdência social, mostrando como uma abordagem integrada, alinhada às tendências contemporâneas de gestão, já produz resultados importantes na previdência social no Brasil. Como mostram os dados apresentados neste *case*, a melhoria do atendimento e a ampliação dos serviços podem ser perfeitamente compatíveis com a contenção de despesas com o pagamento de benefícios, mediante o combate às fraudes e ao desperdício. Para isso, é fundamental implantar as condições necessárias para que os benefícios da previdência social sejam pagos de forma simples, confortável e acessível a todos aqueles que a eles efetivamente têm direito.

Uma abordagem sistêmica da profissionalização da gestão

Tendo em vista a dimensão dos desafios enfrentados pela previdência social para alcançar seus objetivos de inclusão social por meio da garantia do direito previdenciário, a profissionalização da gestão configura-se como condição necessária para o sucesso das ações de melhoria do atendimento e combate ao desperdício e às fraudes. Partindo-se de uma visão sistêmica, foram feitas intervenções nos diversos aspectos da gestão da previdência social, de forma integrada, nas áreas de configuração organizacional, gestão de pessoas, gestão de processos e tecnologia da informação. A abordagem sistêmica utilizada na implementação das ações permitiu a percepção de que a profissionalização da gestão depende necessariamente de elementos interdependentes, e de que as ações para a melhoria do atendimento e o combate ao desperdício e às fraudes só poderão ter êxito com ações integradas.

Do ponto de vista conceitual, é importante ressaltar que a abordagem sistêmica da profissionalização da gestão está alinhada com o debate contemporâneo internacional em administração pública, que, após uma fase de expectativas frustradas com as promessas da "nova gestão pública" (NGP), voltou a reforçar os princípios tradicionais de gestão, aliados aos potenciais das recentes inovações em tecnologia da informação.

Durante diferentes momentos das décadas de 1980 e 1990, a nova gestão pública orientou reformas administrativas ao redor do mundo, inclusive no Brasil, como um novo paradigma de gestão, capaz de trazer resultados a partir de uma profunda reformulação da administração pública, baseada nos princípios da fragmentação do serviço público, da competição e do foco em incentivos.[1] Muito embora reformas orientadas por esses princípios ainda sejam aplicadas e defendidas em vários países — particularmente nas nações em desenvolvimento[2] — um conjunto consistente de críticas sugere que as reformas inspiradas na NGP não produziram os efeitos esperados.[3] De fato, estudos empíricos mostram que alguns dos principais elementos da NGP baseiam-se em princípios pouco realistas, como a crença na autonomia de agências públicas, ou vêm obtendo resultados pífios, como é o caso da terceirização.

Mesmo nos países institucionalmente mais maduros, a autonomia das agências públicas revelou-se algo difícil de ser obtido. Um estudo de órgãos de previdência social de quatro países europeus mostrou que, a despeito dos esforços de autonomização dessas agências, a interferência política cresceu nos últimos anos.[4] A terceirização e a transferência de atividades para o setor privado ou público não-estatal, outra conseqüência lógica do modelo da NGP, também vêm obtendo resultados modestos, mesmo em países com ambiente institucional extremamente favorável. Uma ampla pesquisa sobre a gestão nos governos dos estados norte-americanos indicou que 70% das organizações públicas daqueles estados utilizam a terceirização, mas os ganhos esperados não se concretizaram.[5] Apenas metade dos órgãos públicos que recorreram à terceirização reconheceu alguma melhoria nos serviços e somente um terço apontou diminuição de custos.

---

[1] Dunleavy et al., 2005.
[2] Sarker, 2006.
[3] Manning, 2001.
[4] Caulfield, 2004.
[5] Brudney et al., 2005.

Portanto, o insucesso das reformas orientadas por princípios da NGP reforça o entendimento tradicional de que esforços de gestão integrados, sistêmicos e contínuos são o melhor caminho para a obtenção de resultados positivos.[6] O reforço dos princípios tradicionais da administração, porém, não significa que não seja importante fazer inovações de gestão. A governança digital, por exemplo, apresenta-se como uma tendência relevante. Estudos empíricos sugerem que o governo eletrônico pode aumentar a confiança dos cidadãos a partir da melhoria de suas interações com o governo e que ainda há um grande potencial de crescimento inexplorado.[7] Nos termos de Dunleavy e outros (2005), a governança da era digital baseia-se em reintegração, numa visão holística com foco em necessidades concretas e na digitalização.

Nesse contexto, o esforço de gestão da previdência social está alinhado às tendências mais contemporâneas de gestão pública, por procurar intervir nos diversos subsistemas de sua organização, com o objetivo de criar uma cultura de profissionalismo no serviço público, somada à comunicação clara e simples dos objetivos estratégicos e fortemente apoiada na utilização da tecnologia da informação. Desde agosto de 2005, diversas ações estruturantes vêm sendo implementadas de forma sistêmica, com o objetivo de preparar as organizações que compõem a previdência social para assegurar à população brasileira os direitos previdenciários de modo eficiente e eficaz. As principais intervenções nos subsistemas de gestão de pessoas, configuração organizacional, gestão de processos e tecnologia da informação serão descritas a seguir.

Gestão de pessoas

Pode-se afirmar que no núcleo dessa estratégia integrada de profissionalização da previdência social estão os investimentos em gestão de pessoas. Coerente com a profissionalização, a gestão de pessoas na previdência social busca conciliar incentivos ao desempenho com oportunidades de desenvolvimento profissional e fortalecimento dos mecanismos meri-

---

[6] Manning, 2001; Machado, 2005; Moynihan e Pandey, 2005; Fernandez e Rainey, 2006.
[7] Criado e Ramilo, 2003; Scott, 2006; e Tolbert e Mossberger, 2006.

tocráticos de ascensão funcional. A nova estrutura de incentivos, aliada aos controles preexistentes, torna os servidores públicos de carreira um dos pilares estratégicos da profissionalização da gestão.

A primeira ação de destaque nessa área foi a mudança no processo de seleção dos gerentes executivos do INSS. Esses gerentes passaram a ser selecionados por meio de concursos internos, restritos aos servidores do quadro funcional do instituto, sendo realizadas provas escritas e análise de títulos. Já se classificaram 780 servidores, numa primeira etapa de concursos internos, de um total de 1.500 inscritos. Os 780 servidores classificados estão habilitados a disputar vagas de gerentes em qualquer ponto do país. Assim que surge uma oferta de vagas, os 20 primeiros colocados em cada gerência são selecionados. O processo seletivo prevê que, durante a disputa das gerências ofertadas, os candidatos apresentem títulos, mesmo que tenham sido obtidos após a classificação inicial. Portanto, o modelo estimula o aperfeiçoamento contínuo, de modo a que os candidatos melhorem suas posições individuais no *ranking*.

Após a apresentação de títulos, os cinco primeiros colocados em cada gerência participam de dinâmicas de grupo e entrevistas, para que o candidato com melhor desempenho global seja escolhido. Feita a escolha, o gerente é nomeado e todos os participantes retornam à classificação original, podendo concorrer novamente por ocasião da oferta de novas vagas de gerência executiva. Além dos aspectos meritocráticos e do estímulo à capacitação contínua dos servidores, cabe ressaltar ainda que esse modelo estimula a mobilidade inter-regional dos servidores, uma vez que a oferta de vagas se dá em âmbito nacional. Até julho de 2006, 16 gerentes executivos já haviam tomado posse por esse modelo de seleção e oito novas vagas já haviam sido abertas.

Ainda na área de gestão de pessoas, foram extintos todos os cargos de direção e assessoramento superior (DAS) no âmbito das chefias de agência e gerências do INSS, sendo introduzida a função comissionada do INSS (FCINSS). Diferentemente dos cargos de DAS, as FCINSS só podem ser ocupadas por servidores de carreira do INSS, o que reduz, por exemplo, a possibilidade de nomeações de chefias de agências da previdência social com objetivos políticos. Portanto, a introdução das FCINSS reforça os elementos meritocráticos na seleção de chefes de agência e gerentes do INSS.

Outra importante ação na área de gestão de pessoas é a introdução gradativa de um sistema de remuneração variável por gratificação de desempenho para os servidores da previdência social. Atualmente, os médicos peritos já recebem gratificação de atividade médico-pericial (Gdamp). O recebimento da Gdamp está vinculado ao cumprimento de metas institucionais, como tempo médio de espera do segurado para a realização de perícia médica em determinada região, e metas individuais, que incluem critérios que estimulem a qualidade das perícias. A Gdamp, portanto, é paga de forma inversamente proporcional ao tempo médio de espera para a realização de perícia médica e diretamente proporcional à qualidade do serviço pericial. Outros indicadores de desempenho individuais e institucionais estão em discussão para as demais carreiras da previdência social.

Configuração organizacional

Seguindo a abordagem sistêmica de profissionalização da gestão, as ações na área de gestão de pessoas são complementadas com intervenções na área de configuração organizacional. Em particular, merece destaque a restruturação organizacional do INSS, que teve como foco principal o equilíbrio entre a manutenção da descentralização administrativa e a implementação de uma cadeia de comando efetiva entre os diferentes níveis da organização. Na estrutura anterior, havia uma diretoria colegiada, superintendências regionais, gerências executivas e agências da previdência social. No entanto, verificava-se que a diretoria colegiada dificultava a celeridade do processo decisório e que as superintendências tinham baixa capacidade para coordenar as atividades das gerências executivas, uma vez que estas possuíam orçamentos independentes e funcionavam de acordo com diretrizes próprias.

Assim sendo, a restruturação organizacional teve como princípio básico a implementação de uma efetiva cadeia de comando, pronta para tomar decisões de forma rápida e para coordenar ações dos diferentes níveis da organização. Com esse objetivo, foi extinta a diretoria colegiada e foram criadas gerências regionais. Na nova estrutura organizacional, no INSS há uma presidência, quatro diretorias especializadas, cinco gerências regionais, 102 gerências executivas e 1.164 agências da previdência social.[8] Ao contrário do que ocorria anteriormente, as gerências regionais possuem responsabilidades de alocação orçamentária entre as gerências executivas, o que permite a formação de pólos, visando à otimização dos recursos orçamentários por intermédio de ganhos de escala em compras.

Gestão de processos

A gestão de processos também vem sendo reformulada como parte do esforço de profissionalização da gestão. Desde agosto de 2005, as iniciativas de modernização de processos em andamento na previdência social passaram a ser prioritárias, como o projeto de implementação do novo modelo de gestão (NMG) no INSS. Foi constituído um grupo especializado, com a atribuição exclusiva de viabilizar a implementação de um novo modelo de gestão no âmbito do INSS, baseado na gestão por processos. Para atingir tal objetivo, a equipe dedicou-se ao redesenho de processos de trabalho identificados como prioritários no instituto, envolvendo aproximadamente 30% de toda a organização e 40% da área finalística. Nesse esforço foram identificados 12 macroprocessos de trabalho na organização, que foram detalhados até o nível de 8 mil atividades individuais, para que pudessem ser criados os novos sistemas de informação necessários à sua implantação.

Após o detalhamento dos processos de trabalho, um grupo designado Fábrica de Software foi contratado para o desenvolvimento de sistemas. Sob a coordenação da Dataprev, a Fábrica de Software criará sistemas informatizados inteiramente novos, seguindo as diretrizes do novo modelo de gestão. Os novos sistemas farão, por exemplo, o reconhecimento automático dos direitos dos segurados, com base nos dados cadastrais inseridos pelos servidores e na legislação pertinente. Dessa forma, os modos de agir dos servidores serão reformulados em função dos novos processos de trabalho. Entre os processos de trabalho que

---

[8] Nessas 1.164 agências estão incluídas 78 unidades móveis.

estão sendo redesenhados e aparelhados com novos sistemas podem ser citados: a revisão dos benefícios administrativos e judiciais, a atualização dos benefícios e a agenda de exames médicos.

Tecnologia da informação

Por fim, a quarta e última dimensão da estratégia integrada de profissionalização da gestão é constituída pelos investimentos em tecnologia da informação no INSS e na Dataprev. Em todas as unidades de atendimento havia computadores e impressoras obsoletos ou em quantidade insuficiente, bem como equipamentos locados com contratos já vencidos. Também os computadores que hospedavam os sistemas operacionais e os bancos de dados apresentavam capacidade limitada em relação às necessidades atuais, decorrentes do aumento da demanda. Para atender a essas demandas, em 2005 foram adquiridos 21 mil computadores e 5 mil impressoras, já entregues e instalados nas agências em substituição aos equipamentos locados. Foram adquiridos ainda novos servidores de aplicação e de banco de dados, além de processadores para o equipamento que hospeda o sistema de benefícios por incapacidade, todos já instalados. Para 2006 estavam previstos novos investimentos, já em curso, incluindo a aquisição de aproximadamente 13 mil estações de trabalho, 4.850 impressoras e 330 ilhas de digitalização de documentos.

Todos esses esforços de profissionalização vêm tornando a previdência social apta e capaz de ações de melhoria do atendimento e de combate ao desperdício e às fraudes. A seguir serão tratados mais detalhadamente esses dois eixos estratégicos, com ênfase nas principais ações realizadas e em alguns ganhos já obtidos.

Primeiro eixo estratégico: melhoria do atendimento

A melhoria do atendimento foi definida como o primeiro eixo estratégico na previdência social por representar a eliminação dos obstáculos de acesso do cidadão ao direito previdenciário; por exemplo, as filas de espera nas agências da previdência social.

Nesse eixo de melhoria do atendimento, o INSS vem empreendendo uma mudança conceitual, baseada em três princípios norteadores: programação, seletividade e resolutividade. O princípio da *programação* pode ser definido como a organização prévia dos horários de atendimento. Cada agência deverá contar com uma agenda de atendimentos previamente organizada. O princípio da *seletividade* significa que as agências deverão organizar seu atendimento de acordo com as necessidades específicas de cada segurado. Como as agências terão uma agenda predefinida, seus servidores poderão selecionar a posição de atendimento na agência mais adequada a cada tipo de tarefa. Finalmente, o princípio da *resolutividade* significa que a decisão sobre cada atendimento deverá ser tomada de imediato. Como o atendimento será previamente agendado e o segurado será encaminhado ao ponto de atendimento adequado, ficará mais fácil concluir o atendimento com uma única visita.

A aplicação desses princípios orienta uma série de ações com vistas à melhoria do atendimento, com destaque para os seguintes projetos em implementação: o Programa de Gestão do Atendimento (PGA), o fortalecimento dos canais de atendimento a distância, a ampliação do acesso presencial aos serviços e a mudança nos indicadores de desempenho das agências.

De forma complementar às ações condicionantes para a profissionalização da gestão já citadas, o Programa de Gestão do Atendimento é um esforço gerencial para a implementação de um modelo baseado na gestão participativa, na gestão por processos e na gestão por resultados. O programa foi implementado em caráter piloto em cinco agências da cidade de São Paulo em 2004. Desde novembro de 2005, o PGA se expandiu rapidamente, estando em implantação no INSS em cinco gerências regionais, 72 gerências executivas e 126 agências da previdência social. Um aspecto importante a ser destacado é que o PGA prevê a participação de consultores no desenvolvimento de soluções de trabalho baseadas na gestão por processos, trabalhando de forma conjunta com as equipes de cada agência. Portanto, o programa não traz consultores externos com soluções prontas, e sim, auxilia cada agência a reorientar suas rotinas de trabalho, com vistas à participação dos servidores na organização da gestão por processos.

O segundo projeto-chave para a melhoria do atendimento é o fortalecimento dos canais de atendimento a distância. A ênfase nessa linha de trabalho é ampliar o acesso e a inclusão dos cidadãos à previdência social via internet ou telefone. Serviços como agendamento de perícias médicas, atualização de endereços, autorização de débito automático em conta, inscrição na previdência social, requerimentos de determinados tipos de benefícios, além de variadas consultas, já podem ser efetuados por meio do endereço <http://www.previdencia.gov.br>.

Levando-se em consideração que muitos segurados não possuem fácil acesso a computadores conectados à internet, a previdência social vem estabelecendo parcerias com entidades, empresas e centros de inclusão digital com o objetivo de viabilizar esse canal de serviço àqueles segurados. A previdência vem encorajando de várias maneiras e fornecendo treinamento às organizações que estejam dispostas a franquear seus equipamentos para que os segurados possam acessar os serviços previdenciários.

Além das modalidades de acesso remoto via computador, a previdência melhorou o acesso eletrônico via telefone, com a expansão das centrais de teleatendimento, que funcionam pelo serviço Prevfone no número 0800-78-0191, ou por meio da nova central telefônica, pelo número 135. No serviço Prevfone, os segurados podem fazer consultas sobre andamento de processos e inscrição na previdência social, além de obter orientações e informações. Através da central 135 — que conta com 600 posições de atendimento e funciona de segunda-feira a sábado, das 7h às 19h —, os segurados podem agendar perícias médicas em todo o país.

Em conjunto com o atendimento a distância, o terceiro projeto-chave para a melhoria do atendimento é a ampliação do acesso aos serviços nas agências. Portanto, o fortalecimento dos canais remotos de atendimento foi acompanhado de medidas de inclusão para que os segurados tenham acesso mais fácil aos serviços também nas unidades da previdência social. Como uma primeira medida de melhoria do acesso aos serviços nas agências, o INSS proibiu o uso de senhas como forma de restringir a demanda por serviços. Anteriormente, essa prática era costumeira nas agências, mas, desde janeiro de 2006, as senhas só podem ser utilizadas como o intuito de organizar o atendimento e direcionar os segurados às posições apropriadas. Portanto, todas as pessoas que comparecerem às agências devem ser atendidas no mesmo dia.

Outra medida importante para a ampliação do acesso presencial foi o aumento do horário de funcionamento das agências da previdência social. A rede de atendimento funcionava apenas seis horas diárias, das 8h às 14h. A partir de janeiro de 2006, no entanto, 50% das agências passaram a atender durante 10 horas diárias, das 8h às 18h, com algumas variações em função da demanda ou da localização geográfica da unidade. O gráfico 1 mostra o número de agências segundo a quantidade de horas de atendimento diário.

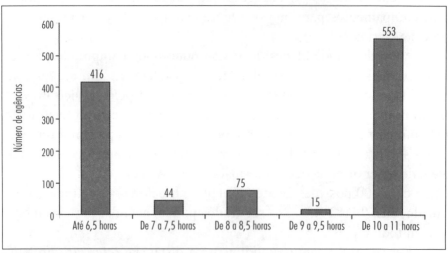

Gráfico 1
Horas de atendimento diário nas agências da previdência social em junho de 2006

Fonte: Diretoria de Atendimento do INSS.

Por fim, o quarto projeto-chave para a melhoria do atendimento foi a mudança dos indicadores de desempenho. No INSS predominava o uso de indicadores de processamento, como por exemplo o índice de indeferimento de benefícios (IIB). Embora o IIB seja importante para qualificar a produtividade das agências, esse indicador não reflete necessariamente a qualidade do atendimento prestado ao segurado. Portanto, o uso de novos indicadores vem sendo discutido, de forma pactuada com os servidores, com o objetivo de equilibrar indicadores de processamento e indicadores de atendimento. O tempo médio de permanência (TMP), por exemplo, mede o tempo médio que o segurado permanece na agência, desde o momento em que chega até seu atendimento ser concluído. O TMP reflete de forma mais fiel a qualidade do atendimento prestado aos segurados em cada agência.

Esse conjunto de esforços para a melhoria do atendimento, aliado à intervenção sistêmica para a profissionalização da gestão, busca a melhoria contínua dos serviços prestados aos segurados. Alguns resultados já vêm sendo obtidos, como pode ser observado na evolução do indicador de tempo médio de permanência nos últimos 10 meses, mostrado no gráfico 2.

Gráfico 2
Tempo médio de permanência dos segurados nas agências da previdência social
(média mensal, set. 2005 a jun. 2006)

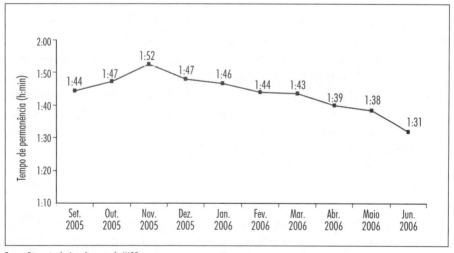

Fonte: Diretoria de Atendimento do INSS.
Nota: Média mensal calculada para as 253 agências onde o sistema Siga está implantado.

Nas 253 agências em que o sistema Siga de organização do atendimento está implantado, observa-se uma nítida tendência de queda do tempo médio de atendimento. Vale ressaltar que as agências utilizadas nesse cálculo são as que possuem maior volume de atendimentos. Portanto, as médias apresentadas no gráfico 2 provavelmente superestimam o tempo de espera nas demais agências do país, nas quais a demanda é menor e os atendimentos ocorrem mais rapidamente. A tendência de queda nas 253 agências representadas no gráfico já mostra um movimento importante de melhoria do atendimento e de combate às filas nas agências mais críticas. Com a continuidade desse tipo de ação, a previdência social espera que problemas como filas nas portas das agências ou venda de lugares nas filas sejam definitivamente erradicados, de forma que o direito de acesso dos segurados seja plena e tranqüilamente exercido.

Segundo eixo estratégico: combate ao desperdício e às fraudes

Com a implementação das medidas de melhoria do atendimento e a ampliação do acesso ao direito previdenciário, espera-se um crescimento da demanda, que antes era represada em função das filas. Nesse contexto, o combate ao desperdício e às fraudes torna-se uma necessidade ainda mais importante para que as medidas de inclusão não venham acompanhadas de um crescimento exponencial no número de benefícios, comprometendo a capacidade fiscal para a garantia dos direitos.

No eixo de combate ao desperdício e às fraudes, projetos estratégicos vêm sendo empreendidos para garantir que os pagamentos sejam efetuados apenas para aqueles que efetivamente têm direito ao benefício. Nesse contexto, destacam-se os seguintes projetos: o censo previdenciário, o fortalecimento da capacidade investigativa do INSS e a melhoria da gestão dos benefícios por incapacidade.

O censo previdenciário vem sendo realizado desde novembro de 2005 com três objetivos principais: a atualização dos dados cadastrais dos titulares de benefícios, a redução de pagamentos indevidos e o cumprimento das determinações da Lei nº 8.212, de 24 de junho de 1991. Foram incluídos no censo previdenciário aproximadamente 17,1 milhões de benefícios concedidos até o ano de 2003.[9]

Um estudo preliminar realizado em 2003 detectou a existência de um grande número de cadastros incompletos e com vulnerabilidades,

---

[9] Os benefícios concedidos a partir de 2003 não foram incluídos no censo porque a qualidade dos dados cadastrais é significativamente superior nos cadastros efetuados mais recentemente.

o que poderia dar margem à ocorrência de pagamentos indevidos, por exemplo, o pagamento a terceiros, com acesso ao cartão magnético e à senha do segurado, de benefícios concedidos a titulares já falecidos. Com dados cadastrais incompletos, o cruzamento das bases de dados de beneficiários com as bases de dados de óbitos geradas pelos cartórios era menos eficiente, fazendo com que vários óbitos de segurados não fossem detectados pelas rotinas de verificação.

Apesar da necessidade operacional e legal de realização do censo previdenciário, um grande obstáculo inicial era o formato de sua implementação. Em função da missão e das atribuições do INSS, seus segurados constituem uma população vulnerável, pois inclui uma fração predominante de idosos e indivíduos com graus variados de comprometimento de mobilidade. Adicionalmente, os trabalhos deveriam ainda levar em consideração que o aumento da demanda nas agências do INSS, em função do comparecimento de segurados para o recenseamento, poderia gerar efeitos adversos, como a formação de filas e a queda na qualidade do atendimento aos segurados em geral.

Portanto, o modelo adotado foi fruto de um planejamento cauteloso para conciliar o sucesso do recenseamento com o conforto dos usuários. Com esse objetivo, a previdência social desenhou um modelo que estabeleceu um prazo total de nove meses entre a convocação inicial do segurado para o censo e o momento em que o benefício é suspenso por não comparecimento. Além disso, a previdência social realizou parcerias com os bancos onde os benefícios são pagos para que a convocação para o censo e a atualização dos dados cadastrais fosse realizada nas próprias agências da rede bancária.

De acordo com o modelo adotado, os bancos emitem o primeiro aviso para o recenseamento por meio de mensagens nos terminais bancários de auto-atendimento, convocando o segurado a comparecer ao banco em até 90 dias e informando os documentos necessários. Podem comparecer ao banco o titular do benefício, seu procurador, seu representante legal, ou seu administrador provisório. No caso de comparecimento do titular à agência bancária, o recenseamento é processado, e no caso de comparecimento de algum dos representantes listados, uma pesquisa é gerada, para que um servidor do INSS efetue uma visita para verificar a condição do segurado.

Caso o beneficiário não compareça ao banco em até 90 dias, o INSS emite um aviso por meio de carta ou edital para comparecimento num prazo de mais 30 dias. Se o beneficiário comparecer ao banco após a convocação, presta as informações e o censo é processado. Se não comparecer após essa convocação, o INSS emite um edital de informação e suspende o benefício. Nos 90 dias que se seguem à suspensão, o beneficiário ainda pode comparecer ao banco para prestar informações, e seu benefício é reativado num prazo de até 13 dias úteis.[10] Finalmente, se o beneficiário não comparecer ao banco dentro desse prazo de 90 dias, o benefício é cessado pelo INSS, só podendo ser reativado mediante comparecimento do segurado às agências da previdência social.

O cronograma de recenseamento foi dividido em duas etapas. A primeira, envolvendo 2,4 milhões de benefícios, incluiu aqueles que tinham maior vulnerabilidade cadastral e foi subdividida em três fases. A segunda etapa incluiu 14,7 milhões de benefícios e foi subdividida em 10 fases mensais, de abril de 2006 a janeiro de 2007, segundo o último número de identificação do benefício. A tabela 1 mostra o cronograma da primeira etapa do censo, ilustrando os passos descritos.

Tabela 1
Cronograma da primeira etapa do censo previdenciário: out. 2005 a ago. 2006

	Out.	Nov.	Dez.	Jan.	Fev.	Mar.	Abr.	Maio	Jun.	Jul.	Ago.
1ª fase: out. 2005 a jun. 2006	Aviso	Censo	Censo	Convocação em 16-1	Recepção formulário até 24-2	Suspender/bloquear. Banco recebe e transmite o formulário e benefício é reativado.			Cessação e censo passa a ser realizado na APS.		
2ª fase: nov. 2005 a jul. 2006	–	Aviso	Censo	Censo	Convocação em 15-2	Recepção formulário até 31-3	Suspender/bloquear. Banco recebe e transmite o formulário e benefício é reativado.			Cessação e censo passa a ser realizado na APS.	
3ª fase: dez. 2005 a ago. 2006	–	–	Aviso	Censo	Censo	Convocação em 15-3	Recepção formulário até 28-4	Suspender/bloquear. Banco recebe e transmite o formulário e benefício é reativado.			Cessação e censo passa a ser realizado na APS.

Fonte: Diretoria de Benefícios do INSS.

---

[10] Apesar da obrigação contratual do prazo máximo de 13 dias para a reativação dos benefícios, diversos bancos vêm liberando o pagamento imediatamente.

Até o início do mês de julho de 2006, já haviam sido recenseados 2.334.565 benefícios, o que representa 96% da meta para a primeira etapa do censo, que foi de 2.420.963 benefícios. A tabela 2 apresenta um balanço da primeira etapa do censo.

Tabela 2
Balanço da primeira etapa do censo previdenciário, segundo fases de realização
Posição em 26 de julho de 2006

	Total previsto de benefícios	Suspensos após o censo	Suspensos e cessados pelo censo (A)	Pendentes por crítica do sistema (B)	Benefícios ativos a recensear (C)	Benefícios para cessação (A + B + C)	Percentual total para cessação
1ª fase: out. 2005 a jun. 2006	974.010	15.861	23.548	8.102	10.898	42.548	4,4
2ª fase: nov. 2005 a jul. 2006	480.024	7.192	12.809	3.636	2.991	19.436	4,0
3ª fase: dez. 2005 a ago. 2006	966.929	12.977	20.697	8.335	15.455	44.487	4,6
Total da 1ª etapa	2.420.963	36.030	57.054	20.073	29.344	106.471	4,4

Fonte: Diretoria de Benefícios do INSS.

Além dos benefícios já recenseados na primeira etapa segundo fases de realização, a tabela 2 mostra que o percentual total de benefícios identificados para potencial cessação na etapa foi de 4,4%. Esse número inclui três componentes: os benefícios pendentes por crítica do sistema,[11] os benefícios já cessados desde o início do censo e os benefícios ainda ativos por não terem sido recenseados. Entretanto, o percentual de benefícios que serão cessados pelo censo possivelmente cairá um pouco à medida que os trabalhos prosseguirem.

A segunda etapa do censo teve início em abril de 2006 e até o princípio de julho de 2006 já haviam sido recenseados 7.026.656 benefícios, como mostra a tabela 3.

---

[11] Os benefícios pendentes por crítica do sistema são aqueles nos quais foram identificadas informações incorretas, como abreviatura do nome do segurado ou do endereço, ausência de CEP, entre outras.

Tabela 3
Balanço da segunda etapa do censo previdenciário, segundo fases de realização
Posição em 21 de julho de 2006

	Total de benefícios	Total já recenseado	Suspensos após o censo	Benefícios cessados ou suspensos	Benefícios ativos a recensear	% de benefícios ativos a recensear
1ª fase: abr. 2006	1.463.982	1.195.975	7.747	21.456	238.804	16
2ª fase: maio 2006	1.454.383	1.168.843	5.856	23.214	256.470	18
3ª fase: jun. 2006	1.502.640	1.152.408	3.714	25.658	320.860	21
4ª fase: jul. 2006	1.479.140	930.328	2.583	26.535	519.694	35
5ª fase: ago. 2006	1.485.374	472.329	2.049	26.329	984.667	66
6ª fase: set. 2006	1.469.852	441.250	2.123	26.080	1.000.399	68
7ª fase: out. 2006	1.469.245	425.646	2.114	26.437	1.015.048	69
8ª fase: nov. 2006	1.469.914	413.183	1.903	26.591	1.028.237	70
9ª fase: dez. 2006	1.465.958	404.729	2.001	26.472	1.032.756	70
10ª fase: jan. 2007	1.462.946	421.965	2.130	26.575	1.012.276	69
Total da 2ª etapa	14.723.434	7.026.656	32.220	255.347	7.409.211	50

Fonte: Diretoria de Benefícios do INSS.

Como mostram os dados da tabela 3, o percentual de benefícios a recensear subiu da primeira para a décima etapa. Vale ressaltar que, como a tabela mostra a posição em 21 de julho de 2006, os benefícios alocados da quinta fase em diante (de agosto de 2006 a janeiro de 2007) já estavam sendo recadastrados de forma antecipada pelos bancos, uma vez que o segurado podia contar com essa opção, dependendo do banco em que recebia o benefício. Ainda conforme a tabela 3, após apenas quatro meses de andamento da segunda etapa, já haviam sido cessados 255.347 benefícios, devendo esse número subir à medida que novos segurados forem sendo oficialmente chamados para recadastramento.

O segundo projeto na área de combate ao desperdício e às fraudes na previdência social é a valorização da capacidade investigativa, com o fortalecimento da Assessoria de Pesquisa Estratégica (APE) do INSS, que funciona como o serviço de inteligência do instituto. Desde janeiro de 2006, foram assinados convênios de troca de informações e cooperação técnica entre a APE e a Agência Brasileira de Inteligência, o Ministério Público Federal, a Polícia Federal e o Conselho de Controle de Atividades Financeiras.

Finalmente, o terceiro projeto na área de combate ao desperdício e às fraudes é um amplo esforço de gestão dos benefícios por incapacidade. Trata-se de uma frente de trabalho de grande importância, levando-se em consideração o forte crescimento do número de benefícios por incapacidade requeridos e concedidos no período 2000-05. Os gráficos 3 e 4 mostram, respectivamente, a evolução do estoque de benefícios por incapacidade entre 2000 e 2005 e a evolução da despesa anual com a emissão de auxílios-doença no mesmo período.

Gráfico 3
Evolução do estoque (emissão) de auxílio-doença (previdenciário e acidentário) no período 2000-05

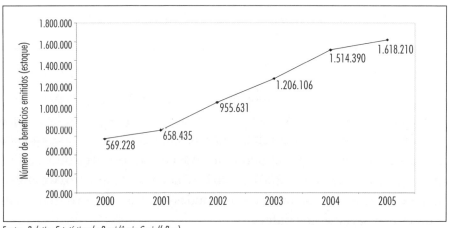

Fonte: *Boletim Estatístico da Previdência Social* (*Beps*).
Nota: Os valores referem-se aos meses de dezembro.

Como mostram os dados dos gráficos, entre 2000 e 2005 houve um crescimento de 185% no número de perícias médicas e de 225% na despesa com pagamentos de benefícios por incapacidade. Além do impacto orçamentário, esse crescimento expressivo vinha provocando um aumento na demanda de serviços nas agências da previdência social, com efeitos adversos, como a formação de filas e o congestionamento dos serviços nas agências.

Gráfico 4
**Evolução da despesa anual com a emissão de auxílio-doença
(previdenciário e acidentário) no período 2000-05
Em R$ milhões de maio de 2006 (INPC)**

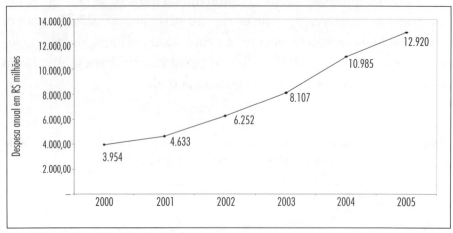

Fonte: *Boletim Estatístico da Previdência Social* (Beps).

Os gráficos sugerem ainda que as condições estruturais para a tendência acentuada de crescimento do número de benefícios por incapacidade provavelmente ocorreram entre os anos de 2000 e 2002, quando a taxa de crescimento anual saltou de 16% (variação entre 2000 e 2001) para 45% (variação entre 2001 e 2002). Diante desse quadro, tornou-se imperativa a adoção de medidas que pudessem garantir a contenção do número de pagamentos indevidos.

O conjunto de medidas de gestão dos benefícios por incapacidade para fazer frente a esse quadro concentrou-se em dois núcleos básicos e complementares: o reordenamento da lógica de avaliação médico-pericial e a readequação da carreira de médicos peritos. Segundo a lógica anterior de avaliação médico-pericial, o segurado devia ser submetido a sucessivas perícias para a manutenção do auxílio. Ao mesmo tempo, a maior parte do corpo de médicos peritos do INSS era formada por profissionais credenciados ou terceirizados. Como a remuneração dos médicos peritos terceirizados baseava-se no número de perícias médicas realizadas, havia um forte incentivo para que estes realizassem o maior número possível de consultas. Logo, a combinação de um regime que estimulava a realização de sucessivas perícias com a utilização de profissionais terceirizados, pagos pelo número de perícias realizadas, criou condições propícias ao crescimento expressivo do número de perícias e de benefícios emitidos. Essa tendência vinha sobrecarregando a capacidade de pagamento e de atendimento do INSS, com conseqüências adversas para a organização e para os segurados com direito efetivo ao benefício previdenciário.

No entanto, a Lei nº 10.876, de 2 de junho de 2003, já havia determinado a não-utilização de médicos peritos credenciados a partir de fevereiro de 2006. Durante o ano de 2005, portanto, o INSS tomou as providências necessárias para o fim da utilização de médicos peritos terceirizados, realizando concursos para a recomposição dos quadros de médicos peritos do serviço público. Gradativamente, durante os anos de 2005 e 2006, a utilização de médicos terceirizados foi praticamente extinta no âmbito do INSS. Diferentemente do que ocorria com os profissionais terceirizados, a restauração da perícia médica dentro do serviço público viabilizou a introdução de incentivos de produtividade adequados à gestão eficiente e eficaz dos benefícios por incapacidade. Como mencionado na segunda seção deste capítulo, os médicos peritos do serviço público atualmente possuem um incentivo à produtividade que não estimula o aumento do número de perícias realizadas, pois está baseado no tempo médio de espera do segurado pela consulta em cada região, e um incentivo à qualidade dos serviços periciais.

De forma complementar, a lógica das perícias médicas foi alterada, com a introdução de um período estimado para a duração do benefício de acordo o tipo de incapacidade que acomete o segurado. Em lugar da exigência de consultas sucessivas para a manutenção do benefício, a perícia passou a estabelecer um período de licença compatível com o tempo necessário para a recuperação de cada tipo de incapacidade. Se, ao final do período estimado, o segurado ainda estiver incapacitado para o trabalho, ele poderá requerer uma prorrogação antes do término do benefício e uma nova perícia será realizada.

A substituição de profissionais terceirizados por servidores públicos com um pacote adequado de incentivos ao desempenho, em combinação com o reordenamento da lógica de avaliação médico-pericial, permitiu uma redução expressiva no número de perícias realizadas, como mostra o gráfico 5.

Gráfico 5
**Procedimentos médico-periciais no INSS: comparação entre utilização de profissionais do quadro e profissionais credenciados (terceirizados)
(jan. 2005 a maio 2006)**

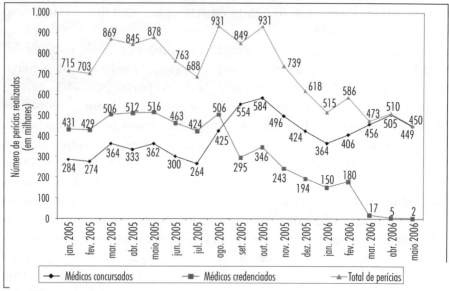

Fonte: INSS.

O gráfico 5 mostra claramente que, entre janeiro de 2005 e maio de 2006, a utilização de médicos peritos credenciados ou terceirizados foi praticamente extinta no âmbito do INSS, ao mesmo tempo em que o número total de perícias médicas realizadas foi reduzida de forma expressiva. Vale ressaltar que tal redução não foi fruto do represamento do acesso ao direito previdenciário, tendo sido resultante de uma abordagem integrada de gestão dos benefícios por incapacidade.

Além dos ganhos já obtidos com a redução no número de perícias realizadas, os dados mais recentes mostram que as medidas adotadas provocaram ainda uma reversão na tendência de elevação das despesas com benefícios por incapacidade, além de uma redução significativa no número de benefícios pagos por mês, como mostram os gráficos 6 e 7.

Gráfico 6
Evolução da despesa mensal com a emissão de auxílios-doença (previdenciários e acidentários) no período jun. 2004 a maio 2006 Em R$ milhões de maio de 2006, corrigidos pelo INPC

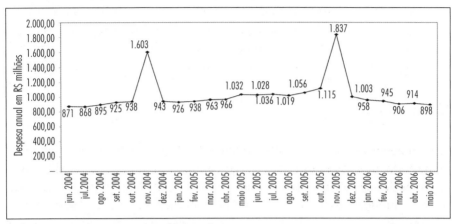

Fontes: MPS/SPPS e *Boletim Estatístico da Previdência Social.*

Gráfico 7
Evolução mensal do estoque (emissão) de auxílios-doença (previdenciários e acidentários) no período de jun. 2004 a maio 2006

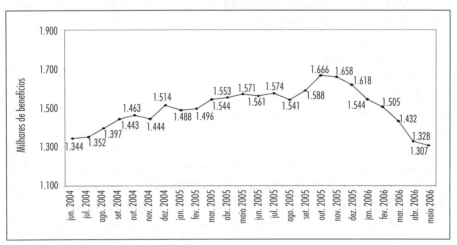

Fontes: MPS/SPPS e *Boletim Estatístico da Previdência Social.*

A curva exibida no gráfico 7 ilustra claramente a expressiva redução no número de benefícios emitidos mensalmente para pagamento de auxílio-doença desde outubro de 2005, invertendo a tendência anterior de crescimento.

De forma conjunta, os diversos projetos de combate às fraudes e ao desperdício contribuem para garantir o direito previdenciário a quem é devido, possibilitando o alcance da meta de inclusão social, sem que isso represente um comprometimento da capacidade fiscal do Estado.

Conclusões

A abordagem sistêmica de profissionalização da gestão na previdência social vem sendo aplicada como um esforço contínuo de mudança dos diferentes aspectos de suas organizações. A racionalidade para o desenho e implementação do modelo baseia-se nos elementos interdependentes dos subsistemas de configuração organizacional, gestão de pessoas, gestão de processos, e tecnologia da informação, com vistas ao alcance do objetivo estratégico de inclusão previdenciária por meio de uma gestão profissionalizada.

Os resultados já obtidos sugerem que é possível conciliar a garantia de acesso ao direito previdenciário com a diminuição da tendência de crescimento acentuado da concessão de benefícios. Em conseqüência das medidas de inclusão e expansão do acesso, o número de benefícios requeridos apresenta tendência de crescimento. O gráfico 8 mostra a evolução na quantidade de benefícios requeridos à previdência social entre janeiro de 2004 e maio de 2006.

Como mostra a linha de tendência do gráfico 8, após alguma oscilação de janeiro de 2004 a julho de 2005,[12] o número de benefícios requeridos aumentou no último ano, o que evidencia a ampliação do acesso ao direito previdenciário por meio da melhoria do atendimento.

Com a inclusão e a expansão do acesso, poder-se-ia esperar uma ampliação expressiva no número de benefícios pagos a cada mês, o que oneraria as contas da previdência social. Entretanto, as medidas de combate ao desperdício e às fraudes vêm contribuindo para conter a tendência de expansão acentuada da concessão de benefícios, observada

---

[12] A queda no número de benefícios requeridos em junho e julho de 2005 pode ser atribuída à ocorrência de uma greve de servidores do INSS nesse período.

desde 1998. O gráfico 9 mostra a evolução da quantidade de benefícios emitidos pela previdência social entre 1998 e 2005.

Gráfico 8
Evolução da quantidade de benefícios requeridos à previdência social no período jan. 2004 a maio 2006

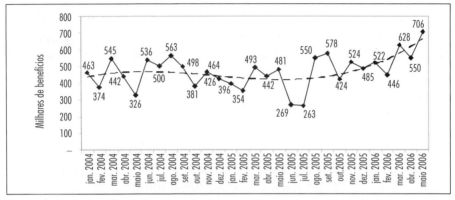

Fontes: MPS/SPPS e *Boletim Estatístico da Previdência Social*.
Nota: A linha tracejada no gráfico indica tendência polinomial de terceira ordem.

Gráfico 9
Evolução da quantidade de benefícios emitidos pela previdência social no período 1998-2005 (valores de dezembro) e em 2006 (valor de abril)

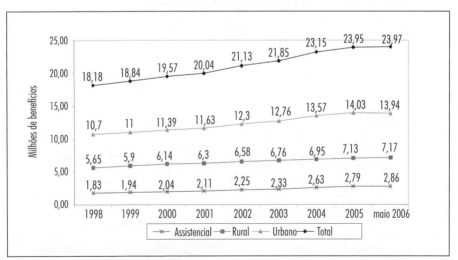

Fontes: MPS/SPPS e *Boletim Estatístico da Previdência Social*.

A tendência de contenção do ritmo de crescimento dos benefícios emitidos pode ser mais bem ilustrada pela visualização da evolução mensal. O gráfico 10 mostra a evolução da quantidade de benefícios emitidos pela previdência social entre os meses de janeiro de 2004 e maio de 2006. Desde outubro de 2005, a curva exibe tendência à estabilização do número de benefícios, diferentemente do que ocorria na série histórica anterior. A linha de tendência mostrada no gráfico é a extrapolação de uma regressão linear utilizando a série de janeiro de 2004 a outubro de 2005. De acordo com a extrapolação, caso a tendência anterior fosse mantida, o número de benefícios estimado para o mês de maio de 2006 seria superior ao valor observado em aproximadamente 500 mil benefícios.

Gráfico 10
Evolução da quantidade de benefícios emitidos pela previdência social no período jan. 2004 a maio 2006

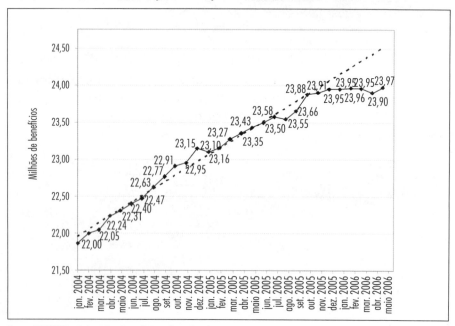

Fontes: MPS/SPPS e *Boletim Estatístico da Previdência Social*.

Em suma, ainda que os resultados apresentados neste capítulo sejam preliminares, a profissionalização da gestão na previdência social vem viabilizando ações de melhoria do atendimento e combate ao desperdício, de forma a permitir a realização contínua do maior objetivo estratégico da previdência social, que é garantir o direito previdenciário à população brasileira.

Bibliografia

BRUDNEY, J. L. et al. Exploring and explaining contracting out: patterns among the American states. *Journal of Public Administration Research and Theory*, v. 15, n. 3, p. 393-419, 2005.

CAULFIELD, J. Measuring autonomy in social security agencies: a four country comparison. *Public Administration & Development*, v. 24, n. 2, p. 137-145, 2004.

CRIADO, J. I.; RAMILO, M. C. E-government in practice. An analysis of website orientation to the citizens in Spanish municipalities. *International Journal of Public Sector Management*, v. 16, n. 3, p. 191-218, 2003.

DUNLEAVY, P. et al. New public management is dead — long live digital-era governance. *Journal of Public Administration Research and Theory*, n. 16, p. 467-494, 2005.

FERNANDEZ, S.; RAINEY, H. G. Managing successful organizational change in the public sector. *Public Administration Review*, v. 66, n. 2, p. 168-176, 2006.

MACHADO, N. *Sistema de informação de custo. Diretrizes para integração ao orçamento público e à contabilidade governamental*. Brasília, DF: Enap, 2005.

MANNING, N. The legacy of the new public management in developing countries. *International Review of Administrative Sciences*, n. 67, p. 297-312, 2001.

MOYNIHAN, D. P.; PANDEY, S. K. Testing how management matters in an era of government by performance management. *Journal of Public Administration Research and Theory*, v. 15, n. 3, p. 421-439, 2005.

SARKER, A. E. New public management in developing countries. An analysis of success and failure with particular reference to Singapore and Bangladesh. *International Journal of Public Sector Management*, v. 19, n. 2, p. 180-203, 2006.

SCOTT, J. K. "E" the people: do US municipal government web sites support public involvement? *Public Administration Review*, v. 66, n. 3, p. 341-353, 2006.

TOLBERT, C. J.; MOSSBERGER, K. The effects of e-government on trust and confidence in government. *Public Administration Review*, v. 66, n. 3, p. 354-369, 2006.

Análise da competitividade da economia chilena 11

Patricio Meller

A economia chilena apresentou um desempenho altamente satisfatório, o que a destaca na América Latina. Neste capítulo são examinados os diferentes fatores e políticas aplicadas que resultaram no alto grau de competitividade internacional alcançado pelo Chile.

Em primeiro lugar, vejamos alguns indicadores do êxito da economia chilena:

- a taxa de crescimento econômico anual foi de 7% durante 12 anos consecutivos, de 1985 a 1997, embora tenha se reduzido em conseqüência da crise asiática para uma taxa anual de 2,6%, de 1998 até 2003, e atualmente, de 2004 a 2006, gire em torno de 5,5%;
- o nível de pobreza foi reduzido à metade durante a década de 1990 (40% em 1987 e 18% em 2000);
- no âmbito mundial, considerando-se todos os países — desenvolvidos e em desenvolvimento —, o Chile ocupou o 1º lugar na condução da política macroeconômica, segundo o World Economic Forum de 2005;
- no que se refere à competitividade internacional, o Chile ocupa folgadamente o 1º lugar na América Latina; além disso, seu *ranking* está 26 posições acima da do México, que é o país latino-americano seguinte na classificação de 2005. Não há, no conjunto de 104 países do World

Economic Forum, uma distância tão significativa entre países de uma mesma região;

▶ o Chile tem um dos mais baixos índices de risco-país (*country risk*), considerados todos os países (60 pontos base sobre títulos do governo dos EUA).

Gráfico 1
Crescimento econômico, 1985-2006
(crescimento % médio)

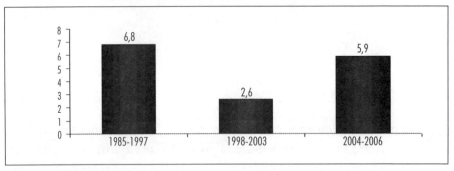

Fonte: Banco Central do Chile.

Gráfico 2
Percentagem de pobreza, 1987-2003

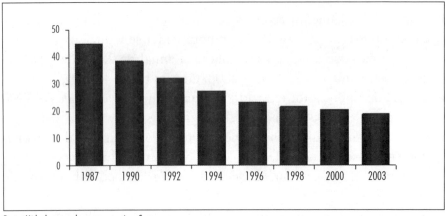

Fonte: Mideplan, com base em pesquisas Casen.

Resumindo, o Chile parece ter conseguido resolver dois dilemas fundamentais das economias latino-americanas: a) como se beneficiar de uma maior integração à economia global; e b) como crescer com eqüidade.

A meu ver, um problema central que uma economia latino-americana deve resolver é a *introdução do longo prazo* na tomada de decisões de todos os agentes econômicos. Como conseguir que investidores, empresários, trabalhadores, jovens, consumidores e governos tomem decisões no presente considerando horizontes de 20 anos? Bem ou mal, como diz Woody Allen, a todos nós "interessa muito o futuro, porque é lá que vamos passar o resto dos nossos dias".

Gráfico 3
Ranking de desempenho macroeconômico
(*ranking* 2005, para 117 países)

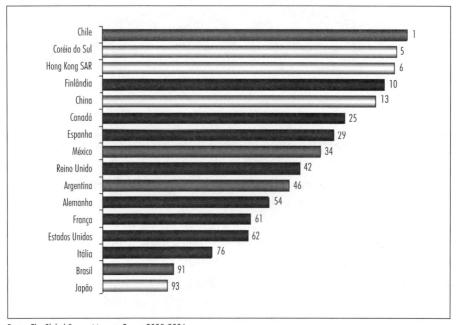

Fonte: *The Global Competitiveness Report 2005-2006.*

Veremos a seguir os diferentes tipos de índices associados ao crescimento da economia chilena e, mais adiante, os princípios básicos que nortearam as políticas fiscal, monetária e cambial, que geraram a estabilidade macroeconômica do país; a estratégia de tratados de livre-comércio (TLC), que constituem o mecanismo central de integração à economia global; e os problemas pendentes vinculados à questão social.

Gráfico 4
Prêmios por risco de títulos

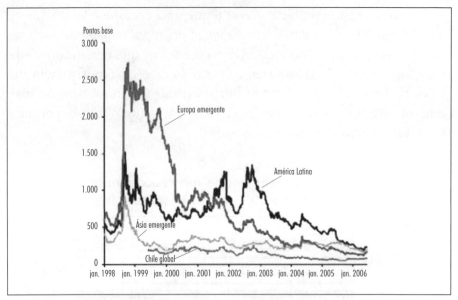

Fonte: Bloomberg.

Crescimento econômico

Para observar o crescimento relativo da economia chilena serão utilizados diferentes tipos de índices associados a diferentes enfoques conceituais. Primeiramente, veremos a evolução relativa do Chile em comparação com a de outros países latino-americanos numa perspectiva de longo prazo (50 anos) e de médio prazo (20 anos). A seguir, examinaremos a incidência dos fatores determinantes do crescimento, incluindo a análise fatorial e a análise da produtividade fatorial total.

Evidência empírica

Análise de convergência de longo prazo. Ao comparar os diferenciais relativos existentes entre o PIB *per capita* do Chile e de países latino-americanos selecionados e o PIB *per capita* dos EUA num período de 50 anos (1950-2000), observa-se que o Chile é dos poucos países da América

Latina que reduziu a distância em relação aos EUA. Nos demais países essa distância aumentou.

Análise do crescimento relativo de médio prazo. Ao se comparar a evolução relativa da economia chilena nos últimos 20 anos (1985-2005) com a de outros países latino-americanos selecionados, observa-se o seguinte: enquanto o PIB *per capita* no Chile quase quadruplicou nesses 20 anos, só aumentou pouco mais que o dobro na Argentina, no Brasil e no México. Cabe salientar que o PIB *per capita* na Coréia do Sul aumentou *sete vezes* no mesmo período.

Fatores determinantes do crescimento

Taxa de investimento. No período anterior a 1990, a taxa de investimento da economia chilena girava em torno de 18% do PIB. Durante os governos da *Concertación* (a partir de 1990), essa taxa atingiu um nível médio superior a 25% do PIB. Desde 1990, quando retornou a democracia, observou-se um considerável aumento no ritmo do investimento,[1] sendo esse processo liderado por investidores estrangeiros. A democracia propicia horizontes de mais longo prazo que a ditadura, pois a estabilidade institucional da ditadura depende fundamentalmente da saúde do governante.

Análise fatorial do crescimento. No período que antecedeu 1990, o ritmo de crescimento é explicado fundamentalmente pelo acúmulo de fatores produtivos, isto é, o aumento do uso dos fatores trabalho e capital fundamenta quase totalmente a taxa de crescimento. Porém, a partir de 1990, o acúmulo de fatores só responde por menos da metade do crescimento. A produtividade fatorial total começou a desempenhar um papel muito importante, ou seja, a utilização de tecnologias modernas e inovações técnicas e institucionais passou a ser responsável por mais da metade do ritmo de crescimento.[2]

---

[1] Para uma comparação de uma série de indicadores econômicos da ditadura e da democracia após 1990, ver Meller, 2005a.
[2] Ver Fuentes, Larraín e Schmidt-Hebbel (2006) e as referências apresentadas em seu artigo.

Gráfico 5
PIB *per capita*: 1985-2005
(1985 = 100)

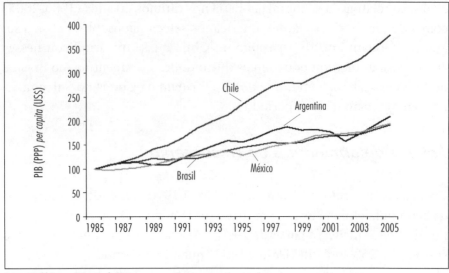

Fonte: *World Economic Forum,* do FMI.

Gráfico 6
PIB *per capita*: 1985-2005
(1985 = 100)

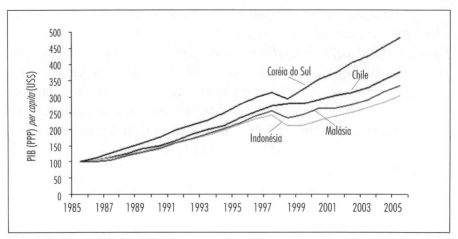

Fonte: *World Economic Forum,* do FMI.

Gráfico 7
**Investimento anual
(% do PIB)**

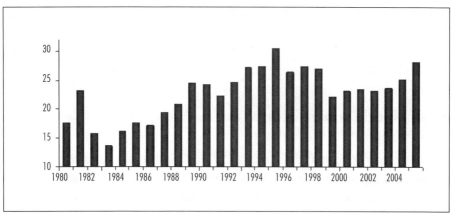

Fonte: Banco Central do Chile.

Gráfico 8
**Análise fatorial do crescimento
(%)**

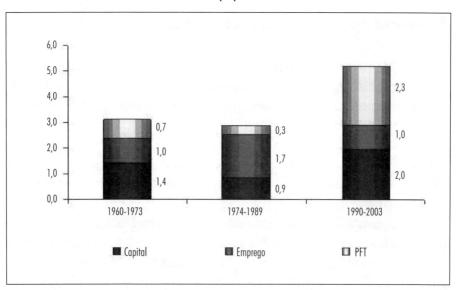

Fonte: Fuentes, Larraín e Schmidt-Hebbel, 2006.

Análise da produtividade fatorial total (PFT). Diversos tipos de análise foram realizados para tentar explicar que elementos estão por trás do aumento da produtividade fatorial total da economia chilena. Muitos apontaram o papel desempenhado por dois fatores: a estabilidade macroeconômica e a abertura externa. A função central desempenhada por esses dois fatores foi a geração de horizontes de longo prazo, vitais para o investimento e, portanto, para o crescimento.

Estabilidade macroeconômica

Tratarei aqui, primeiro, da evolução das principais variáveis macroeconômicas. Segundo, dos fundamentos da política fiscal, que incluem: responsabilidade macroeconômica, recuperação da solvência do setor público, *gradualismo* em vez de políticas de choque do tipo *big bang*, e foco na redistribuição. Terceiro, dos fundamentos da política monetária, que abrangem a autonomia do Banco Central e a utilização de metas de inflação. E, por fim, das características da política cambial.

Evidência empírica macroeconômica

Inflação. No período 1981-89, a inflação média anual chilena esteve próxima dos 20%. Durante os três governos da *Concertación* (1990-2005) houve uma redução da inflação, gradual e sustentada, passando esta de 27% em 1990 para 3,2% em 2006. A partir de 1994, a economia chilena manteve-se com taxas de inflação anual de um dígito, ou seja, estamos completando 13 anos com uma inflação anual de um dígito. A partir de 1999, a taxa de inflação oscilou no nível de metas de inflação estabelecido pelo Banco Central entre 2% e 4%.

Vale lembrar que, na economia chilena, em 1990, a inflação completara um século de reiterados níveis de dois dígitos. Os governos da *Concertación* conseguiram, em oito anos, fazer o que os economistas do governo de Pinochet prometeram depois do golpe de 1973 (e não conseguiram): "eliminar o flagelo da inflação".

Conta corrente. Após a crise asiática, durante o período 1998-2003, o saldo em conta corrente oscilou em torno de um déficit médio de 1%

do PIB. Após 2003, o *boom* dos preços das *commodities*, especialmente do cobre, geraram um superávit na conta corrente de 1% do PIB em 2004-05, e de mais de 2% do PIB em 2006.

Governo central. O governo central apresentou um superávit primário de aproximadamente 1% do PIB no período 2000-03. Em conseqüência do *boom* dos preços do cobre — a Codelco, a maior empresa de cobre do mundo, é estatal e transfere 100% de seus lucros ao Tesouro —, esse superávit primário superou 3% do PIB no período 2004-06.

Gráfico 9
Inflação 1980-2005

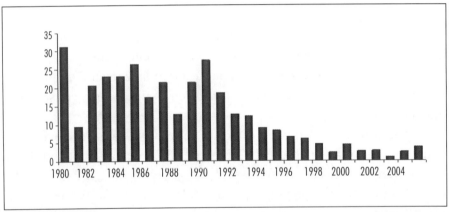

Fonte: Banco Central do Chile.

Dívida pública. Em 1986, durante a ditadura, a dívida pública chilena atingiu 100% do PIB. Os governos da *Concertación* reduziram, contínua e sistematicamente, a dívida pública bruta até esta atingir 7,5% do PIB em 2005. Desse reduzido estoque de dívida pública, somente 45% correspondem à dívida externa.

Em suma, a economia chilena apresentou nestes últimos cinco anos uma situação macroeconômica altamente estável, estando os desequilíbrios internos e externos totalmente controlados. A inflação oscila entre 2% e 4% (nível de metas de inflação), o governo central apresenta uma situação sustentada de superávit (superior a 1% do PIB), o saldo em conta corrente do balanço de pagamentos é superavitário, a dívida pública é inferior a 8% do PIB. Por outro lado, a dívida externa privada chega a 30% do PIB.

A seguir, examinaremos mais detalhadamente os princípios básicos que norteiam as políticas fiscal, monetária e cambial. O uso de regras de longo prazo constitui um elemento comum das políticas fiscal e monetária.

Uma situação macroeconômica estável e altamente controlada e que, além disso, possui regras de longo prazo foram fatores cruciais para a instauração de horizontes de longo prazo na economia chilena.

Fundamentos da política fiscal

Responsabilidade macroeconômica e superávit fiscal

A estabilidade macroeconômica durante os governos da *Concertación* teve altíssima prioridade. Por que a *Concertación*, coalizão de centro-esquerda, atribuiu prioridade máxima à estabilidade macro? Além disso, por que o comportamento da *Concertación* é ainda mais conservador que o dos ortodoxos?

Durante os 17 anos da ditadura repetiu-se constante e reiteradamente que o descalabro econômico de 1973 devia ser atribuído ao comportamento fiscal irresponsável do governo da Unidad Popular (UP).[3] Na campanha presidencial de 1989, o *slogan* da direita comparou a *Concertación* ao caos. Na campanha presidencial de 1999 houve até propaganda do gênero terrorismo econômico; eleger um socialista como presidente — Ricardo Lagos — significaria retroceder ao caos implantado da UP.

Conseqüentemente, os governos da *Concertación* assumiram o poder com o estigma de que deviam demonstrar alto grau de seriedade e responsabilidade; a economia continuaria evoluindo normalmente e não haveria caos econômico.

De modo complementar, a aceleração e a intensificação da globalização durante a década de 1990 geraram um mercado financeiro mundialmente integrado e com uma velocidade de reação quase instantânea.

---

[3] Para uma revisão e discussão das políticas econômicas adotadas durante os governos da Unidad Popular e da ditadura, ver Meller, 1996.

Os analistas financeiros internacionais assumiram um papel de protagonistas, já que são eles que definem que governos das economias emergentes são sérios e quais são irresponsáveis, estando a qualidade de um governo associada à taxa de inflação e ao nível do déficit fiscal.

Os países que têm governos de "alta qualidade" — baixa inflação e déficit fiscal nulo — são premiados com influxos econômicos, ao passo que os países com governos de "baixa qualidade" — alta inflação e elevado déficit fiscal — são penalizados com altas taxas de risco-país, saídas de capitais e, eventualmente, falta de acesso a créditos internacionais.

Segundo Landerretche (2005), há um elevado "grau de responsabilidade fiscal (por parte dos três governos da *Concertación*) que é ímpar na história do Chile".

A postura ortodoxa fiscal supõe que o objetivo ideal deva ser um orçamento fiscal equilibrado, isto é, um déficit fiscal nulo. Como ir além? Como estabelecer um princípio fiscal mais conservador — ou mais responsável — que o anterior? Simplesmente instaurando uma "regra de superávit estrutural" para o governo central de 1% do PIB. A lógica dessa "regra de superávit estrutural" de 1% é a seguinte: um país muito integrado à economia global está exposto a freqüentes choques externos; um choque externo negativo resulta em queda no ritmo da produção e do crescimento, o que gera desemprego, perda de renda e diminuição de arrecadação fiscal. Durante uma crise são necessários programas especiais para amenizar a redução da capacidade de consumo, principalmente dos grupos de baixa renda. A disponibilidade de um superávit fiscal permite implementar políticas emergenciais de emprego e evita a redução ou a suspensão dos programas sociais. Em suma, o governo pode aplicar políticas macroeconômicas *contracíclicas* para enfrentar a crise, sem gerar pressões inflacionárias.

A "regra do superávit estrutural" de 1% estabelece um princípio de longo prazo que orienta o comportamento do governo central. A determinação do superávit estrutural diferencia os componentes cíclico e estrutural do orçamento público. Isso se aplica particularmente às rendas públicas. Como essas rendas públicas estão expostas a oscilações cíclicas, a regra do superávit fiscal não permite que tais variações sejam transmitidas aos gastos normais. Em outras palavras, a regra limita os gastos (normais), que devem ser inferiores às rendas ajustadas ciclicamente.

Recuperação da solvência do setor público

A responsabilidade macro fiscal dos governos da *Concertación* vai além do estabelecimento de um orçamento público superavitário. Durante o governo da ditadura houve "uma gigantesca descapitalização do Estado", sendo os gastos normais financiados com a renda gerada pelas privatizações. Esse tipo de financiamento do gasto público constitui, implicitamente, uma forma de "despoupança" ou endividamento futuro.[4] Dessa forma, a dívida pública chegou a 100% do PIB em 1986.

Os governos da *Concertación* tiveram que assumir os déficits gerados durante a ditadura. Não obstante, não só conseguiram recapitalizar o Estado chileno, como também reduzir consideravelmente o endividamento público externo.[5]

Como já disse, o estoque da dívida pública, que representava 100% do PIB em 1986, foi reduzido para 7,5% do PIB em 2005. A dívida externa do Estado chileno em 2005 — cerca de US$ 4,3 bilhões, passou a 3% do PIB, a mais baixa entre os países latino-americanos. Essa diminuição do estoque da dívida pública gerou dois efeitos positivos:[6]

- reduziu de modo significativo o custo do crédito externo, o que beneficiou, por um lado, o setor público, mediante um gasto menor com o serviço da dívida, e, por outro lado, o setor privado, devido à atribuição de taxas menores de risco-país ao Chile, o que induziu uma redução no custo do crédito privado externo;
- com um nível menor de dívida pública externa, a economia chilena ficou menos dependente de financiamento externo e, portanto, menos vulnerável à amplificação dos choques externos negativos. O financiamento externo e os fluxos financeiros tendem a ser procíclicos, especialmente na ocorrência de choques negativos.

---

[4] Landerretche, 2005.
[5] Id.
[6] OECD, 2005.

Gradualismo *versus* ajuste instantâneo

Os governos da *Concertación* privilegiaram o *gradualismo* em vez das políticas de choque do tipo *big bang* da ditadura. A partir de 1990, a redução da taxa de inflação foi lenta e gradual até atingir o patamar desejado de 2-4%, o que demorou 10 anos. A diminuição foi obtida num período em que a economia apresentava, simultaneamente, crescimento acelerado e declínio no desemprego. Já durante a ditadura, nas crises induzidas por choques externos, privilegiava-se a política do "ajuste instantâneo" tipo *big bang*, como ocorreu nos anos de 1975 e 1982. O resultado foram uma queda de 15% no PIB, um aumento de cerca de 20% no desemprego e um lapso de três a cinco anos até a recuperação do nível do PIB existente antes da depressão.

Essa situação deve ser cotejada com a recessão deflagrada pelo choque asiático de 1997/98, na qual o ajuste foi bastante gradual; as conseqüências econômicas e sociais foram de magnitude distinta daquela da época da ditadura. Esse ajuste gradual só foi possível porque as autoridades puderam aplicar políticas contracíclicas.

O foco de redistribuição da política fiscal

Durante o governo de Salvador Allende (1970-73), para se alcançar o objetivo de eqüidade e justiça social houve um aumento excessivo (não-financiado) do gasto social, um aumento real dos salários da ordem de 20% em 1971 para todos os trabalhadores (muito superior ao aumento da produtividade) e um aumento considerável do emprego público, o que resultou numa "explosão" do gasto social, que teve um aumento real de 60% em dois anos. O déficit fiscal superou 10% do PIB em cada um dos anos do período 1971-73.[7]

Tendo em vista essa referência histórica, para os governos da *Concertación* foi fundamental recuperar, a partir de 1990, a imagem de um Estado e de um governo responsáveis e de alta credibilidade. A política

---
[7] Ver Meller, 1996.

fiscal de redistribuição dos governos da *Concertación* apresentou três componentes:

- um aumento totalmente financiado do gasto fiscal. Pouco depois que o primeiro governo da *Concertación* assumiu (1990), foi implementada uma reforma tributária que gerou um aumento de arrecadação correspondente a 2,5% do PIB, o que permitiu aumentar de modo significativo o gasto social por habitante, que quase duplicou em termos reais num período de 16 anos, sendo o nível da carga tributária de 20% do PIB;
- uma concentração do gasto social, especialmente nos dois quintos mais pobres da população;
- uma política fiscal contracíclica, que conseguiu atenuar as variações do consumo *per capita*. De fato, durante a ditadura, a volatilidade do consumo *per capita* era de 10; nos anos dos governos da *Concertación* essa volatilidade caiu um quinto no período 2000-05.[8]

Fundamentos da política monetária

Autonomia do Banco Central

Em 1989, a reforma institucional deu autonomia ao Banco Central. Como já assinalado, a taxa de inflação após 1989 foi reduzida significativamente, havendo, além disso, uma redução considerável em sua volatilidade. Muitos analistas chilenos vinculam esse resultado à independência do Banco Central. Porém, não basta a autonomia por decreto. É preciso que seja confiável. O Banco Central chileno goza atualmente de grande credibilidade, que não foi obtida automaticamente, ao ser assinado o decreto-lei de sua autonomia.

Prognósticos e metas de inflação

Em 1990, com uma inflação próxima dos 30% anuais, o Banco Central decidiu reduzi-la de modo gradual. Para tanto, passou a fazer prognós-

---
[8] Landerretche, 2005.

ticos sobre a taxa de inflação ao longo de um ano, de modo a orientar as expectativas sobre esse indicador. O fato de a inflação real ficar todos os anos quase sempre no patamar previsto foi angariando credibilidade para o Banco Central.

Em 1999, a taxa de inflação anual chegou a 2,3%. Quando a inflação chilena atingiu esse alto grau de convergência com a inflação dos países desenvolvidos, o Banco Central decidiu implementar de modo explícito, a partir de dezembro de 2000, uma política monetária associada à meta de inflação. Essa meta estabelece um patamar para a taxa anual de inflação que varia entre 2% e 4%, centrando-se em 3%, por um prazo de 12 a 24 meses. O Banco Central aplica a política monetária sempre que há a possibilidade de a taxa de inflação se desviar da meta estabelecida. A idéia implícita é que essa meta de inflação (taxa anual de 2% a 4%) funcione como uma âncora permanente da política monetária. Como parte dessa estratégia, o Banco Central já havia estabelecido, em setembro de 1999, um regime de câmbio flutuante.

Gráfico 10
Meta e inflação efetiva
(variação % anual)

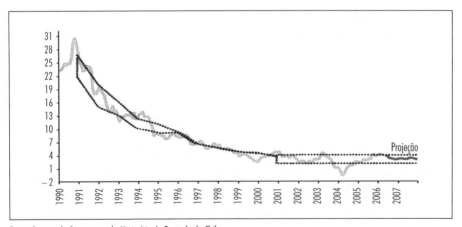

Fonte: Direção de Orçamentos do Ministério da Fazenda do Chile.
Nota: Avaliação da gestão financeira do setor público em 2005 e atualização das projeções para junho de 2006, do Ministério da Fazenda.

De modo coerente, a política monetária substituiu seu principal mecanismo, o uso da taxa real de juros, por instrumentos nominais, ou seja, pela taxa nominal de juros. Atualmente, a taxa nominal de juros é de 5%, o que corresponde aos 2-3% da taxa real.

Fundamentos do câmbio flexível

Existe uma farta bibliografia de economia teórica e empírica que analisa as vantagens e desvantagens dos regimes de câmbio flexível e fixo. A seguir, descreverei sinteticamente os fatores que, no caso chileno, exerceram influência para a implementação do regime cambial de flutuação livre.

As vantagens do câmbio flexível são apresentadas a seguir.

- A credibilidade. Em primeiro lugar está a importância da credibilidade do Banco Central. Quando o regime cambial não permite a livre flutuação, choques externos negativos provocam graves problemas de desequilíbrio externo e põem em xeque a credibilidade do Banco Central. Por outro lado, submeter a moeda local diretamente às pressões e flutuações dos mercados internacionais — o que acontece num regime cambial de flutuação livre — constitui um teste crucial para a credibilidade institucional de um país, que está diretamente relacionada ao valor e à estabilidade de sua moeda.[9]
- No caso de economias como a chilena, e das latino-americanas em geral, expostas a freqüentes e inesperados choques externos reais, a taxa de câmbio flexível é um instrumento que ajuda a modificar os preços relativos que reorientam a alocação de recursos e, desse modo, atenuam os efeitos negativos sobre o nível da atividade econômica e do emprego.
- O regime cambial de flutuação livre permite que o Banco Central utilize de modo independente a política monetária. Isso foi importante, especialmente no período que se seguiu ao choque provocado pela crise asiática, para a implementação de políticas contracíclicas.
- Quando se dispõe de um regime cambial *distinto* do da flutuação livre e, ao mesmo tempo, se utiliza a meta de inflação (como objetivo de

---

[9] Landerretche, 2005.

política monetária), a economia funciona com duas âncoras nominais. Logo, ao implementar um regime cambial de livre flutuação, a meta de inflação transforma-se na única âncora nominal da economia, o que facilita o controle da inflação.[10]

As desvantagens do câmbio flexível são discutidas a seguir.

- Aumento da volatilidade cambial. Na realidade, um regime cambial de flutuação livre resulta em aumento da volatilidade e do risco naquelas atividades associadas ao uso de moeda estrangeira. Desvalorizações e valorizações não-antecipadas do câmbio geram um grande custo para os devedores em moeda estrangeira (depreciação) ou para exportadores e produtores nacionais (valorização).
A existência de um regime cambial de flutuação livre requer que seja constituído, consolidado e aprofundado um mercado de cobertura ou seguro cambial. O Banco Central chileno atua com base no pressuposto implícito de que a permanência do regime cambial de flutuação livre pode ocasionar o surgimento desses mercados de cobertura.
- A implementação de um regime cambial de flutuação livre pode gerar sérios problemas de fragilidade financeira, devido a desníveis no balanço contábil e na situação financeira dos diversos agentes. *Antes de sua implementação, os principais agentes econômicos — bancos, instituições financeiras e grandes corporações — devem estar adequadamente cobertos para enfrentar a volatilidade e o risco cambial gerados pela livre flutuação. O Banco Central dá inúmeros sinais a esses agentes e, como resultado, surgiu um mercado de derivados financeiros com mecanismos de cobertura.
- A volatilidade cambial pode ocasionar instabilidade de preços. Além disso, as desvalorizações, através da indexação, podem produzir pressões inflacionárias, fenômeno conhecido como *pass-through* (repasse).

A evidência empírica chilena no que diz respeito ao fenômeno *pass-through* é interessante. Em 1998, considerações empíricas sugeriam que o coeficiente de repasse das desvalorizações cambiais à taxa de

---

[10] Gregorio, Tokman e Valdés, 2005.

inflação era de 50-70% no primeiro ano (para uma economia superaquecida como a de 1997). Estimativas recentes mostram que esse coeficiente de repasse diminuiu consideravelmente e oscila entre 15% e 25% no primeiro ano, chegando a um índice máximo de 30% em três anos.[11] Em suma, embora um regime cambial de flutuação livre suponha aumento de volatilidade, os custos associados são relativamente baixos e decrescem de modo endógeno.[12]

Intervenções cambiais

Quando implementou o regime de flutuação livre, o Banco Central se reservou o direito de intervir no mercado cambial. Essas intervenções devem ocorrer apenas em períodos excepcionais, nos quais, por motivos diversos, gera-se um alto grau de volatilidade e incerteza.

Dois episódios específicos motivaram a intervenção do Banco Central no mercado de câmbio. Um desses episódios teve a ver com as turbulências produzidas pela crise de convertibilidade argentina de 2001, e o segundo, com as turbulências geradas pelas eleições presidenciais brasileiras de 2002.[13] Um aspecto interessante dessas intervenções está associado ao grau de apoio recebido pelo Banco Central. A opinião pública demonstrou um alto grau de credibilidade no que diz respeito ao efeito eventual das intervenções, o que contrasta com a atitude cética que prevalece nos meios acadêmicos.[14]

Observações finais

A implementação de um regime de flutuação livre no Chile não foi traumática, e os resultados observados até o momento são muito promissores. Esse regime cambial tem alta credibilidade, mas esta não

---

[11] Ver Gregorio, 2006; e Gregorio, Tokman e Valdés, 2005.
[12] Gregorio, 2006.
[13] Para uma discussão sobre a lógica, a modalidade, os componentes e os efeitos da intervenção, ver Gregorio e Tokman, 2004.
[14] Gregorio, Tokman e Valdés, 2005.

se obtém de modo instantâneo ou automático. Sem dúvida, para isso contribuíram as políticas macroeconômicas prudentes e mantidas por longo tempo tanto pelo Banco Central quanto pelo Ministério da Fazenda. Além disso, o desenvolvimento e a constituição de um sistema financeiro sólido e em crescente aprofundamento também representaram um fator decisivo.

Em resumo, a trajetória chilena em direção a um regime de câmbio livre foi gradual e construída sobre bases sólidas.[15]

Integração à economia global

Primeiro, fornecerei evidências empíricas sobre o setor externo chileno, especialmente dados essenciais sobre exportações. Depois, reveremos e discutiremos a estratégia de subscrição de tratados de livre-comércio (TLC), o principal mecanismo de conexão da economia chilena com o mundo global.

Características das exportações chilenas

- As exportações passaram de US$ 5 trilhões em 1985 para US$ 39 trilhões em 2005.
- A participação das exportações no PIB aumentou de 20% em 1985 para 30% em 2004.
- A taxa de crescimento total das exportações no período 1985-99 foi de 10% ao ano; enquanto, no mesmo período, a taxa de crescimento das exportações, excluído o cobre, foi de 11% ao ano.
- Houve uma diversificação dos produtos chilenos exportados. Antes de 1970, acreditava-se que o Chile só tinha vantagens comparativas no que se referia ao cobre. A participação do cobre nas exportações era de aproximadamente 80% em 1970 e caiu a pouco menos de 40% no começo deste século (37% em 1999).

---

[15] Gregorio, Tokman e Valdés, 2005.

- O número de empresas chilenas exportadoras que exportam mais de US$ 10 milhões ao ano passou de 40 em 1986 a quase 300 em 2004, o que indica a sustentabilidade do modelo exportador.
- Noventa por cento dos produtos exportados são recursos naturais.
- O Chile não possui um parceiro comercial natural. Segundo o Banco Central, a importância relativa das exportações, de acordo com os parceiros comerciais, era a seguinte em 2003: União Européia, 25%; EUA e Canadá, 23%; Ásia (excluído o Japão), 23%; América Latina, 16%; Japão, 13%.
- Em 1990, o Chile só tinha importância mundial nas exportações de cobre, que representavam 18% do mercado internacional. Atualmente, o Chile converteu-se no principal exportador mundial de cobre e salmão, com percentagens de cerca de 35% do mercado internacional. Além disso, agora é também um importante exportador mundial de frutas (12%, sendo 8,5% de maçãs e 25% de uvas), produtos florestais (8,2%), vinho (6%) e celulose (6%).
- Em 1990, os mercados de destino das exportações chilenas eram 57 países; essa cifra triplicou em 2004 e atualmente o Chile tem relações comerciais com 186 países.

Gráfico 11
Tarifas médias das importações: 2005

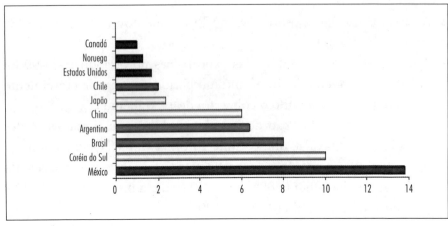

Fonte: *WDI*, 2005.

A estratégia comercial dos tratados de livre-comércio (lógica conceitual após 1990)[16]

Os governos da *Concertación* (1990-2005) consideravam de alta prioridade incrementar ao máximo a vinculação da economia chilena à economia mundial, o que significava maximizar o número de tratados de livre-comércio e atrair o maior número possível de investidores estrangeiros. O discurso oficial enfatizava a importância do setor exportador e seu papel de motor do crescimento.

Gráfico 12
Integração comercial: 1970-2000
(X + M)/PIB

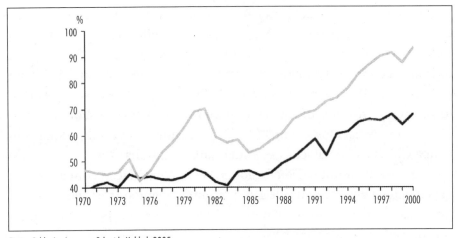

Fonte: Calderón, Loayza e Schmidt-Hebbel, 2005.

As premissas básicas que orientaram os governos da *Concertación* nos assuntos externos foram: (a) a globalização veio para ficar; (b) a inclusão do Chile na economia mundial gera muito mais benefícios do que custos; (c) quanto maior o nível de inserção mundial, maiores os lucros. Conseqüentemente, a prioridade dos governos passou a ser dar continuidade à assinatura de novos tratados de livre-comércio.

---

[16] Para uma discussão mais extensa e profunda do assunto, ver Meller, 2005b.

Na segunda metade da década de 1980 o fenômeno da globalização começou a se acelerar. A quase totalidade dos países, especialmente aqueles em desenvolvimento, passaram a analisar qual a estratégia mais adequada para se integrar ao mundo global. A lógica conceitual adotada pelos governos da *Concertación* (1990-2005) foi o uso de tratados de livre-comércio como mecanismo mais adequado para fazer frente à globalização.

As exportações constituem o motor de crescimento da economia chilena. Para que esse motor funcione adequadamente é necessária uma expansão permanente das exportações, o que requer a não-existência de entraves nos mercados de destino. Por outro lado, agora começou-se a questionar se a persistência na estratégia de redução unilateral de taxas possibilitaria de fato um acesso mais fácil aos mercados externos.

Os governos da *Concertación* implementaram numerosos tratados de livre-comércio para obter e assegurar um melhor acesso para as exportações chilenas. Esses tratados tornaram-se o principal componente da política comercial chilena. Nos anos 1990, o Chile assinou TLCs com o México (1991), a Venezuela e a Colômbia (1993), o Equador (1994), o Mercosul (1996), o Canadá (1997) e, mais recentemente, com a União Européia e os Estados Unidos (2003). Está hoje em vias de assinar um com a China e em negociações com o Japão e a Índia.

Essa é uma mudança considerável em comparação com a estratégia comercial vigente antes de 1990. Segundo o enfoque neoliberal ortodoxo, para integrar uma economia local à mundial, deve-se empreender um processo de abertura comercial unilateral, que envolve a redução de taxas, independentemente do que estiver sendo adotado no resto do mundo. Uma vantagem desse procedimento unilateral é que o país que o adota não tem que negociar com outros países a aplicação de sua política comercial.

A estratégia comercial chilena orientou-se no sentido da maximização dos tratados de livre-comércio. O Chile deseja ser membro do maior número possível de blocos comerciais. Existe o consenso de que o pior que pode acontecer a um país num mundo tão competitivo é ficar excluído de um bloco comercial. As perspectivas dos países que permanecem isolados são sombrias. Isso explica a opção generalizada, especialmente por parte dos países pequenos e em desenvolvimento, de participar de um bloco comercial.

Um tratado de livre-comércio não é apenas um acordo para a redução recíproca de taxas e barreiras não-alfandegárias que favoreça a livre circulação de bens. Um TLC também inclui cláusulas que estabelecem um marco de ação e facilitam a movimentação de fatores produtivos, como o investimento estrangeiro e o deslocamento de mão-de-obra qualificada (profissionais, técnicos e empresários). Além disso, inclui mecanismos para a solução de conflitos e condições para o cumprimento de padrões internacionais em matérias como legislação trabalhista e ambiental. Tudo isso implica o estabelecimento de regras de longo prazo nas relações entre as partes que assinam o tratado de livre-comércio. Conseqüentemente, os TLCs propiciam aos produtores chilenos uma perspectiva de longo prazo em suas decisões de investimento.

Ademais, firmar um TLC com os EUA ou com a União Européia representa agora uma espécie de selo de garantia da responsabilidade e da seriedade das autoridades, das instituições e das políticas econômicas de um país subdesenvolvido, papel cumprido anteriormente pelo Fundo Monetário Internacional, que informava o grau de equilíbrio ou desequilíbrio macroeconômico existente num país e sua futura evolução. Hoje, quando a quase totalidade dos países apresenta um comportamento macroeconômico responsável, essa variável perdeu sua característica discriminatória.

No conjunto de países emergentes ou em desenvolvimento, há mais de 100 países com características similares que competem para atrair os investidores estrangeiros. Apenas pouquíssimos países têm tratados de livre-comércio com as duas maiores economias do mundo, o que favorece o Chile, como país atrativo, que pode ser escolhido para diversos projetos de investimento estrangeiro.

Além disso, há uma retroalimentação positiva, um círculo virtuoso. Não é qualquer país que é capaz de assinar tratados de livre-comércio com os EUA e com a UE. O fato de ter firmado esses dois tratados destaca o Chile das demais economias emergentes. Quanto mais tratados de livre-comércio um país assina, mais atrativo se torna para os novos países que possuam incentivos para assinar um TLC. Foi justamente o que ocorreu com o Chile em relação à Coréia do Sul, à China e ao Japão; e algo semelhante ocorre com o México. Logo, os tratados de livre-comércio não só tornaram o Chile, entre os países latino-americanos, um país destacado e bastante visível para os investidores estrangeiros, como servem de bússola sobre a evolução da economia.

A questão social

Uma vez resolvidos os problemas de estabilidade macro e de integração à economia global, torna-se possível focalizar a atenção nos problemas de fundo: como obter o máximo crescimento econômico e conseguir que toda a população se beneficie disso, e como resolver os problemas de inclusão social e de igualdade de oportunidades para todos?

Quando existe um desequilíbrio macro, todas as energias e atenções se concentram no modo de resolver esse desequilíbrio, o que não permite que se pense em como resolver a questão social.[17]

Resolver a questão social é um fator fundamental para estabelecer uma perspectiva de longo prazo. Deve-se ter presente que a maioria dos chilenos de gerações presentes e futuras vai continuar vivendo no Chile; isto é, vamos continuar vivendo juntos. Como aprendemos com a teoria dos jogos, a solução cooperativa é mais lucrativa para todos que o equilíbrio de Nash ou a solução não-cooperativa. E o equilíbrio de longo prazo envolve, necessariamente, a solução de conflitos sociais.

O paradigma social tradicional latino-americano

O debate tradicional latino-americano trata da necessidade de diferenciar desigualdade de pobreza. Por um lado, afirma-se que a América Latina é a região menos eqüitativa do planeta, o que é verdade. Por outro, o foco das políticas sociais é a superação da pobreza, o que nos leva a contar constantemente o número de pobres. A política social esgota-se, assim, nesse indicador aritmético do número de pobres.

No Chile, a discussão sobre a desigualdade também se esgota reiterando o que ocorre com um indicador, o coeficiente de Gini. Pois bem,

---

[17] Para uma discussão mais abrangente dos problemas pendentes no Chile, ver BID, 2006.

o coeficiente de Gini chileno situou-se em torno de 0,56 durante 50 anos, e nesses anos tivemos: (a) diferentes estratégias de desenvolvimento: substituição de importações, abertura comercial, promoção das exportações, integração à economia global; (b) diferentes regimes políticos: democracia, ditadura, democracia; (c) diferentes coalizões políticas no governo: direita, centro, esquerda; (d) diversidade de programas, reformas e políticas econômicas; (e) décadas com taxas diferentes de crescimento, baixas e altas; (f) tudo mudou, mas o coeficiente de Gini permaneceu constante em 0,56.

Isso quer dizer que a situação não-eqüitativa e de bem-estar chilena é hoje igual à de 50 anos atrás? O coeficiente de Gini não foi concebido para captar o aumento generalizado de bem-estar experimentado pela população chilena; mas diversos indicadores ilustram o fato. Em síntese, o debate social concentrado em dois indicadores numéricos — o número de pobres e o coeficiente de Gini — é muito restrito e paralisante. Talvez tenha sido adequado quando o Chile tinha uma renda *per capita* de US$ 3 mil, mas hoje, quando a renda *per capita* PPP é de US$ 12 mil, os problemas são mais variados e mais complexos.

Na realidade, o Chile continua sendo um país em desenvolvimento, que não solucionou todos os problemas associados ao subdesenvolvimento. Porém, além disso, agora surgiram novos problemas relacionados com a modernidade, com o mundo globalizado e com uma sociedade que exige mais justiça social e um aprofundamento da democracia.

Componentes de um novo paradigma social

Para discutir e elaborar propostas e políticas que resolvam a questão social, parece mais adequado utilizar os componentes apresentados a seguir.

- *Rede de proteção social.* Essa rede tem por objetivo reparar os desajustes, individuais e familiares, gerados pelo livre funcionamento do mercado. Tem o papel de garantir um padrão de vida digno a toda a população. Ninguém pode ser excluído. O mecanismo de cobertura constitui o instrumento para resolver a questão da inclusão social.

Como exemplos temos o Plano Auge de Saúde, que oferece cobertura para as principais doenças, e o pilar solidário da nova reforma da previdência, que propicia renda mínima generalizada, contando ambas as medidas com financiamento público.

- *Igualdade de oportunidades.* Neste caso, o foco está em reduzir as desigualdades sociais associadas com a origem das pessoas. Todas as crianças devem partir de condições similares. Essa é a proposta de Rawls quanto a igualar todos ao nascer, isto é, proporcionar igualdade de oportunidades do ponto de vista dos *inputs*, o que não significa igualdade de *output* ou de resultados. O *output* depende da iniciativa e do esforço pessoais. Essa colocação é coerente com a proposta e os estudos empíricos de Heckman (2005), para quem o investimento em educação pré-escolar é o que proporciona a mais alta taxa de rentabilidade privada e social. No Chile, há o propósito de implementar um plano maciço de jardim de infância e educação pré-escolar.
- *Mobilidade social intergeracional.* A existência de uma situação de grande desigualdade torna-se tolerável se os filhos das famílias de baixa renda podem fugir do círculo vicioso da pobreza. No Chile, e na América Latina, o acesso à universidade é percebido como o principal, e talvez o único, mecanismo para que os filhos dos pobres e dos grupos de renda média baixa tenham acesso às camadas de renda média e superior. Mas para se ingressar em uma boa universidade chilena deve-se superar o obstáculo de uma prova nacional de seleção universitária (PSU). Assim, a qualidade do ensino básico e médio assume papel decisivo na pontuação obtida na PSU.

No Chile, há uma espécie de sistema dual no ensino básico e médio. Os colégios particulares têm um custo aproximadamente cinco vezes superior ao dos colégios públicos. O resultado gera diferenciais significativos de qualidade. Essas diferenças de qualidade entre a educação particular e a pública aumentam as tensões sociais. Algo similar ocorre com os diferenciais de qualidade entre a saúde pública e a particular. Conseqüentemente, igualar a qualidade da educação pública e particular facilitaria a mobilidade intergeracional, reduzindo a polarização e a fragmentação social crescente, e isso deve ser complementado com políticas não-discriminatórias no trabalho.

- *Vulnerabilidade social.* O mundo globalizado e as rápidas mudanças tecnológicas produzem freqüentes e diversos tipos de choques exógenos no âmbito tanto nacional quanto individual. Vivemos num mundo de grandes incertezas e de inúmeros e variados riscos. Como reduzir a vulnerabilidade social de uma família de classe média a quedas de *status*? Qual é a combinação ideal de seguros individuais e coletivos para enfrentar esses choques exógenos?
- *Geração de empregos.* A meu ver, a melhor política de proteção social em qualquer país é propiciar a todos os habitantes um emprego. O aumento da capacidade de geração de empregos de uma economia requer um conjunto de políticas que influenciem a demanda e a oferta de trabalho. O tipo de emprego gerado deve ser competitivo em termos internacionais. Que políticas são desenvolvidas nas empresas para incentivar a demanda? Por outro lado, as políticas associadas a pessoas devem incluir o aumento do nível de qualificação e capacitação dos trabalhadores.

Como são implementados, quanto custam e como são financiados os componentes desse paradigma social? Estas são as questões e os temas para investigação e debate. Evidentemente, tudo o que foi exposto pressupõe que a economia apresente uma taxa de crescimento superior a 5%.

Requisitos para dispor de horizontes de longo prazo

À luz da experiência chilena, os requisitos para se estabelecer horizontes de longo prazo para a tomada de decisão dos agentes econômicos seriam:

- estabilidade macroeconômica com regras fiscais e monetárias de longo prazo confiáveis;
- integração à economia global, que proporciona uma âncora externa e uma bússola de longo prazo para produtores e investidores;
- crescimento econômico anual superior a 5%;
- políticas sociais que maximizem a inclusão social e que possibilitem a mobilidade intergeracional.

Bibliografia

BID. *Chile:* desafíos hacia el bicentenario; documento de diálogo de políticas. Washington, DC: BID, 2006.

CALDERÓN, C.; LOAYZA, N.; SCHMIDT-HEBBEL, K. *Does openness imply greater exposure?* Washington, DC: World Bank, 2005 (Research Working Paper).

FUENTES, R.; LARRAÍN, M.; SCHMIDT-HEBBEL, K. Sources of growth and behavior of TFP in Chile. *Cuadernos de Economía*, v. 41, p. 5-48, 2006.

GREGORIO, J. de. *Metas de inflación y el objetivo de pleno empleo*. Santiago: Banco Central de Chile, mayo 2006. (Working Papers, 364).

_____; TOKMAN, A. *Flexible exchange rates and forex interventions:* the Chilean case. Santiago: Banco Central de Chile, dic. 2004. (Documentos de Política Económica, 11).

_____; _____; VALDÉS, R. *Tipo de cambio flexible con metas de inflación en Chile:* experiencia y temas de interés. Santiago: Banco Central de Chile, ago. 2005. (Documentos de Política Económica, 14).

HECKMAN, J. *Lemons from the technology of skill formation.* 2005 (NBER Working paper, 11142).

LANDERRETCHE, O. Construyendo solvencia fiscal: el éxito macroeconómico de la Concertación. In: MELLER, P. *La paradoja aparente. Equidad y eficiencia:* resolviendo el dilema. Santiago: Taurus, 2005. p. 83-138.

MELLER, P. *Un siglo de economía chilena (1890-1990)*. Santiago: Andrés Bello, 1996.

_____. *La historia (chilena) reciente contada gráficamente*. Santiago: Cieplan, 2005a. (Serie Estudios Socioeconómicos).

_____. Integración a la economía mundial. In: MELLER, P. *La paradoja aparente. Equidad y eficiencia:* resolviendo el dilema. Santiago: Taurus, 2005b. p. 139-172.

OECD. *Economic review: Chile*. Paris: OECD, 2005.

Sobre os autores

Rubens Ricupero foi ministro da Fazenda (1994) e do Meio Ambiente e da Amazônia Legal (1993/94), secretário-geral da Unctad, Conferência das Nações Unidas sobre Comércio e Desenvolvimento (1995 a 2004) e subsecretário da ONU no mesmo período. Atualmente é diretor da Faculdade de Economia da Fundação Armando Álvares Penteado e presidente do Instituto Fernand Braudel de Economia Mundial.

Paulo Nogueira Batista Jr. é diretor-executivo no FMI, onde representa um grupo de nove países (Brasil, Colômbia, Equador, Guiana, Haiti, Panamá, República Dominicana, Suriname e Trinidad e Tobago). É professor licenciado da Fundação Getulio Vargas.

Luiz Alberto Moniz Bandeira, doutor em ciência política e professor emérito da UnB, é autor de várias obras sobre as relações dos EUA com o Brasil e os demais países da América Latina.

Luiz Carlos Bresser-Pereira é professor emérito da Fundação Getulio Vargas e editor da *Revista de Economia Política*. Foi secretário do Governo de São Paulo (1985-86), ministro da Fazenda (1987), da Administração Federal e Reforma do Estado (1995-98), e da Ciência e Tecnologia (1999).

Luiz Fernando de Paula, doutor em economia pela Unicamp com pós-doutorado na Universidade de Oxford, é professor adjunto da Faculdade de Ciências Econômicas da Uerj, pesquisador do CNPq e membro do Grupo de Estudos sobre Moeda e Sistemas Financeiros (IE/UFRJ).

Mauricio Mesquita Moreira, doutor em economia pela University College London, é chefe do Setor de Pesquisa sobre Integração e Comércio do Banco Interamericano de Desenvolvimento (BID). Trabalhou no Departamento de Pesquisa do BNDES e foi professsor da UFRJ.

Paulo Gala, mestre e doutor em economia pela Escola de Administração de Empresas de São Paulo (Eaesp), é professor da Escola de Economia de São Paulo (Eesp/FGV).

José Roberto R. Afonso é economista do BNDES, consultor técnico da Câmara dos Deputados.

Claudia Costin, mestre em economia e doutora em administração pública pela FGV, é especialista em políticas públicas. Foi diretora de Planejamento e Avaliação Empresarial do Serviço Federal de Processamento de Dados (Serpro), secretária adjunta de Previdência Complementar, ministra da Administração Federal e Reforma do Estado e gerente de Políticas Públicas do Banco Mundial. É professora visitante na Escola Nacional de Educação Pública, da Universidade de Quebec, no Canadá.

Nelson Machado é secretário-executivo do Ministério da Fazenda.

Patricio Meller, PhD em economia pela Universidade da Califórnia em Berkley, é professor do Centro de Economia Aplicada da Universidade do Chile.

markgraph

Rua Aguiar Moreira, 386 - Bonsucesso
Tel.: (21) 3868-5802   Fax: (21) 2270-9656
e-mail: markgraph@domain.com.br
Rio de Janeiro - RJ